上海高校智库
上海财经大学公共政策与治理研究院

国际税制比较论丛

税收征管体制国际比较

胡怡建　马志远　编著

中国税务出版社

图书在版编目（CIP）数据

税收征管体制国际比较/胡怡建，马志远编著. --北京：
中国税务出版社，2018.11
ISBN 978-7-5678-0756-3

Ⅰ.①税… Ⅱ.①胡…②马… Ⅲ.①税收管理-财政
管理体制-对比研究-世界 Ⅳ.①F811.2

中国版本图书馆 CIP 数据核字（2018）第 232655 号

丛 书 名：国际税制比较论丛
书　　名：税收征管体制国际比较
作　　者：胡怡建　马志远　编著
责任编辑：王静波　唐　卿
责任校对：于　玲
技术设计：刘冬珂
出版发行：中国税务出版社
北京市丰台区广安路 9 号国投财富广场 1 号楼 11 层
邮政编码：100055
http：//www.taxation.cn
E-mail：swcb@taxation.cn
发行中心电话：（010）83362083/86/89
传真：（010）83362046/47/48/49
经　　销：各地新华书店
印　　刷：北京天宇星印刷厂
规　　格：787 毫米×1092 毫米　1/16
印　　张：20.5
字　　数：355000 字
版　　次：2018 年 11 月第 1 版　2018 年 11 月第 1 次印刷
书　　号：ISBN 978-7-5678-0756-3
定　　价：59.00 元

总 序

成立于2013年9月的上海财经大学公共政策与治理研究院，是上海市教育委员会重点建设的十大高校智库之一。其职能和目标是：通过建立多学科融合、协同研究、机制创新的科研平台，围绕财政、税收、医疗、教育、土地、社会保障、行政管理等领域，组织专家开展政策咨询和决策研究，致力于以问题为导向，破解中国经济社会发展中的难题，服务政府决策和社会需求，为政府提供公共政策与治理咨询报告，向社会传播公共政策与治理知识，在中国经济改革与社会发展中发挥“咨政启民”的“思想库”作用。

作为公共政策与治理研究智库，我们在开展政策咨询和决策研究中，沉淀和积累了大量研究成果，这些成果以决策咨询研究报告为主，也包括论文、专著、评论等多种成果形式。为使研究成果得到及时传播，使社会共享，我们将研究成果分为财政、税收、社会保障、行政管理等系列，以丛书方式出版。

现在，呈现在读者面前的“国际税制比较论丛”是“公共政策与治理研究丛书”的一个子系列。该丛书是由研究院专职和兼职研究人员，围绕我国经济发展、社会进步、体制改革所涉及的重大税收理论和实践问题，进行长期跟踪研究、积累完成的政策研究报告或专著。

推进公共政策与治理研究成果出版是公共政策与治理研究院的一项重点工程，我们将以努力打造政策研究精品和研究院品牌为己任，提升理论和政策研究水平，引领社会，服务人民。

2018年1月

前 言

税收征管体制是在中央和地方之间划分税收管理权限的一项制度，是国家税收管理制度的重要组成部分，也是国家财政管理体制的重要内容。合理设置机构，理顺各机构之间权力、义务、责任关系，提高税收管理效率，是我国深化税收征管体制改革的重要内容。

本书从税收征管体制国际比较、税收征管体制国际经验两个方面对税收征管体制进行比较研究。税收征管体制国际比较主要研究美国、英国、法国、德国、加拿大、澳大利亚、日本、韩国、俄罗斯、印度和中国等国家税收征管体制特征，包括横向财政部门与税务部门的关系、税务机构设置、机构权力和职责，以及纵向各级政府税收征管机构及不同层次征管机关之间的关系。而税收征管体制国际经验是在国别研究基础上，就其共性问题进行更为深入的研究，以总结税收征管体制的规律和经验。本书进一步研究分析了世界税收改革潮流、税收结构比重、税收征管体制类型、税收立法权限划分、地方税收管理权限、财政税务机构关系、税收征管模式、税务征管机构设置、税收组织管理形态、税收征管组织的网络与管理、税收征管体制的服务与 IT 技术的应用、中央税收组织与地方税收组织之间的关系，从而总结和借鉴世界各国进行税收征管体制改革的经验教训，对我国完善税收征管体制提出建设性建议，以促进我国税收征管体制改革。

本书由胡怡建提出课题、设计总体构架和进行章节安排，并对全书作定稿审阅；马志远设计国别模板，提出章节具体结构和内容安排。由马志远撰写德国、法国、俄罗斯、日本和韩国税收征管体制，李漠野撰写美国、英国和印度税收征管体制，古建英撰写加拿大和澳大利亚税收征管体制，田志伟撰写中国税收征管体制；税收征管体制国际经验总结由胡怡建和马志远共同撰写。

由于编者水平有限，疏漏之处在所难免，不当之处敬请批评指正。

目　录

1　美国税收征管体制

美利坚合众国（以下简称美国）是由50个州及联邦区构成的联邦制共和国。据统计，美国地方政府总数2007年为89527个[①]。地方政府的组织框架和分类因州而异，根据美国商务部国情调查局的定义，地方政府需拥有3个基本属性：组织实体；统治的性质，官员公选或由公共机关任命，向居民的说明责任；实质上的自治，拥有行政或财政上的独立性。

1.1 国家行政管理体制

美国宪法规定美国为联邦制国家，各州拥有较大自主权。美国宪法修正案第10条规定，凡是宪法未授予联邦政府，或未明确禁止州政府行使的权力，都应属于州政府或者公民。这赋予了州政府充分的权力，当然也包括财政收支和征集税收的权力，各州都是相对独立的政治实体。美国实行立法、行政、司法三权分立。在联邦一级，立法权属于参议院、众议院组成的国会；行政部门行使行政权力，最高职位是总统；司法权属于联邦最高法院，国会、总统和最高法院之间是相互制约、相互监督的关系。各州拥有自己的立法、行政和司

---

① U. S. Census Bureau（2012），Table428. Number of Governmental Units by Type：1962 – 2007. p. 267. http：//www2. census. gov/govs/cog/2012isd. pdf.

法机构，尽管具体权限的分配有差异，但大体上其权力结构和框架是一致的。

1.1.1 中央政府行政机构

美国联邦政府机构分为行政机构、立法机构和司法机构，实行三权分立，各自行使特定的职责，同时相互制约。其中，行政机构主要由3部分构成：总统办事机构（10个）、内阁部门（15个）、独立机构和行政法人（57个）。美国联邦政府行政组织机构如图1-1所示。

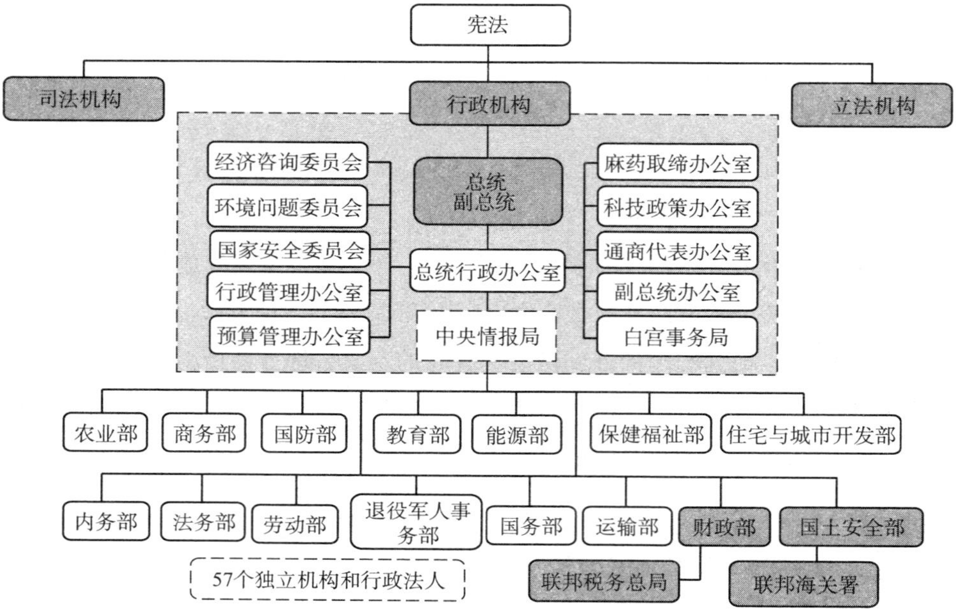

图1-1 美国联邦政府行政组织机构

资料来源：根据U. S. GOVERNMENT MANUAL 2013第22页及其他资料制作而成。

在上述联邦政府机构中，承担政府财税管理的机构为财政部，其下属的联邦税务总局负责联邦国内税征收及国内收入法案的执行，关税则由隶属于国土安全部的联邦海关署负责征收。

1.1.2 国家行政区划

美国是一个联邦制国家，不实行中央集权的政治体制，而采用地方分权的法治体系，具有联邦政府、州政府和地方政府的三级政府架构。在州政府以下，县、市、镇、特别区等无论大小都统称为地方政府。美国的地方政府之间，地方政府和州政府、联邦政府之间，都没有行政上的隶属关系；某些地方政府也没有严格的行政区划划分，一个地方政府地跨两州、一个地区存在多个政府的现象相当普遍。在同一个地理范围之内，可能交叉存在多个不同的地方政府，而它们彼此之间只是分工和合作的关系，各自按照其法律规定的范围执行各自的职权，互不统属。美国政府组织的区分及种类详见表 1－1。

表 1－1　　美国政府组织区分及种类

政府级别	政府划分	名称	数量
联邦政府	—	—	1
州政府	—	州	50
特区政府	—	华盛顿哥伦比亚特区	1
地方政府	普通地方政府（38910）行使多种职能，包括财务管理、治安保护、公路管理、医院、公用事业管理等	县	3031
		自治市	19519
		乡镇	16360
	特殊地方政府（51146）行使单一职能或者有限数量的多种职能	独立学区（行使教育相关职能）	12880
		特别区（如公用事业区，水治理区等）	38266

资料来源：2012 年政府普查，http：//www2. census. gov/govs/cog/2012isd. pdf.

1.2　中央财政税务行政关系

1.2.1　联邦财政税务行政关系

美国联邦政府的税收管理机构有隶属于财政部的联邦税务总局（Internal Revenue Service，IRS）和隶属于国土安全部的美国联邦海关署（U. S. customs and border protection）。联邦税务总局负责联邦政府除关税以外的所有税收事务，主要包括征收企业所得税、个人所得税、联邦社会保障税、遗产与赠与税以及特定类型的消费税等，并承担劳动所得税收抵免、医疗保险税收抵免等税式支出职能，是美国政府部门中与公众直接接触最多的机构之一。美国联邦海关署负责征收关税。美国财政部组织架构如图 1－2 所示。

联邦税法由国会制定和修改，由财政部颁布实施细则，由联邦税务总局解释执行。联邦一级税收的基本法律是 1939 年制定的《国内收入法典》，1954 年、1986 年分别对其作了修订。

联邦财政部在税收管理上的权限：一是向总统提出联邦税收立法的建议；二是按照授权解释联邦税法；三是制定联邦的税收规章并负责解释联邦税收规章。其中，联邦财政部负责联邦税收法规管理事务的，是主管税收政策的助理财政部部长（Office of Tax Policy）。助理财政部部长协助部长、副部长拟订和执行国际税收政策，就税收法案负责同国会联系，对影响税收的经济形势进行分析，为总统的预算咨文提供未来税收的估计，并参与国际税务协定谈判。税收立法权在参议院和众议院，由财政部提出的税收法律、法令经国会通过及总统批准后生效。

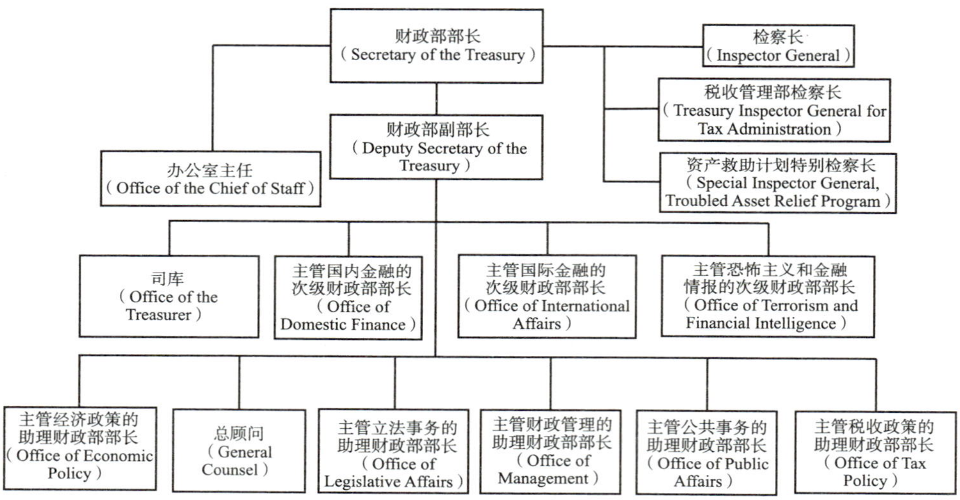

图 1－2　美国财政部组织机构

图 1－2 展现了美国财政部的内部组织机构图，财政部还设立了各种局和处来实现图 1－2 各部门的功能，其中联邦税务总局便是隶属于美国财政部的十大下属机构之一。联邦政府的税务管理机构为美国联邦税务总局，是财政部的主要组成机构，其主要职责为解释税法、负责联邦税收的征收、评估税负、执行税法、税务稽查和税务犯罪调查等。需要说明的是，联邦税务总局为财政部的外厅。所谓外厅是指代理国家行使专门或特别事务的厅级行政组织，虽然在行政关系上隶属于财政部管理，但其行政首脑由总统任命。因此，联邦税务总局局长由总统任命并需征得众议院的同意，直接向财政部长报告工作。

1.2.2 联邦税务机构体系

联邦税务总局总部只对征收工作给予指导、指示，下设4个大区局（不按行政区划分，按四大类纳税人划分），4个大区局下设33个地区分局，另有专门处理纳税申报的10个服务中心。地区税务局有权对征管中的问题作出决定而无须总局批准，地区税务局下设若干区局，直接进行税收征纳管理工作。联邦税务总局组织架构如图1-3所示。

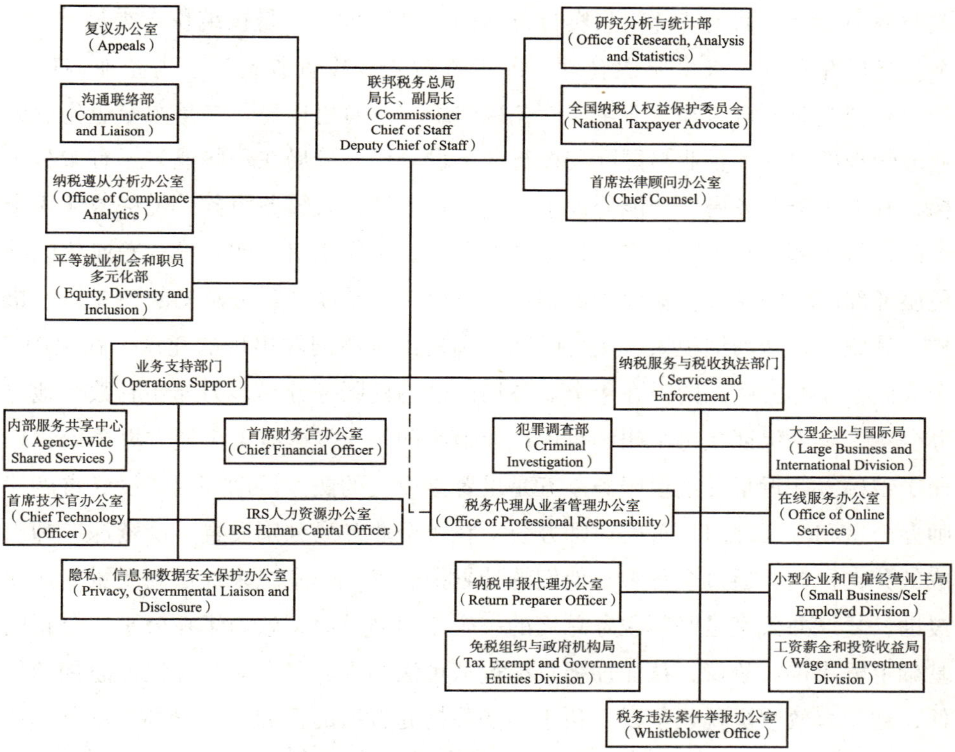

图1-3 联邦税务总局组织架构

从图1-3可以看出，作为联邦税务总局组织主体部分的“纳税服务与税收执法部门”是按工资薪金和投资收益、小型企业和自雇经营业主、大型企业与国际、免税组织与政府机构四大类纳税人设置的，而不是按行政区划逐级设置，因此，从最基层的税务人员到总部的管理层之间只有4个层级：税务人员、部门主管、片区主管、总部总管。管理的高度扁平化，使得其整体工作效率大为提高。

1998 年之前，联邦税务总局的组织机构比较复杂，有 43 个派出机构（33 个区局和 10 个服务中心），总部由 9 名副局长分管不同的业务部门。由于管理层级多、机构设置不科学和机构运转效率低下，使联邦税务总局为纳税人提供的服务和执法质量不尽如人意。1998 年，根据《联邦税务总局重组与改革法案》，联邦税务总局拉开了历史上规模最大的重组与改革序幕。重组后的联邦税务总局以方便纳税人为原则，根据业务内容设立不同的管理层次，在机构设置上充分体现了以纳税人类型为主，纳税人类型标准和职能标准相结合设置机构的特点。一是对以内部服务为主、与纳税人没有太多直接接触的部门，如机关服务中心等辅助支持部门只实行总部的一级管理。二是按纳税人类型分设 4 个业务局并实行一级多层次管理，即工资薪金和投资收益局、大企业与国际局、小型企业与自雇经营业主局、免税组织与政府机构局。三是按专业化设置业务管理部门。大企业与国际局按行业下设分局，分局在一些地方还有派驻机构，其他 3 个业务局按功能分设纳税人教育、纳税人财务服务、税法遵从 3 个部门，每个部门在不同地区又设地区办公室、工作小组。四是设置专业化的纳税服务部门。纳税人权益保护部本部在华盛顿，是联邦税务总局的独立运行机构，其职责是帮助纳税人解决税收问题和提出预防问题出现的建议。在美国 7 个大区设立办公室，同时在 4 个业务局内设纳税服务分局，另外还有数个地方办公室，至少保证在每个州、哥伦比亚地区和每个校区有 1 个地方办公室，以便于纳税人就近享受纳税服务。五是设置专业化的法律援助部门。设立首席律师办公室和复议部门。首席律师办公室在 4 个业务局分别设置了由资深律师组成的分支机构，通过全程参与他们的计划拟订和工作实施来提供高质量的法律援助。复议办公室是联邦税务总局的一个专门委员会，致力于在公平、公正的基础上解决税收争议，从而加强自愿遵从税法和提高公众对联邦税务总局的信任，达到有效解决税收争议，免于到法院提起诉讼的目的。复议办公室分别在 4 个业务局有派出机构，派出机构又根据工作量在 4 个业务局的地区办公室派驻专门工作小组。

美国官方除了有税收征收部门外，还设有独立于税收征收部门的专为纳税人提供帮助的服务机构——纳税人权益维护办公室，其在每个州和报税中心都设有办公机构，主要职责是维护纳税人的权利和解决纳税人在纳税中的有关问题，以保证纳税人通过正当渠道迅速解决与税收有关的问题。联邦税务总局每年都提供各种教育和服务，帮助纳税人理解和完成他们的税收责任。美国政府的许多网站都有提供纳税帮助的服务内容，民间的商务报税公司更是随处可见。

1.3 联邦、州和地方财政收支

1.3.1 联邦政府财政收支

2014 财政年度①美国联邦政府财政收入中税收所占比重见表 1－2。按照美国国会预算办公室（CBO）公布的实际数据，2014 财政年度，美国国家财政收入总额为 30214 亿美元，其中税收收入为 28853 亿美元，占比高达 95.49%，税收收入中直接税收入（即个人所得税与公司所得税、社会保障税②之和）构成美国联邦税收总收入的主要内容，占联邦税收总收入的 94.92%。

表 1－2　　2014 财政年度联邦政府财政收入情况　　单位：亿美元

财政收入	财政收入组成	子组成	金额（子组成/组成）
财政收入，30214	税收，28853（95.49%）	个人所得税	13946（48.33%）
		企业所得税	3207（11.11%）
		社会保障税	10234（35.47%）
		消费税	934（3.24%）
		关税、费	339（1.17%）
		遗产和赠与税	193（0.67%）
	其他，1361（4.51%）		

资料来源：2016 财政年度联邦政府预算，https：//www.whitehouse.gov/sites/default/files/omb/budget/fy2016/assets/hist.pdf.

表 1－3 给出了美国联邦政府 2014 财政年度的实际财政支出状况。其中人力资源方面支出约占联邦政府支出的 72%，主要包括教育、培训、就业、健康、医疗保险、收入保障、社会保障、退伍军人福利和服务 8 个方面。国防支

① 美国财政年度是从 10 月 1 日至次年的 9 月 30 日，如 2014 财政年度就是 2013 年 10 月 1 日到 2014 年 9 月 30 日。

② 需要说明的是，我国社会保险筹资方式是以“社会保障费”的形式进行征收，而美国则是以“社会保障税”的形式进行征收，社会保障税英文为“Payroll Tax”，也可以翻译为“工薪税”，由表 1－2 可见，社会保障税作为美国的主要税种之一，2014 财政年度占税收收入比例超过 1/3。

出约占联邦政府支出的17%。

表1-3　　2014财政年度联邦政府财政支出情况　　单位：亿美元

财政支出	财政收入组成	子组成	金额（子组成/组成）
财政支出，35061	人力资源，25255（72.03%）	教育、培训、就业等	906（3.59%）
		健康	4095（16.21%）
		医疗保险	5117（20.26%）
		收入保障	5136（20.34%）
		社会保障	8505（33.68%）
		退伍军人福利和服务	1496（5.92%）
	物质资源，591（1.69%）	能源	52（8.91%）
		自然资源与环境	362（61.14%）
		商业和住房信贷	-948（-160.33%）
		交通	919（155.35%）
		社区及地区发展	206（34.94%）
	国防，6035（17.21%）	—	
	净利息，2290（6.53%）	—	
	其他功能，1770（5.05%）	—	
	未分配抵消性收入-880，（-2.51%）	—	

资料来源：2016财政年度政府预算，https://www.whitehouse.gov/sites/default/files/omb/budget/fy2016/assets/hist.pdf.

2014财政年度，美国财政收入与支出差额为-4847亿美元，即财政赤字4847亿美元，创下了2009年以来新低，这表明金融危机之后联邦收入增速快于支出，财政状况逐步好转。

1.3.2　州和地方政府财政收支

在美国，州和地方政府的收入可以分为一般性收入、公共设施收入、酒储备收入和保险信托收入。一般性收入来源于两部分：一部分是政府间收入，一部分是本级政府一般性收入。地方政府自己取得的一般性收入主要由税收和收费组成。表1-4反映了2012财政年度美国州和地方政府收支的详细状况。需要说明的是，美国政府是一个高度分权的国家，州与地方政府承担了较多的事权，如果州与地方政府仅凭借自己获得的收入维持政府的运作，那公共服务的供给将会面临很大困难。因此，美国州政府的收入中有很大一部分来自于联邦政府的转移支付，地方政府中有很大一部分来自州和联邦政府的转移支付。从表1－4可以看出，2012财政年度，州政府一般性收入的27.98%来自联邦政府；地方政府收入的33.4%来自联邦和州政府。强有力的转移支付在保障州和地方政府公共物品供给的同时，也对州和地方政府的行为进行监督和制约。

表1－4　　2012财政年度美国州和地方政府财政收支额　　单位：千美元

2012财政年度	州和地方政府	州政府	地方政府
财政收入	3033555422	1907026846	1615193670
一般性收入	2598043128	1630034675	1456673547
政府间收入 （占总收入比例）	584499378 （19.27%）	533657604 （27.98%）	539506868 （33.40%）
来自联邦政府	584499378	514139109	70360269
来自州政府	0	0	469146599
来自地方政府	0	19518495	0
本级政府一般性收入	2013543750	1096377071	917166679
税收 （占总收入比例）	1388154804 （45.76%）	799350417 （41.92%）	588804387 （36.45%）
收费及杂项一般收入	625388946	297026654	328362292
现行收费（如教育）	426780254	174260371	252519883
杂项一般收入（如利息）	198608692	122766283	75842409
公用设施收入（如水、电等）	151735218	13626445	138108773
酒储备收入	8339781	7114248	1225533
保险信托收入	275437295	256251478	19185817
财政支出	3151702715	1981511472	1663121365
政府间支出	4157695	481410754	15677063
直接支出（按功能）	3147545020	1500100718	1647444302
一般性直接支出	2587317474	1167333919	1419983555
教育服务	880642407	271537071	609105336
社会服务和收入维持	731695458	546735448	184960010

续表

2012 财政年度	州和地方政府	州政府	地方政府
交通	187292204	100989412	86302792
公共安全	225531607	67718153	157813454
环境和住房	195513421	36791960	158721461
政府行政	123932246	51009828	72922418
一般债务利息	109117652	47342438	61775214
其他一般性支出	133592479	45209609	88382870
公用设施支出	207020633	23796134	183224499
酒储备支出	6696872	5607711	1089161
保险信托支出	346510041	303362954	43147087

资料来源：2012 财政年度政府普查：州政府和地方政府财务报告摘要，http：//www2. census. gov/govs/local/summary_report. pdf.

1.3.3 州和地方政府税收

从 2012 财政年度美国州和地方政府财政收支额可以看出，美国州政府和地方政府税收收入占其财政收入的比例分别为 41.92% 和 36.45%。2012 财政年度美国州政府和地方政府税收收入具体情况见表 1－5。

表 1－5　　2012 财政年度美国州政府和地方政府税收收入　　单位：千美元

税收金额（占总税收比例）	州和地方政府	州政府	地方政府
财产税	446099195（32.14%）	13110672（1.64%）	432988523（73.54%）
销售及收入总额税	476447435（34.32%）	378544162（47.36%）	97903273（16.63%）
个人所得税	307334718（22.14%）	280693192（35.12%）	26641526（4.52%）
公司所得税	49030858（3.53%）	41821318（5.23%）	7209540（1.22%）
机动车辆牌照税	24384657（1.76%）	22631173（2.83%）	1753484（0.30%）
所有其他税收	84857941（6.11%）	62549900（7.83%）	22308041（3.79%）
总税收	1388154804（100.00%）	799350417（100.00%）	588804387（100.00%）

资料来源：2012 财政年度政府普查：州政府和地方政府财务报告摘要，http：//www2. census. gov/govs/local/summary_report. pdf.

从表 1 – 5 可以看出，州政府税收主要由销售及收入总额税（47.36%）、个人所得税（35.12%）两项构成，二者占总体税收的 82.48%。地方政府税收构成则与州政府相差很大，主要由财产税（73.54%）、销售及收入总额税（16.63%）构成，这两部分占地方政府税收总额的 90.17%，其中财产税占地方政府税收的比例更是高达 73.54%。

1.3.4 政府间财政转移支付

美国政府间的财政转移支付，主要采用 3 种形式：无条件拨款、整块拨款和分类拨款。

无条件拨款相当于一般财政转移支付，始于 1972 年美国国会通过的《联邦政府对州和地方政府的财政资助法案》，是不附条件的支付形式，其主要根据各地方的财政收支、人均收入、人口、土地面积、资源环境等确定一定的分配标准，根据此分配标准，各地方政府只要符合该标准均可以接受这种补助金，无须履行申请，由国会决定后，款项即可拨付，并且地方政府对此种补助可以随自己的意愿使用。交给一个州的收入款，1/3 分配给州政府，2/3 分配给市、县和镇政府。从政府间财政转移支付的功能来看，无条件拨款主要实现各级政府间财政的纵向平衡。

整块拨款和分类拨款相当于专项财政转移支付，这两类拨款主要用于社会救济、养老保险、公共交通、教育、公众健康等外部性较强的领域。与其他市场经济国家不同的是，这部分转移支付的资金不仅所占比例大，甚至占到九成以上，而且在下拨的过程中，与无条件拨款分配的比例分配刚好相反，州政府获得该专项资金的 2/3，地方政府获得该资金的 1/3。除上述联邦政府对州政府和地方政府的财政转移支付外，州政府也给地方政府一定的财政转移支付资金，不过这种转移支付资金的 1/4 来自联邦政府对州政府的拨款。

在联邦政府对州政府、地方政府及州政府对地方政府进行补助时，补助数额不是随心所欲的，其拨付的数额也不是固定不变的，而是随具体情况的变化而作相应调整。美国有一套明确的法律来规范和指导转移支付行为，以保证转移支付的公正性和稳定性。如美国的《国会预算法案》《平衡预算法案》规定了财政转移支付的负责机构、拨款标准、分配办法等基本内容，而《联邦政府对州和地方政府的财政资助法案》则对财政转移支付从形式上到内容上都作出了具体而明确的规定。与此同时，美国制定出了一系列较为科学的转移支付计算方法，主要表现为各种各样的公式和支出标准。

1.4　中央、地方税收征管体制

1.4.1　联邦、州和地方税收立法

美国是联邦制国家，分为联邦、州和地方三级政府机构，三级政府根据权责划分，对税收实行彻底的分税制。各级政府都有自己的税收征管机构，机构之间相互独立，不存在隶属关系。税收与三级政府机构设置相适应，分为联邦税、州税和地方税，实行“分别立法、分别征管、互不干扰、财源共享”的税收管理体制。这种相对分权的模式实质上是分散立法、共享税源、自上而下转移支付的分税制。

美国联邦宪法同时赋予了联邦政府和州政府独立的税收立法权和征收权，联邦税法由国会负责制定并载入《国内收入法典》，州和地方税法由州议会负责制定，但是州政府税收立法不得违背联邦税法和联邦利益。对州政府，凡宪法未授予给联邦政府或未禁止州政府行使的税收立法行为，州政府都可以行使立法权，也就是说，在不违反宪法的情况下，无须获得联邦政府的授权或批准，州政府可以按照履行其事权的需要，开征任何本地区选民认为必要的税收。同样地，在不违反宪法及州法的前提下，无须获得上级政府的批准或授权，县、市、乡镇政府可以按照履行职责的需要并依照州政府有选择的授权，开征任何本地区选民认为必要的税收，由此形成了统一的联邦税收制度和有差别的州、地方税收制度并存的格局。

1.4.2　联邦、州和地方税种划分

在美国税收体制中，尽管联邦、州和地方三级政府的税收征管范围存在一定程度的交叉，比如，个人所得税是联邦政府的主要税收来源，也是州政府的税收来源之一，但各级政府均有各自的主体税种。美国联邦、州和地方政府根据各自的权力、税收征收管理水平和经济发展水平等因素，选择了不同的税种作为各自的主体税种，形成不同的税制模式，体现了与美国的联邦制的分权特征相适应的税制特征。

联邦政府征收的税种主要有社会保障税、个人所得税、公司所得税、消费

税等；州政府征收的税种主要有销售税、财产税、个人所得税、公司所得税等；地方政府由于人口密度、经济活动内容、居民收入水平、财产占有状况的千差万别，其税制体系具有很大的差别，很难说清美国有多少税种。联邦、州和地方（以伊利诺伊州的库克郡为例）征收的主要税种见表1-6，其中州和库克郡列出的只是主要税种。需要说明的是，不同州和地方政府的税收来源结构差别较大，不能一概而论。

表1-6　　美国各级政府征收的主要税种

政府层级	主要税种
联邦税	社会保障税、个人所得税、公司所得税、消费税等
州税	销售税、财产税、个人所得税、公司所得税等
地方税（以伊利诺伊州库克郡为例）	酒精饮料税、娱乐税、汽柴燃料税、特定个人财产税、停车场所和车库经营税、新机动车零售税、不动产税、香烟税、机动车轮胎税等

资料来源：关于美国税权划分问题［EB/OL］. 中国财政部官网，http：//www.mof.gov.cn/pub/shuizhengsi/zhengwuxinxi/guojijiaoliu/200806/t20080620_47660.html.

1.4.3　州和地方政府税收行政

就美国州政府和地方政府而言，其税收行政主要由其下设的财政局或类似机构中的税务担当部门负责执行。以新泽西州为例，除5个办公室外，新泽西州财政局下设9个部门，其中，税务部负责征收州税及相关工作，如图1-4所示。

需要说明的是，州政府及各级地方政府，机构设置有所不同，有的有财政部，有的没有财政部，设立财政部的政府，其税收管理权限与联邦财政部类似，没有设立财政部的政府，其税收管理权由税务部门行使。

1.4.4　中央和地方税收机构的隶属关系

美国联邦、州和地方各级政府间并不存在隶属关系，包括地方政府间也不存在等级关系。根据美国宪法修正案第10条规定，凡是宪法未授予给联邦政府或未明确禁止州政府行使的权力，都应属于州政府或者公民。这表明在专属于州政府的事权范围内，联邦政府和州政府之间是互不隶属的独立地位，美国宪法没有提及地方政府。根据美国宪法第四条第四款规定，“合众国保证本联邦各州实行共和政体”，各州有权自己选择建立地方政府的情况，可以建立地方政府，也可以终结地方政府存在的权力。乡镇作为最早的地方政府单位，其权威来自于其自身，它们并没有从别处取得权力。州政府出现后，乡镇由于将其一部分独立让给州而使其独立性有所降低，但政府间的关系依然遵循一个原则：在与其自身相关的一切事务上，各地方政府都是自主的，而在那些为各地方政府共享的利益上，则服从于能涵盖它们共同利益的更大范围的一级政府。乡镇、县和州的关系正是根据这一原则处理的。①

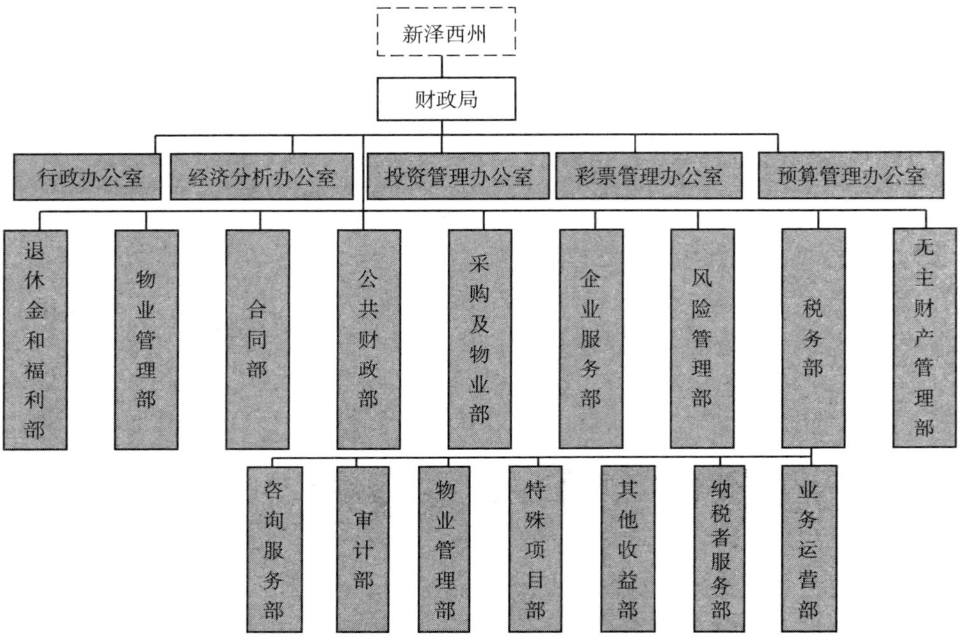

图 1-4　新泽西州财政局及其下属税务部组织机构

资料来源：新泽西州税务部官网，http：//www. nj. gov/treasury/taxation/pdf/orgchart. pdf；新泽西州政府官网，http：//www. state. nj. us/nj/gov/deptserv/.

就美国联邦、州、地方 3 套税务机构而言，其分属各级政府，各司其职，不存在领导与被领导的隶属关系。联邦税务总局、州税务局和地方税务局拥有独立的执法权，有权根据税法解释税法执行中的具体问题，如果纳税人不服，可申请法院裁决解释，其他部门无权干预；有权根据税法对欠税多少进行估

① 楚树龙，荣予，等．美国政府和政治［M］．北京：清华大学出版社，2012：590.

算，欠税人如不服，须负举证责任。

州税务局是州政府的职能部门，受州长领导，与联邦税务总局除在业务协作、信息沟通等方面有一些联系外，其余在税收征管、人员和经费管理等方面相互独立，主要职责是执行并解释州立法部门制定的税收法律，征收税收收入，为纳税人提供服务，对拖、欠税款者进行督促并追缴，视情况按照法律规定程序采取强制性措施等。各州税务部门的设置与名称不尽相同，例如，加利福尼亚州负责征收州税的机构有 3 个：加州特许税务局、加州物税局和加州就业发展局；又如，特拉华州州财政局下设的州收入局，在州税务局内分设个人税收办公室、营业税办公室、财务与审计办公室和其他辅助功能部门。美国各州税务局的内设机构一般有 5 个：法制机构，负责税法执行的一般解释、宣传、复议、应诉等；审计（稽查）机构，负责对纳税人纳税情况的调查及处理；研究统计机构，负责税收收入的统计和分析；征收机构，负责接受和处理纳税申报，进行税款征收；服务机构，负责人事、财务、接待。美国对税务审计很重视，如夏威夷州税务局从事审计的人员占正式职工的 55% 以上。

美国地方政府包括县（郡）、市、学区、特区。一般来讲，县、市等地方政府在财政部门内有一个承担税收收入的机构（一般称评估委员会），与州税务局没有隶属关系，由于地方政府税收收入的主要来源是财产税，所以该机构的主要职责是对房地产的价值进行评估。

美国重视税务稽查，特别是在州和地方税务机关中，稽查工作占有特别重要的地位。联邦税务机构以联邦税务总局为主，它行使征收税费、评定税负、税务稽查等职能。联邦税务总局中的税务稽查部门分为稽查部和刑事调查部，前者主要职责是一般的稽查，即检查处理民事欺骗性质的涉税违法案件；后者则主要是侦办刑事欺骗性质的重大涉税违法案件。在税务稽查过程中，若稽查部发现社会违法案件存在严重的犯罪行为时，就会移交给刑事调查部，由其查办。

1.5 小结

国家财政与税收的行政关系：税收行政隶属于财政行政，但税收并不完全受财政管辖，联邦税务总局是财政部的外厅。

联邦、州和地方的行政关系：各“级”政府只是事权范围、管辖地域的不同，而没有“上下级”关系，其各自的权力都是通过宪法等法律规定的，各“级”政府只需向本辖区的选民负责，而无须向“上级”政府负责；但是下级政府法律法规不得违背宪法和上级法律法规。

联邦、州和地方的财政关系：联邦政府给予州政府及地方政府转移支付，州政府给予地方政府转移支付。

参考文献：

1. 美国政府官方网站

［1］美国中央政府官方网站：https：//www. usa. gov/.

［2］美国联邦财政部官方网站：http：//www. treasury. gov/Pages/default. aspx.

［3］美国联邦税务总局官方网站：http：//www. irs. gov/.

［4］美国统计局官方网站：http：//www. census. gov/.

2. 调查报告及论文

［1］瀬沼雄二，等．米国の税務行政（上）&（下）［J］．日本税务大学杂志，2008（2）.

［2］包桂荣．教育财政转移支付制度的国际比较——以日本、美国为例［J］．内蒙古财经学院学报，2010（2）：81－85.

［3］袁冰，李建军．美国的税收征管制度及其启示［J］．公共经济与政策研究，2015（1）：88－110.

［4］徐小平，张启春．美国的政府间转移支付改革及启示［J］．中南财经政法大学学报，2010（2）：58－63.

［5］林涛．美国地方行政区划若干问题探讨［J］．经济地理，1998（2）：108－113.

［6］黄晓东．美国地方政府的结构及运作特点论析［J］．吉林大学社会科学学报，2009（1）：77－83.

［7］梁俊娇，王颖峰．美国联邦税务局的内部机构设置及对我国的借鉴［J］．中央财经大学学报，2009（4）：14－18.

［8］李方旺．美国税制和税收征管的特点及启示［J］．税务研究，2007（8）：77－81.

［9］周天勇．美国政府间财税关系透析——兼论中美政府间财税关系差异［J］．地方财政研究，2005（10）：54－56.

[10] 柳建文，崔红玉. 中美行政区划的比较与启示 [J]. 经济研究导刊，2009 (32)：266-268.

[11] 尹磊. 财政转移支付：美国的做法及启示 [J]. 财政监督，2007 (23)：61-62.

2　英国税收征管体制

大不列颠及北爱尔兰联合王国（United Kingdom of Great Britain and Northern Ireland，以下简称英国），是由大不列颠岛上的英格兰、苏格兰和威尔士，爱尔兰岛东北部的北爱尔兰以及一系列附属岛屿共同组成的一个西欧岛国。国土面积约为243000平方公里，人口约6445万。马恩岛和海峡群岛是英王属地，却不是英国领土，有自己的议会和法律体系，英国政府负责其防务和外交事务。

2.1 国家行政管理体制

依据英国宪法[①]规定，英国的政体是议会制的君主立宪制。议会是英国政治的中心舞台，是英国的最高立法机关，政府从议会中产生，并对其负责。议会实行两院制，由上议院（贵族院）和下议院（平民院或众议院）组成。上议院是英国最高司法机关；下议院的议员由直接选举产生，法定任期5年。通常情况下，英国下议院总有一个拥有绝对多数席位的政党，该党领袖被国王任命为首相。

---

① 英国宪法不是一个独立的文件，由成文法、习惯法、惯例组成。主要有《大宪章》《人身保护法》《权利法案》《议会法》以及历次修改的《选举法》《市自治法》《郡议会法》等。

2.1.1 中央政府行政机构

英国实行议会制政体，中央政府即内阁由议会多数党产生，并向议会负责。英国中央政府机构设置主要包括内阁部门（24 个）、非内阁部门（22 个）、公共机构和其他公共团体（361 个）。

英国实行内阁制，内阁是英国中央政府的核心，主要由首相挑选中央政府中的一些重要部门的大臣（如外务大臣、国防大臣、财政大臣等）和执政党各派领袖人物组成。内阁各部由部长领导，部长属于内阁成员。内阁部门包括内阁办公厅和内阁委员会，内阁办公厅是内阁的常设办事机构，处理内阁日常工作。同时，为有效开展工作，内阁设置各种委员会，其作用主要有两项：一是减轻内阁负担；二是体现连带责任原则。各部部长不仅对本部门的决策负责，也要对内阁的决策负连带责任。英国内阁各部除内阁办公厅外，设商业、创新和技能部等 23 个部。

非内阁部门由非内阁成员的资深人士领导，如国家减债委员会等，目前共 22 个非内阁部门。

公共机构和其他公共团体中的执行机构执行内阁部门的某些职能，是具有独立法人资格的公法人，不负责政策的决定。执行机构的领导是首席执行官，负责执行日常工作，直接对主管部长负责，并由主管部长对议会负责。如商业、创新和技能部所属的公司注册署、破产署、知识产权署、国家度量衡署等，财政部所属的资产保护署、英国债务管理署等。

英国内阁部门和非内阁部门的具体组成部门见表 2 - 1。由于公共机构和其他公共团体数量较多，不在表 2 - 1 中列出。

表 2 - 1　　英国内阁部门和非内阁部门

内阁部门（24 个）	非内阁部门（22 个）
内阁办公厅	英格兰和威尔士慈善委员会
首相办公室	国家减债委员会
总检察长办公室	竞争及市场管理局
商业、创新和技能部	皇家地产局
社区与地方政府部	食品标准局
文化、传媒、运动部与政府平等办公室	林业委员会

续表

内阁部门（24个）	非内阁部门（22个）
国防部	政府精算署
教育部	政府法务部
能源与气候变化部	税务与海关总署
环境、食品与乡村事务部	国家档案局
外交与联邦事务部	国家犯罪局
卫生部	国家储蓄和投资局
内政部	教育标准局
国际发展部	英国煤气电力市场办公室
司法部	资格与考试局
交通部	铁路、公路局
财政部	水务局
工作与养老金部	地形测量局
北爱尔兰事务部	反严重欺诈局
苏格兰事务部	英国统计局
苏格兰总检察长办公室	英国最高法院
威尔士事务部	英国贸易投资局等
议会下院领袖办公室	
议会上院领袖办公室等	

注：关于“非内阁部门”的数量，英国中央政府官方网站和内阁办公厅的编制有出入，笔者以英国中央政府官网为准。

资料来源：［英］内阁办公厅．部门责任列表：含执行机构和非内阁部门［EB/OL］. https://www.gov.uk/government/uploads/system/uploads/attachment_data/file/447180/List_of_ministerial_responsibilities_july_2015.pdf.

2.1.2 国家行政区划

英国是一个历史悠久的单一制国家，实行地方分权型的单一制国家结构形式。一方面，中央政府集中了国家的最高权力，地方政府的权力来源于中央政府的授权；另一方面，英国素有“地方自治之家”的称号，通过实行广泛的地方自治保证了地方政府的相对独立性。

从国家行政管理体制来看，英国由中央政府和地方行政区划（分为三级）构成，其国家行政区划的基本框架如图2－1所示。

英国地方行政区划分为三级，第一级是郡级区划（County Layer），包括都市郡、非都市郡与大伦敦区；第二级是地区级区划，包括郡属区（District Layer）（包括都市区和非都市区）、大伦敦区下的伦敦城、伦敦自治市和单一管理区；第三级为教区级区划即民政教区（Parish Layer）。所谓民政教区，就是一些小的村镇或者城市里的分区，类似我国的乡镇、街道办事处。

英国实行地方政治权力一元制，地方政府的核心是由选举产生的地方议会，郡议会与区议会是主要的地方政府。在基于地方自治的基础上，各级政府之间不存在行政隶属关系，只对本辖区的选民负责。与中央政府相比，英国各地方政府职权主要是提供地区性的公共产品和服务及独立的税收征收权。

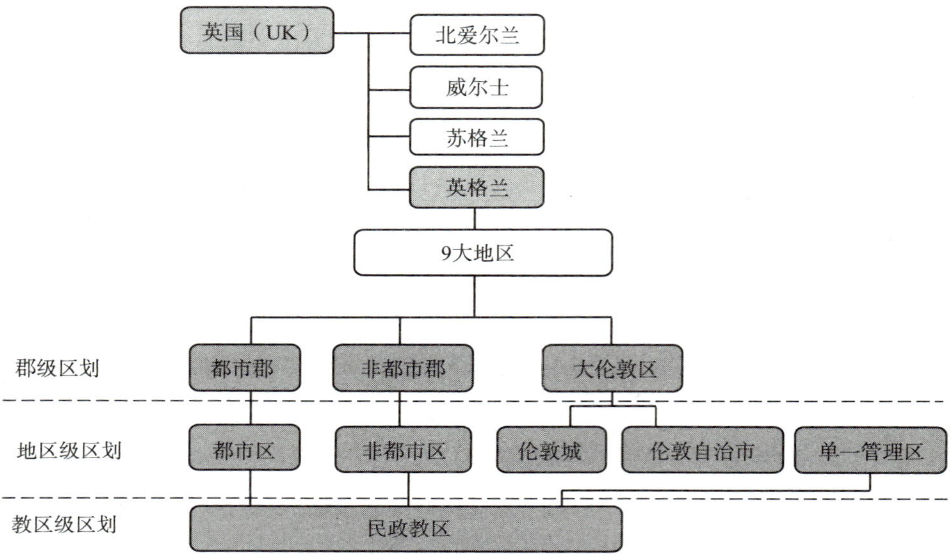

图 2-1　英国行政区划

资料来源：2011 年英国人口普查数据，http：//infuse. mimas. ac. uk/help/definitions/2011geographies/index. html#allarea.

2.2　中央财政税务行政关系

2.2.1　财政税务行政关系

根据英国税务与海关总署（HM Revenue & Customs）官网，英国税务与海关总署通过管理其花费的财政大臣（treasury minister）直接向议会报告工作；

财政部为内阁部门，负责管理税收政策和政策发展，收入与海关管理局为非内阁部门，负责政策维护和实施，这种安排被称为“政策合作关系”（policy partnership）。财政部在战略上指导英国的税收体系，二者并没有行政上的直接上下级的关系。

英国财政部的部门负责人包括财政大臣和5名财政秘书，负责人承担财政部的不同职责，其中5名财政秘书分别是财政部首席秘书、财政部金融秘书、财政部经济秘书、财政部财政秘书和财政部商务秘书。英国财政部与执行机构和公共团体一起完成部门职责①，相关合作部门有非内阁部门（国家储蓄和投资局）、执行机构（政府内审和债务管理办公室）、非部门执行性公共团体（预算责任办公室）、非部门咨询性公共团体（皇家造币厂咨询委员会）及其他机构（皇家财产局、皇家铸币局、支付系统监控机构、金融市场行为监管局、英国金融投资有限公司等）。英国财政部（HM Treasury）组织机构如图2-2所示。

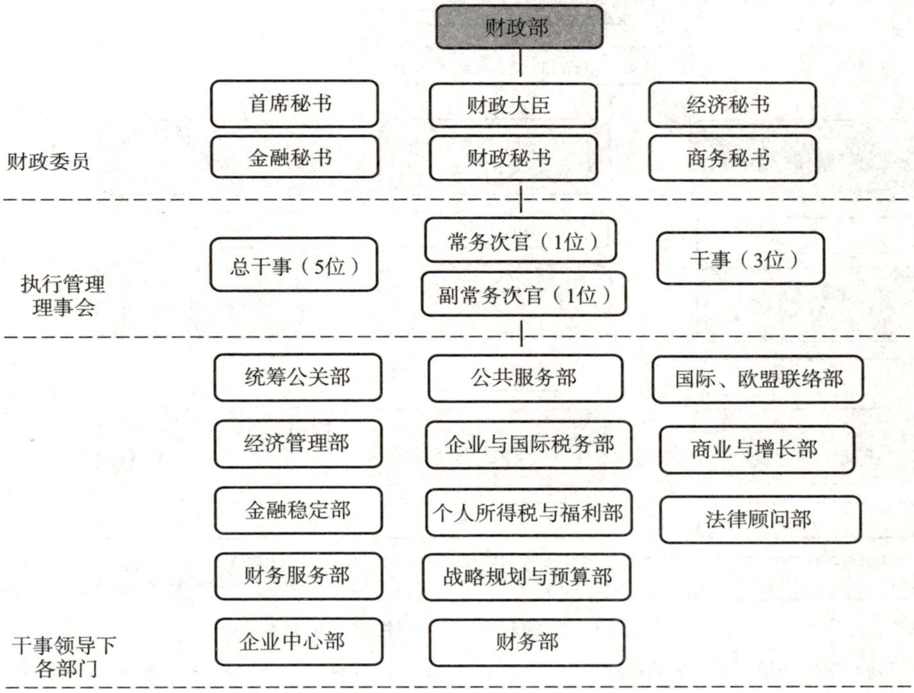

图2-2 英国财政部组织机构

资料来源：英国《财政部年度报告和报表（2014—2015）》，https：//www. gov. uk/government/uploads/system/uploads/attach.

---

① 英国政府官网：https：//www. gov. uk/government/organisations.

2.2.2 中央税务机构体系

英国中央政府负责税务管理的是英国税务与海关总署，2005 年 4 月由以前的英国国内税务局（Inland Revenue）和英国海关与消费局（HM Customs and Excise）合并而成，负责增值税、关税、消费税及社会保险费等的征管。英国税务与海关总署机构设置分为执行委员会、干事、非执行委员，执行委员会包括 9 位执行委员，分管 9 大部门业务，分别是总监与副常务次官（1 位）、总干事（4 位）、首席财务员、首席数字与信息官、首席人力资源官和总法律顾问；执行委员分管相应干事，干事共 67 位；此外，还有非执行委员 9 位。英国税务与海关总署组织机构如图 2－3 所示。

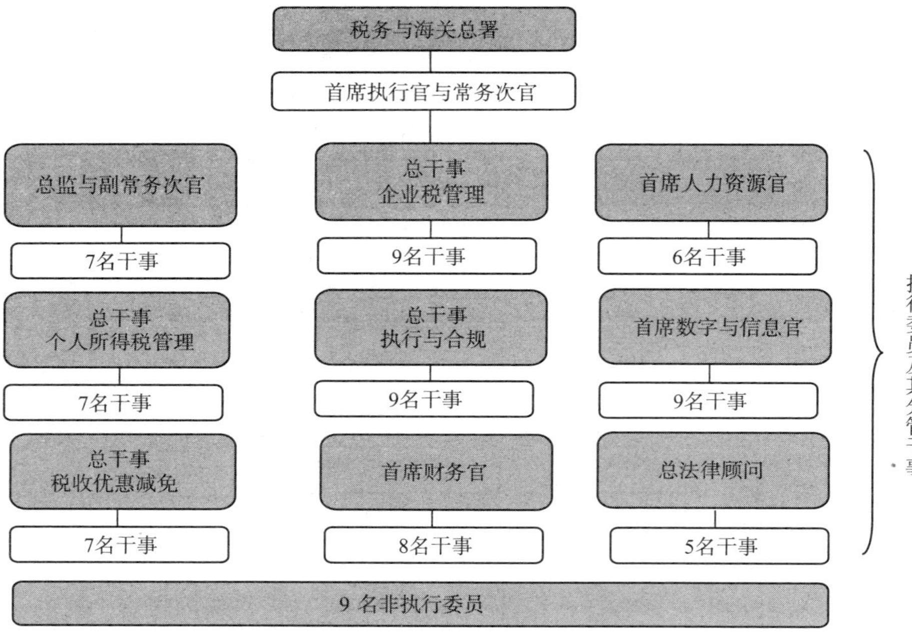

图 2－3　英国税务与海关总署组织机构

资料来源：英国税务与海关总署，https：//www.gov.uk/government/uploads/system/uploads/attachment.

英国税务机构可以分为两大部分，即业务部门和决策支持部门。

四大业务部门：①个人所得税管理部门，包括客户运营，客户联系，慈善、资产和居民，支付、自我评估和国民保险及个人客户 5 个子部门，主要负责个人所得税及国民保险费征缴的有关事宜。②税收优惠减免部门，包括福利和税收减免，福利和税收减免业务及流程，福利和税收减免的分发，福利和税收减免的监督和遵从（主要调查和处理骗取福利和税收减免的行为）4 个子部门。③企业税管理部门，包括反避税（类似于我国的税务稽查），企业客户，公司税和增值税（转让定价就设在此部门），海关及国际化，消费税、印花税及货币，大企业管理 6 个子部门。④执行和合规部门，包括中小企业管理，犯罪调查，风险和情报服务，债务管理和金融，犯罪侦查，专家调查，边境事务，中央遵从，内部改进 9 个子部门。

六大决策支持部门：①首席执行官及终身税务大臣团队，包括沟通及推介、部门改进、战略发展 3 个子部门；②终身税务大臣团队，包括中央政策及知识分析和情报（KAI，转让定价的可比性分析及可比对象的选择即由该部门完成）1 个子部门；③首席财务官团队，包括商业、房产、金融、监管和安全、政府金融服务 5 个子部门，类似于计划与财务，但更偏向于财务功能；④首席数字与信息官团队，包括信息管理（IMS）1 个子部门，类似于我国税务机关的信息中心；⑤首席人力资源官团队，包括内部共享服务、内部责任及多样化、人事 3 个子部门，类似于我国税务机关内人事、工会（部分功能）、服务中心（部分功能）；⑥总法律顾问。

英国税务与海关总署在各地区设置地方办事机构和地区办公室，配备有 3 万名左右人员处理当地小案子，主要针对年收入小于 3 万英镑的公司和个人；在 12 个主要城市设立一般调查组（民事调查组），配备 100 多人处理复杂案件，主要面对年收入大于 100 万英镑并有多种收入来源的公司和个人；成立 13 个有议会成员参加的特别调查组，挑选 400 多名业务能力强的人员处理税务欺诈行为，主要面对年收入高于 500 万英镑的公司和个人[①]。

2.3 中央、地方财政收支

2.3.1 中央财政收支

英国中央政府各组成单位，都是中央政府会计的会计主体，按照《政府财务报告手册》进行会计核算。此外，英国中央政府还有一类特殊会计主体，即

① 唐晓鹰，吴蔚. 英国税收风险管理及其借鉴［J］. 国际税收，2014（2）：66－68.

中央基金。中央基金的会计核算不遵循《政府财务报告手册》，而是遵循一些特殊法案的规定和英国财政部发布的特定会计指南。

2015 财政年度[①]英国中央政府经常性收入情况见表 2 -2。根据 2015 年英国公共部门财政公报，自 2010 财政年度结束至今，中央政府预算赤字一直在减少，尽管仍然高于全球金融危机之前的数据。英国财政收入的主要来源是税收，按照英国国家统计局公布的数据，2015 财政年度，英国中央政府经常性收入总额为 612542 百万英镑，其中税收收入为 461510 百万英镑，占比高达 75.34%。除上述税收外，英国中央政府经常性收入还包括国民保险费、利息及股息收入、其他收入 3 个部分，分别占比 18%、3.12%、3.54%。需要说明的是，英国社会保险筹资方式是以“国民保险费”的形式进行征收，国民保险费英文为 National Insurance Contributions。

表 2 -2　　2015 财政年度中央政府经常性收入情况　　单位：百万英镑

中央政府财政收入	财政收入组成	子组成	金额（子组成/组成）
经常性收入，612542	税收，461510（75.34%）	生产税	231368（50.13%）
		收入与财富税	212732（46.09%）
		其他税	17410（3.77%）
	国民保险费，110260（18%）	—	—
	利息及股息，19085（3.12%）	资产购买工具	10739（56.27%）
		其他	8346（43.73%）
	其他收入，21687（3.54%）	总经营盈余	17257（79.57%）
		租金	1377（6.35%）
		其他	3053（14.08%）

资料来源：英国统计局发布的公共部门财政统计公报（2015），https：//www.gov.uk/government/uploads/system/uploads/attachment_data/file/455199/PSF_statistical_Bulletin_ - July_2015.pdf.

从税收收入构成大类上来说，生产税、收入与财富税两大类税收构成中央政府税收总收入的主要内容，占中央政府税收总收入的 96.22%。其中，生产税大类主要包括增值税、酒税、烟草税、燃料税等；收入与财富税大类主要包

① 英国财政年度是从 4 月 1 日至次年的 3 月 31 日，比如 2015 财政年度就是 2014 年 4 月 1 日到 2015 年 3 月 31 日。

括申告所得税、资本收益税、个人所得税、企业所得税等；其他税主要包括电视执照税、车辆税（家庭）、银行税等。2015 财政年度英国中央政府税收收入具体组成情况见表 2－3。

表 2－3　　**2015 财政年度英国中央政府税收收入**　　单位：百万英镑

中央政府税收收入	税收收入组成	子组成	金额（子组成/组成）
税收收入，461510	生产税，231368（50.13%）	增值税	124758（53.92%）
		酒税	10449（4.52%）
		烟草税	9251（4.00%）
		燃料税	27156（11.74%）
		营业税	24869（10.75%）
		印花税（股票）	2925（1.26%）
		印花税（土地和财产）	10852（4.69%）
		车辆税（企业）	945（0.41%）
		其他	20163（8.71%）
	收入与财富税，212732（46.09%）	申告所得税	23644（11.11%）
		资本收益税	5558（2.61%）
		个人所得税	140001（65.81%）
		其他收入税	21（0.01%）
		企业所得税	43004（20.22%）
		石油收入税	77（0.04%）
		杂税	469（0.22%）
	其他税，17410（3.77%）	电视执照税	3137（18.02%）
		车辆税（家庭）	4961（28.50%）
		银行税	2819（16.19%）
		其他	6493（37.29%）

资料来源：英国统计局发布的公共部门财政统计公报（2015），https：//www.gov.uk/government/uploads/system/uploads/attachment_data/file/455199/PSF_statistical_Bulletin_－July_2015.pdf.

2015 财政年度英国中央政府经常性支出情况见表 2－4。从表 2－4 可以看出，商品和服务经常性支出（35.67%）、社会福利净支出（31.09%）及地方转移支付（18.83%）3 项支出占比重较大，占政府经常性经费支出的 85.59%。需要说明的是，根据英国国家统计局发布的《英国国民核算蓝皮书（2012）》，国外转移支付支出（收入）包括与欧盟的交易、海外资助和私人礼品等。

表 2－4　　　　2015 财政年度中央政府经常性支出情况　　　　单位：百万英镑

中央政府财政支出	财政支出组成	子组成	金额（子组成/组成）
经常性支出，648935	商品和服务经常性支出，231483（35.67%）	人员费用	105295（45.49%）
		市场产出及最终产出	－18732（－8.09%）
		服务及产品购买	127663（55.15%）
		折旧	17257（7.45%）
	社会福利净支出，201743（31.09%）	国家保险基金福利费	96977（48.07%）
		社会救助	94342（46.76%）
		养老公共服务费用	34153（16.93%）
		养老公共服务收益	－23729（－11.76%）
	津贴，8523（1.31%）	—	
	利息，45422（7.00%）	—	
	对欧盟交费，16044（2.47%）	—	
	国外转移支付支出，6864（1.06%）	—	
	国外转移支付收入，－4402（－0.68%）	—	
	地方转移支付，122163（18.83%）	—	
	其他援助性支出，21095（3.25%）	—	

资料来源：英国统计局发布的公共部门财政统计公报（2015），https：//www. gov. uk/government/uploads/system/uploads/attachment_data/file/455199/PSF_statistical_Bulletin_－July_2015. pdf.

2.3.2　地方财政收支

英国税收收入和税收权力高度集中于中央政府，地方收入比重低。根据 2015 财政年度数据可知，地方税收总收入为 27375 百万英镑，中央税收总收入为 461510 百万英镑，地方税收收入仅占中央税收总收入的 5.93%，占全国税收总收入的 5.6%，因此，地方政府主要依赖中央对地方的财政补助。2015 财政年度英国中央政府给予地方政府的经常性补助为 122163 百万英镑，以负数体现在政府经常性支出中，是地方政府经常性收入（36740 百万英镑）的 3 倍多，说明地方政府只有依赖中央财政补助才能完成公共产品和服务的提供。2015 财政年度地方政府财政收支的详细状况见表 2－5。

表 2-5　　2015 财政年度地方政府财政收支　　单位：百万英镑

地方政府财政收支	金额
经常性收入	36740
生产税	375
其他经常性税收	27000
总经营盈余	9979
利息及股息（来自私人部门）	634
利息及股息（来自公共部门）	-1286
租金及其他转移支付收入	38
经常性支出	31521
商品和服务经常性支出	123864
津贴	1841
社会福利净支出	27166
中央政府经常性补助	-122163
其他经常性补助	96
利息及股息（付给私人部门）	717
折旧	9979
经常性预算赤字	4760

资料来源：英国统计局发布的公共部门财政统计公报（2015），https：//www. gov. uk/government/uploads/system/uploads/attachment_data/file/455199/PSF_statistical_Bulletin_ - _July_2015. pdf.

由表 2-5 可知，其他经常性税收、总经营盈余是地方政府收入的主要来源，几乎占地方政府经常性收入的全部。不考虑中央政府经常性补助在地方政府经常性支出中以负数表现的情况，商品和服务经常性支出、社会福利净支出是地方政府经常性支出的主要组成部分，几乎占地方政府经常性支出的全部。

2.3.3 中央对地方的财政转移支付

笔者已经在前文说明了地方政府严重依赖中央财政补助完成地方事权的情况，英国的中央财政补助（current grants within general government）即类似于我国中央政府对地方政府的转移性支付。

英国转移支付制度的主要目标是实现财政支出纵向和横向的平衡，同时对地方政府的收支实施统一管理，使各地政府基本的公共服务能力达到基本均等。

英国中央财政对地方财政的转移支付可分为专项补助和地方补助两种，分别占10%和90%，地方补助相当于我国的一般性转移支付。专项补助要求地方政府用于专门项目，如环境保护、社会治安等；地方补助是指地方收支差额补助，是根据中央核定的地方总支出和地方税收入的差额进行补助。地方补助是英国财政转移支付的主要形式，如对苏格兰、威尔士地区的地方补助，由中央将转移支付一次性切块下达，地方政府决定如何使用，有利于增强地方责任，提高资金使用效率①。

英国的转移支付是按不同的事权确定支出标准，中央政府把支出补助逐级下划。为了使中央对地方的转移支付能够在不同地区，不同地方当局之间实现公平合理的分配，达到全国公共服务水平的均等化，英国采取了典型的因素分配方法，其基本的指导思想是：按照各大都市、地方、郡、县等各级政府所承担的不同职能，比较准确地计算出各级政府履行这些职能所需要的资金。

2.4 中央、地方税收征管体制

2.4.1 中央税与地方税划分

英国中央政府有较强的财政实力，税收收入高度集中于中央政府。在政府收入分配上，英国税收分为国税和地方税。国税由中央政府掌握，占全国税收收入的90%左右，是中央财政最主要的来源。地方税由地方政府负责，占全国税收收入的10%左右，是地方财政的重要来源，但非主要来源；地方财政的主要来源是中央对地方的财政补助②。

英国中央政府课征了几乎所有的税种，只有财产税和少量其他辅助税由地方政府课征。英国中央政府课征的税收包括以下3类：①对所得的课税，包括个人所得税、公司所得税和石油收益税；②对商品和劳务的课税，主要包括增

① 曹东. 浅析英国财政管理的主要特征及对我国的启示［EB/OL］. http：//www.audit.gov.cn/n1992130/n1992150/n1992561/3211022.html.

② 英国的税收体制［EB/OL］. 中华人民共和国商务部官网，http：//www.mofcom.gov.cn/aarticle/i/ck/201203/20120308045171.html.

值税、消费税、关税等；③对资本的课税，包括资本收益税等①。

英国地方税种少，不设共享税。地方政府的税种②主要是地方议会税（Council Tax，又称家庭财产税，是对居住用不动产征税），其税基额由英国税务与海关总署的下属机关（即资产评估厅，Valuation Office Agency，VOA）算定，具有财产税和人头税的双重性质。此外，地方政府税收收入中还包括营业财产税（Business Rates，对非住宅房产征税，如商店、写字楼、仓库、工厂等）。该税种属于中央税，权限在中央政府，地方仅仅负责征收，先以中央税的形式统一征收纳入国库，然后再根据各地人口等情况按一定标准返还给地方，这部分税收返还也是地方政府的一项重要收入来源。

随着经济社会的发展地方政府增加了一些专项税，税率则由各地政府根据实际需要和地区经济发展状况而定。

2.4.2 中央与地方税务行政

英国各级政府都有自己的征收机构，分别由中央和地方各自的税务机关负责征收，中央财政部下设英国税务与海关总署，负责中央税收的征收，地方税由各郡、区财政局下属的税务机关负责征收。

与税收收入分配相适应，英国的税收权力也高度集中于中央。英国的税收立法权完全属于中央，只有中央政府有权决定开征税收，地方政府无权自定税种，只对属于本级政府的地方税才享有征收权及适当的税率调整权和减免权等。但这些地方税权也受到中央的限制，比如，中央政府对地方自定的税率在每年审批预算时实行控制，不允许地方政府为了增加收入而过度提高税率。

中央政府通过控制地方财政，使地方政府拥有有限的财政控制权，这制约了地方自治的发展，同时也使中央政府进一步控制了地方自治。中央对地方财政的限制主要体现在以下两点：审计署与封顶政策（rate capping）。审计署这一机构直接由副首相办公室领导，是一个非选举产生的组织，主要关心中央政府的医疗机构、刑事司法机构和地方政府的问题，审计署关注地方政府运作的目的是希望各个地方议会相互汲取经验教训，更好地为社区提供各种服务；封顶政策，是英国中央政府控制地方政府财政支出增长的一种手段，是随着时间

---

① 英国税制概况［EB/OL］. 中国税网，http：//www. ctaxnews. com. cn/guoji/guojifa/British/201410/t20141021_25513. htm.

② 郭驰 . 英国地方税收管理的启示［J］. 涉外税务，2006（6）：59－62.

的发展逐渐形成的。在每年的 4 月 1 日，地方政府财政年开始之前，地方政府就必须做出财政预算方案，如果方案违背中央政府的封顶政策，地方政府就必须修改此方案①。

补充说明一点，英国没有独立的税收法典。英国税法主要来源于成文法、欧盟法律、判例法和税务机关声明。同其他英国法律一样，税收的法律框架由一系列的议会法案构成。议会法案设定了税法的基本原则，法庭负责法案解释。当涉及某一领域的税收法规数量太多时，则汇编为一部法案。比如，近几年主要的税收法律：《2005 年所得税法》《2007 年所得税法》《2009 年公司所得税法》《2010 年公司税法》《2010 年税法》等。除上述法律外，法庭判决（即案例）也有补充效力，不过案例只是解释性而不是立法性的，而且法庭判决是以更高级法庭以往的判例作为依据。对税法不够清楚或存在疑问的地方，在实践中形成的特别解释或说明也可以提供司法指导，虽然它没有法律效力，但一般都能得到采用。

2.4.3 地方税收与行政

英国地方政府的税收行政由各郡、区财政局下属的税务机关负责征收。英国地方税种少，不设共享税。地方政府的税种主要有地方议会税（Council Tax，又称家庭财产税，是对住宅房产征税），随着经济社会的发展而增加了一些专项税，税率则由各地政府根据实际需要和地区经济发展状况而定。

可能是英国地方税种类少，在英国官网上并没有找到地方政府税收的具体组成，只在 2015 财政年度地方政府财政收支中了解到英国地方政府税收包括两部分，生产税（375 百万英镑）和其他经常性税收（27000 百万英镑）。

2.4.4 中央和地方税收组织的隶属关系

在英国，几乎谈不上多级政府间的税收权限划分问题，因为其税收管理权高度集中于中央政府。从税收立法权角度来看，只有中央政府有权决定开征税收，地方无权自定税种，不仅主要税源或税种掌握在中央政府手中，绝大部分税收收入也都归中央政府支配和使用。

---

① 孙宏伟．英国地方自治体制研究［D］．天津：南开大学，2014.

就征收机构而言，英国各级政府都有自己的征收机构，中央税由英国税务与海关总署征收且英国税务与海关总署在各地区设置地方办事机构和地区办公室；地方税则由地方政府另设机构征收。与中央政府相比，英国各地方政府职权主要为提供地区性的公共产品和服务及独立的税收征收权①。因此，地方税收征收机构在组织上与英国税务与海关总署无关，没有组织上的隶属关系，但是在业务上有指导关系。

2.5 小结

国家财政与税收的行政关系：税收行政受财政行政监督指导。财政部为内阁部门，负责管理税收政策和政策发展，英国税务与海关总署为非内阁部门，负责政策维护和实施，这种安排被称为“政策合作关系”。

中央和地方的税收行政关系：英国的税收权力高度集中于中央。英国的税收立法权完全属于中央，只有中央政府有权决定开征税收，地方无权自定税种，只对属于本级政府的地方税才享有征收权及适当的税率调整权和减免权等，但这些地方税权也受到中央的限制。此外，中央税收和地方税收的征收是独立的，各自征收自己负责的税种。

中央和地方的财政关系：英国中央政府有较强的财政实力，税收收入高度集中于中央政府。2015 财政年度，地方政府税收收入仅占税收总收入的 5.6%。

转移支付制度：英国的税收权力和税收收入高度集中于中央，地方政府严重依赖中央财政补助完成地方事权，其中央财政补助即类似于我国中央政府对地方政府的转移性支付。

参考文献：

1. 英国政府官方网站

[1] 英国中央政府官方网站：http：//www. gov. uk/government/ministers.

[2] 英国财政部官方网站：http：//www. gov. uk/government/organisations/hm – treasury.

[3] 英国税务与海关总署网站：http：//www. gov. uk/government/organisa-

① 中华人民共和国财政部国际司．英国公共财政管理［EB/OL］. http：//www. mof. gov. cn/mofhome/guojisi/pindaoliebiao/cjgj/201406/t20140625_1104296. html.

tions/hm – revenue – customs.

［4］英国统计局官方网站：http：//www. ons. gov. uk/ons/index. html.

2. 调查报告及论文

［1］池田美保．英国の税務行政と税制の概要［J］. 日本税务大学杂志，2011（10）.

［2］任进．五国政府机构设置近况及其特点分析［J］. 中国机构改革与管理，2012（5）.

［3］谭东升，邓泽洲．英国财政转移支付制度浅析及借鉴［J］. 财会研究，1995（12）：7 –9.

［4］张国庆．英国单一制下中央政府与地方政府的关系及对我国的启示［J］. 经济视角（上），2012（4）：71 –73，57.

［5］王祺扬．英国的税收制度以及对我国税制改革的借鉴（上）［J］. 湖北财税，2003（16）.

［6］郭驰．英国地方税收管理的启示［J］. 涉外税务，2006（6）：59 –62.

［7］孙宏伟．英国地方自治体制研究［D］. 天津：南开大学，2014：209.

［8］唐晓鹰，吴蔚．英国税收风险管理及其借鉴［J］. 国际税收，2014（2）：66 –68.

［9］刘丽娟．财政转移支付的国际比较与借鉴［J］. 商业经济，2008（3）：38 –39，98.

3 法国税收征管体制

法兰西共和国（以下简称法国）的国家行政管理体制在西方发达国家中最为特殊，带有强烈的中央集权统治特征。其基本政体是在 1958 年全民投票确定的《宪法》基础上构建而成。国家行政管理体制上的特征，必然会影响到税收征管体制及其组织形态。本章力求详细解读和分析法国中央政府行政管理体制与财税体制的关系，并在此基础上进一步说明中央政府与地方自治体政府之间的财税关系。由于法国至今还存在着海外领地，下文对法国行政、财政和税制的说明和分析范围仅限于法国本土。

3.1 国家行政管理体制

在西方发达国家中，法国的国家治理体制选择的是极端中央集权式的管理模式，国家行政权力几乎集中在以总统为首脑的政府行政组织囊中。其国家政体由议院和总统两大权力支柱构成。议院由上院（元老院）和下院（国民议会）构成，上院由全国议员间接选举产生，下院由选举区选民直接选举产生，议院职责是立法和监督行政权力的行使。总统为政府最高行政首脑，拥有强大的行政权力，表现为可任命总理及大臣，并可不经议会认可直接发布行政命令。同时，总统还是国家军队首脑，直接指挥国家武装部队。

法国政府最重要的行政管理制度是总统每周三召集的总统办公会，出席的人员有总理及各部大臣，该会议形成的有关国家治理或政府管理的决议及各种政策，以政令形式发布，各级政府行政管理机构依法执行。这里所指的各级政府不仅指中央政府各行政部门，还包括州、县及市镇村等地方政府（在之后的内容中进行说明）。

3.1.1　国家行政区划与地方自治

根据法国宪法第 72 条规定，法国的行政管理体制由 26 个州、101 个县及 36786 个市镇村的三层组织体系构成①。每个州管辖 2～8 个县，市镇村为县的下部组织。上述三级政府组织管辖的区域同时也是法国的国家行政区划。各州和县设有国家任命的行政长官，在市镇村层面上，由议长作为国家代表行使国家管理权。由于第二次世界大战以后，法国长期实行中央集权式国家管理模式，州及县的行政首脑均由上一级行政组织首脑任命。1982 年地方分权法成立以后，法国中央政府的行政管理权大幅向地方政府或地方自治体转移，地方与中央的权责关系发生了重大变化，2003 年的宪法修订促使地方自治体的自由裁量权进一步扩大。中央与地方政府权责的变动，必然对中央与地方的财税关系产生重大影响，同时也会对国家财税体制的形态产生重大影响。

3.1.2　国家行政管理体制与组织机构

如图 3－1 所示，单就法国国家行政组织机构来讲，现行的法国政府组织由总统府、总理府及 20 个部构成。根据法国宪法规定，法国总统是国家元首，由全民选举产生。总统任命总理并根据总理的建议，任命政府其他成员。政府在总理领导下制定和执行国家政策。需要说明的是，在法国，国家行政组织机构随政局变动而变化，即国家行政组织机构会随着总统选举结果的变动而被重新编排，因此，与部级行政组织相比较，维持法国政府基本行政管理核心职能的组织为各部下属的厅、局级组织。换句话说，就是部级组织可能会随着总统和总理的变动被重组或重新命名，但局级组织相对稳定，仅仅是其所归属的部不同而已。经过多次变化和改组，政府部门的数目和职能不尽一致。以 2012 年 5 月组成的法国政府为例，其设有如下组织机构。

---

① 为 2012 年的数据。由于法国推行地方自治体广域联合政策，现在市镇村的数据可能发生改变。

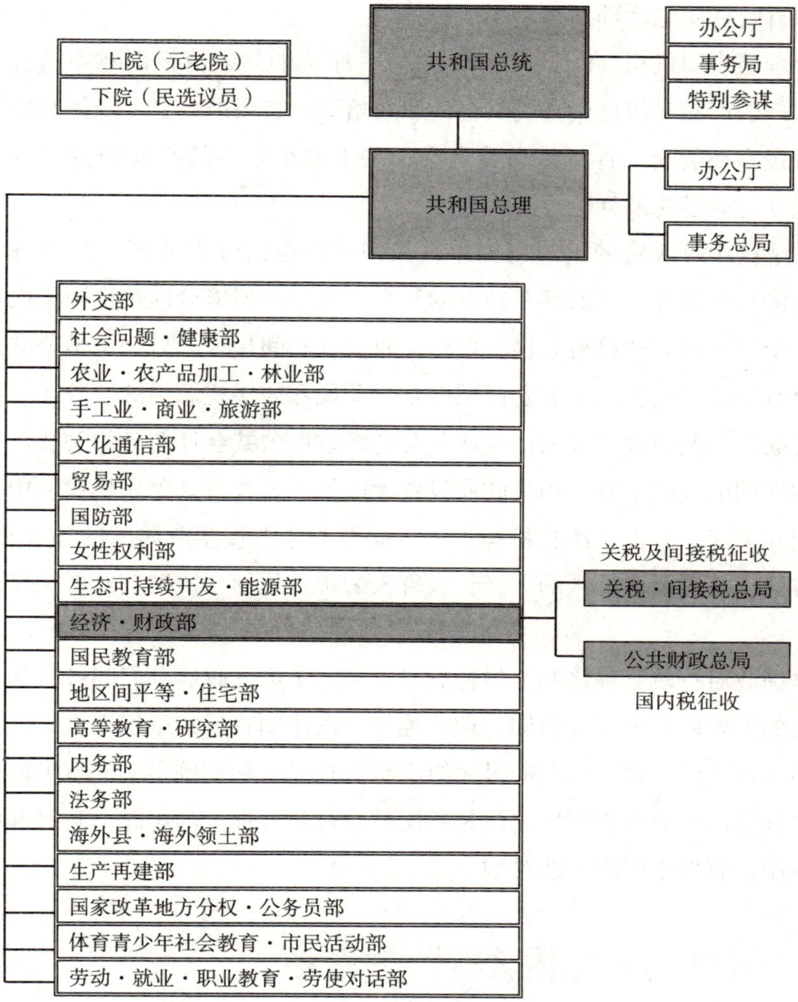

图 3－1　法国政府行政组织机构

资料来源：根据日本文部省委托调查报告（2013 年 3 月）第 95～101 页制作而成，http：//www. mext. go. jp/component/a_menu/sports/detail/_icsFiles/afieldfile/2014/04/18/1333135_3. pdf.

首脑办事机构（2 个）：总统府，协助总统处理各项事务；总理府，是政府的办事机构，下设总理府办公厅、总秘书处和军事办公室 3 个机构。

内阁部门（20 个）：外交部，国民教育部，司法部，经济和财政部，社会事务和卫生部，地方和谐和住房部，内政部，外贸部，生产振兴部，生态、可持续发展和能源部，劳工、就业、职业培训和劳动关系对话部，国防部，文化和通信部，高等教育和研究部，妇女权利部，农业、农产品和林业部，政府改革、地方分权和公职部，海外事务部，手工业、贸易和旅游部，体育、青年、终身教育与社团生活部。

总理府直属机构（9个）：计划总署，原子能局，情报部际委员会，公共服务部门的产额和价格调查委员会，职业培训和晋级委员会，维护和发展法兰西语言最高委员会，青年最高委员会，关于酒精中毒的研究和情报最高委员会，国立行政学院和社会经济代表团①。

在法国中央政府的组织机构中，相当于我国财政部的部门为经济和财政部。经济和财政部下属的两个独立的厅局，负责法国境域内关税和国内税的征收：一个是关税和间接税总局，负责征收关税和间接税；另一个是公共财政总局，负责征收国内各税。需要说明的是，关税和间接税总局的业务还与国境警备相关联，公共财政总局的征税业务与各级政府公共会计业务相关联。

在法国的大区、省，中央政府设置大区长、省长及其附属机构。中央政府各部门在大区、省也设派驻机构，一方面在业务上接受所属部的领导和指挥；另一方面，接受所在地区的大区长或省长的统一领导，协助其开展工作，并各司其职。

法国政府行政管理体制上的特点是否是为了消除政府部门间各自为政、相互扯皮的低效率现象不得而知，理性地思考该体制背后的组织动机，应该说还是有很多益处的。官僚体制的最大组织特点是保身和前例主义的行为模式，因此，公共部门间的协作问题始终是各国政府行政管理上的难题。政府部门间的协作体制，有助于解决上述难题。

3.2 中央财政税务行政关系

法国是一个单一制国家，传统上实行中央集权体制。在税权划分方面，法国实行分税制，税收分为国家税和地方税，但法国的税权（包括立法权和管理权）均集中在中央，所有税收的征收和管理只能由国家的法律和条例做出规定，地方政府没有税收立法权，除拥有地方税的税率在法律规定的幅度内可以作适当调整的权力以外，地方政府没有任何制定税收法律和实施细则的权力。与此相适应，法国地方政府没有设立单独的地方税务机构，地方税由中央税务机关负责征收。从2007年10月起，法国政府弗朗索瓦·菲永内阁历时3年对

① 上述政府组织机构框架是根据对2012年5月组成的政府的调查研究和解说资料，由作者重新制作编制而成。

税务征管组织体制进行了一次重大改组，将原有的租税总局和公共会计局进行整合，合并为公共财政总局，该项改组于2008年4月完成。对地方政府同类组织的改组，将县级税务局和财政局自2009年以后，逐步进行整合。另外，在12个地方自治体设置针对个人税收征管业务的个人税务署（Service des Impôts des Particuliers，SIP），作为个人税收征管的窗口，之后在全国逐渐推行，最终到萨科齐总统任期结束的2012年止，在全国境内完成上述财税组织的改组。由此，改组后的法国税务组织机构成为由中央政府直接管理控制的、自上至下拥有严密组织结构的、遍及全国的大规模组织。

3.2.1 财政税务行政关系

法国税务机构从属于国家经济和财政部，该部负责全国经济政策、经济计划的制定与执行。

法国政府内阁的组织机构构成极具特点。从图3－2可以看出经济和财政部内部厅局整体上分为两大类：一是自管厅局；二是共管厅局。共管厅局是指在经济和财政部中存在着与中央政府的其他职能部共同管理的厅局。实际上，第五共和国政府部门组织的构建，在每届政府都会发生变化，维持政府稳定性的基本组织为厅局级单位，厅局级的组织主管政府日常公共事务。也就是说，民主政权的更迭会重新组合，以厅局级组织的职能单位，形成新的部级组织机构。因此，无法按照人们的常识来理解法国中央政府的组织机构构成。2012年法国政府经济和财政部组织结构如图3－2所示。

由图3－2可以看出，在现行内阁体制下，法国经济和财政部有13个自管局和11个共管局。其中，负责法国国内税征收的公共财政总局为内管局，而关税和间接税总局则是由经济和财政部与贸易部的共管局。与上述类似的共管体制在经济·财政部的其他10个局级部门普遍存在。在财政预算方面，该部预算局负责制定国家预算，提出每年的预算案（财政法案）。

隶属于经济和财政部的公共财政总局负责法国境域内税收的具体征管业务，其组织结构如图3－3所示。法国税务总局隶属于经济财政工业部，与预算司、公共会计司、国库司、对外经济关系总司等平级。法国的税务机构是由中央政府直接管理、控制的，从上至下有严密的组织结构。法国税务机构根据预算案及经济和财政部长的部令执行税法，进行计算税款、征税、检查等工作。法国的国家税务总局是隶属于经济财政工业部的一个局，直接对财政部长

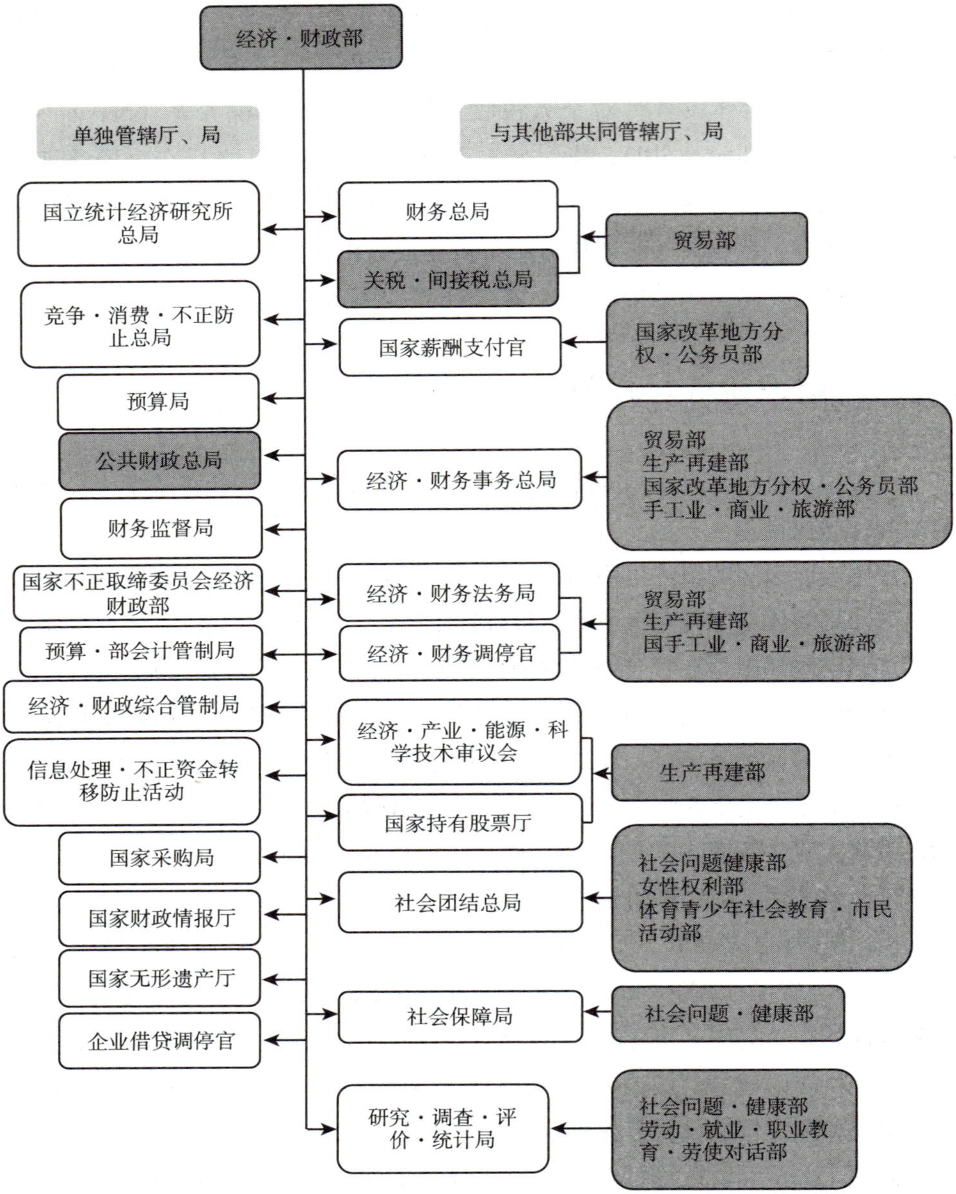

图 3－2　法国经济和财政部组织结构

资料来源：根据日本文部科学省委托调查报告法国部分（第 101 页）及其他资料制作而成（2013 年 3 月），http：//www. mext. go. jp/component/a _ menu/sports/detail/_ icsFiles/afieldfile/2014/04/18/1333135 _ 3. pdf.

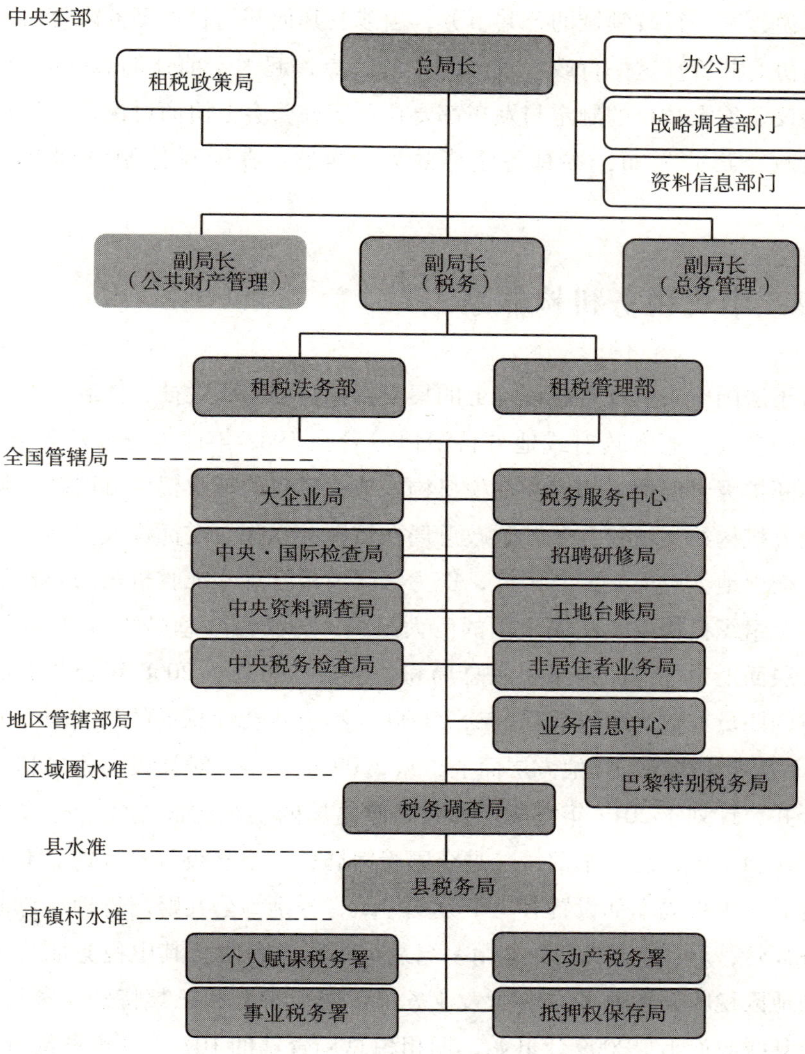

图 3－3　公共财政总局及全国区域管辖组织结构

资料来源：根据日本国税厅国际业务科柳瀬秀郎「フランスの税務行政と税制の概要」第 169 ~ 171 页的内容整理而成，http：//www. nta. go. jp/ntc/kenkyu/backnumber/journal/09/pdf/09_08. pdf.

负责。法国国家税务总局的职能分为两个方面：一是税收方面的职能，包括起草税收法律、确定税基、税法执行和监督、税款征收等；二是民事和房地产事务管理职能，包括管理地籍册、保证房地产转让的安全和管理国有土地等国家财产。但是，海关税收由经济财政工业部下属的关税及间接税总署负责。此外，公司税和间接税也由经济财政工业部下属的公共会计司负责。法国中央政府行政管理体制上另外一个重要特点是政府职能行使的跨行政领域共管模式。

也就是说，某一行政领域的公共事务，当涉及其他部门管理事务内容时，由双方部门协商共管。这一行政管理体制上的特点，起因于前述的总统办公会议。政策决议及重大政令的制定与发布都要在总统办公会上协商讨论，最后形成的决议以政令形式发布，并具备法律效力。当然，在财税体制管理上也同样如此。

3.2.2 中央税务机构体系

由于法国中央行政管理体制上的集权特征，法国租税征管体制实行全国统一管理的模式，地方政府或地方自治体尽管在1982年地方分权法实施之后，责权不断扩大，但地方政府无征税机构。地方税目的征收仍由直属公共财政总局的地方机构统一征管，公共财政总局在核算并扣除一定征税成本之后，将征税税额交由地方政府支配。因此，作为法国内税管理和征收机构的公共财政总局是一个组织机构遍及法国全国的巨大组织。公共财政总局的历史并不久远，在中央层面上由之前的国家租税总局和公共会计总局于2008年合并而成。合并当时的职员人数为租税总局的约75000人和公共会计总局的约55000人，总计约13万人的规模。在地方层面上，从2009年开始，对县级税务局和财务局进行合并，计划于2012年完成。公共财政总局的组织构成大致上分成3个功能部分：一是中央总局本部；二是全国管辖局；三是县级行政区划以下的税务局、署。在中央局本部设置有3个分支组织，分别为公共财产管理、总务管理和税务征管，3个分支机构分别由一名总局副局长负责。其中税务征管机构负责全国地区税收征管业务，由七大业务局、两个中心和巴黎特别税务局构成。在州及县级政府上，2009年开始，旧租税总局管辖的107个县税务局（Direction des Services Fiscaux，DSF）和旧公共会计总局管辖的104个县财务局（Trésorerie Générale）进行整合，形成新的地方政府税收征管体系。

3.2.3 税务部门权力范围

法国公共财政局的权力及其范围完全根据法律确定。首先，税务部门应根据财政法案的税率计算各种税收的具体数额，并向法人与自然人征税。如个人每年收到一张所得税报税单，填写后寄送税务局，税务局再根据不同税率、根据各人具体情况计算好须纳税额后，寄还给报税人。报税人再在规定日期前，向国家公共财政局下属的个人纳税窗口缴纳税金。

其次，税务部门有权对公司、个人查账，有权要求被查者出示所有财会账目、银行账目，有权要求被查者（自然人或法人）对所有细节作出说明。税务部门还可要求各行政部门、企业提供相关资料与情报，这被称为税务部门的“信息权”。

再次，在查税、税务核对后，税务部门有权对纳税人罚款、要求其支付欠税税款的利息等。这些罚款、补税、追缴利息等，既是根据法律、规章进行的，又是根据纳税人具体情况而由税务部门来决定的。由此，税务部门拥有一定的自由度。

最后，在纳税人拒绝付税、拒绝罚款时，税务部门有权使用一切金融、经济手段，对纳税人的财产进行扣押、抵账，或对纳税人的收入进行强制提取等。有关行政部门，不管是中央的还是地方的，均须协助税务部门行动，否则即是违法，可被控告有罪。

以上 4 方面的规定，使税务部门拥有很大的税务行动权力，它得到国家警察、国家宪兵、法院等司法界的大力协助，得到各级行政部门的协助。因此有人讲，就税收制度而言，法国不是一个民主国家，而是一个警察国家。

3.3 中央、地方财政收支

3.3.1 中央政府财政收支

从总体上来讲，法国政府的财政收入来源于 3 个层面：一是税收；二是社会保障费收入；三是政府财产或投资性收入。在前文中已经说明了法国国内税由遍布全国的公共财政总局及其组织实施征收，社会保障费由社会保障机构中央机关（Agence Centrale des Organismes de Sécurité Sociale，ACOSS）管辖下的社会保障及家庭补助保险费征收联合机构（Union de Recouvrementdes Cotisations de Sécurité Sociale et d'Allocations Familiales，URSSAF）负责征收。URSSAF 组织为承揽公共服务的民间法人，在全国有 101 个事务所。由于本章研究的焦点是搞清楚法国的税收征管体制，同时因社会保障经费并非政府一般性财政支出，因此，在此不再进行详述。

法国政府财政一般会计收支的详细情况如图 3－4 所示。从一般会计收入的内容上来看，2014 年政府财政一般会计收入为 4002 亿欧元，税收占总收入的比例为86.5%，其中增值税占税收总收入的一半左右①，其次为法人税占比16%，所得税占比20.1%。从财政一般会计支出内容上来看，政府最大支为教育支出，高中以下教育及高等教育与研究合计占政府一般会计支出的31.6%，其次是国债还本付息占16.7%，国防费占比为12.7%。另外，法国中央政府还向地方政府进行一般性财政转移支付，用以平衡地区间经济发展差异造成的财政收入差异，以及中央政府向地方政府委托特定事务的特定转移支付。

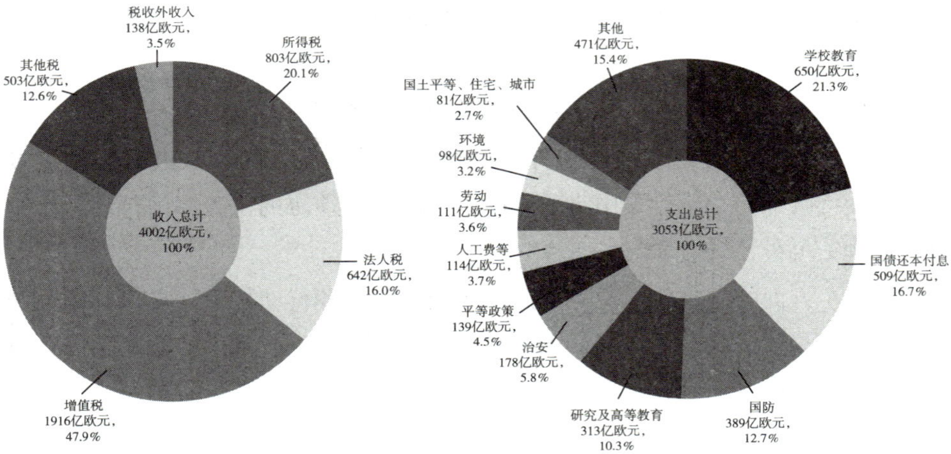

图3－4　法国政府财政一般会计收支（2014年）

资料来源：日本财务省分析报告法国部分（2015年），http：//www. mof. go. jp/about_mof_councils/fiscal_system_council/sub-of_fiscal_system/report/kaigaichyosa2607/08. pdf.

3.3.2　主要税种与税率

有关法国税收的法源除宪法规定的内容之外，主要有以总理签署的政令（décret）或担当大臣签署的政令（arrêté）为基础编纂而成的租税手续法典（Livre des Procédures Fiscales，LPF）及其他内容构成的租税一般法典（Code Général des Impôts，CGI）。

总体来说，法国税收的税种分为直接税和间接税两大类。直接税主要有所得税、法人税、法人利益社会税、继承与赠与税、富裕税及其他构成；间接税主要由增值税、石油产品消费税、污染活动一般税、公司用汽车税、车轴税、登记税、交易所交易税等。由于具体税种和税率的关系非常复杂，笔者只能简

① 在西方发达国家中，最早开始征收增值税的国家是法国，因此，法国被认为是增值税的始祖。

单介绍构成政府财政一般会计收入主要内容的税种和税率。

个人所得税根据收入的高低及家庭成员的多寡采用累进税率（5.5%、14%、30%、40%），征税方式为赋课课税。具体赋课税额的计算是将纳税人收入与其家庭其他成员收入合算后，计算出课税收入，该课税收入除以家庭成员数得出人均成员所得，以此为依据确定累进税率，并计算出人均应缴纳税额，再乘以家庭成员数后，便为应缴纳个人所得税税额。针对个人所得的课税除上述所得税外，还有社会保障目的税等（主要为一般社会税和社会保障债务返还税），社会保障目的税直接向社会保障机构缴纳。

法人税的标准税率为33.33%，并仅对法国境内所得征税。非营利法人的不动产收入、农业收入或动产收入均有纳税义务，但税率负担可降为24%或10%。另外，针对年销售额不满763万欧元的中小规模法人，其课税所得收入中，38120欧元为止的部分税率为15%。

资产税包括继承与赠与税和富裕税。继承与赠与税采用6年期间的累积课税方式，课税税基为总资产扣除债务后的金额，税率根据获取遗产的资格加以区分，直系亲属及配偶适应5%~40%的税率，兄弟姐妹适用35%~45%的税率，其他亲属适用税率为55%，亲属以外适用税率为60%。富裕税以个人国内外资产为课税对象，非居住者只对法国国内资产征税。课税税基为总资产扣除债务后的资产额，税率设定为0~1.8%的7个阶段。

增值税最初是由法国创设的税种，税法典规定法国境内全体事业组织均负有在国立统计经济研究所登记的义务，事业组织的识别号码作为增值税征收的代码。增值税标准税率为20%，但像食品、电力、煤气、水道、书籍、旅客运送、化肥等行业，如满足一定条件则可执行5.5%的低税率；报纸及医疗业执行2.1%的税率。另外，针对一定的土地转让和租赁、住宅租金、金融和保险、医疗等实行非课税。

除上述主要税种外，还有酒税、烟税及其他间接税。地方税将在地方自治体税收部分介绍。总体来看，法国直接税与间接税比例约为42:58，增值税约占税收总额的一半。

3.3.3 中央财政对地方财政转移支付

法国政府间财政转移支付可分为垂直型转移支付和水平型财政调整基金两种类型。垂直型转移支付是由中央财政向地方财政的转移支付，构成经常性综合转移支付制度；水平型财政调整是在县行政区域内由地方自治体出资构成的基金，用以调整县域内市镇村等地方自治体财政收入的差异。

2011 年，法国地方政府的财政收入为 2216 亿欧元，支出约为 2192 亿欧元，约占 GDP 的 10%。地方政府财政收入的构成如图 3 - 5 所示。从图 3 - 5 中可以看出，地方政府财政收入的 50% 来源于税收，资本和经常性收入占 12.7%，即地方财政总收入中自有财源占其财政总收入的 62.7%。在其他收入项目中，占比最大的为来自于中央政府的经常综合性转移支付（DGF），占 18.5%。其次为其他转移支付补助金和其他专项转移支付。另外，地方政府还有约 7% 的借款。

从中央财政对地方财政的转移支付内容上来看，经常综合性转移支付约占转移支付总额的 57%（如图 3 - 6 所示），使用目的不受限制，可以理解为调节地方政府财政收入差异的资金。其他转移支付可分为两类：一类是中央行政或税制改革的补偿资金，如增值税补偿、地方分权转移支付、职业税改革转移支付等；另一类为特定补助金，主要是地方政府代理国家行使国家权力的补助资金。需要说明的是，2008 年金融危机之后，法国政府财政赤字扩大，出现了中央政府财政抑制向地方政府财政转移支付规模的动向。

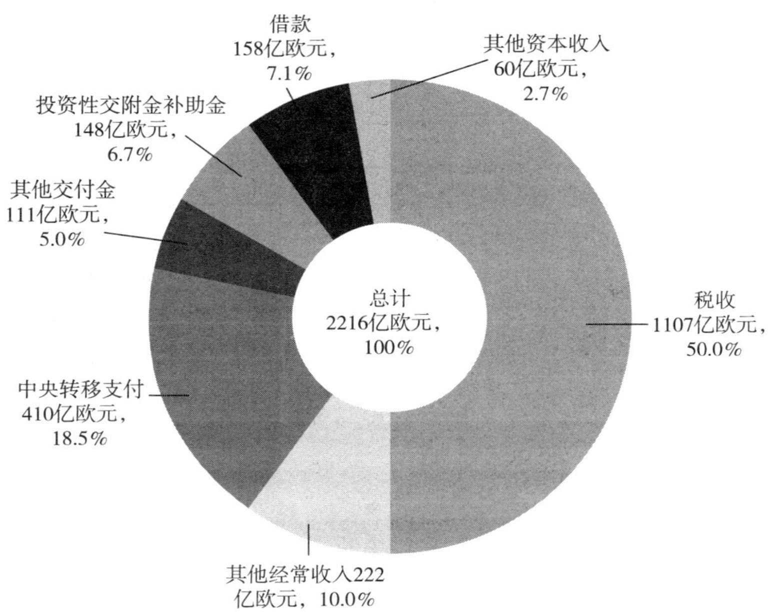

图 3 - 5　地方政府财政收入（2011 年）

资料来源：Observatoire des finances locales，Les finances des collectivité slocalesen 2012，p. 58.

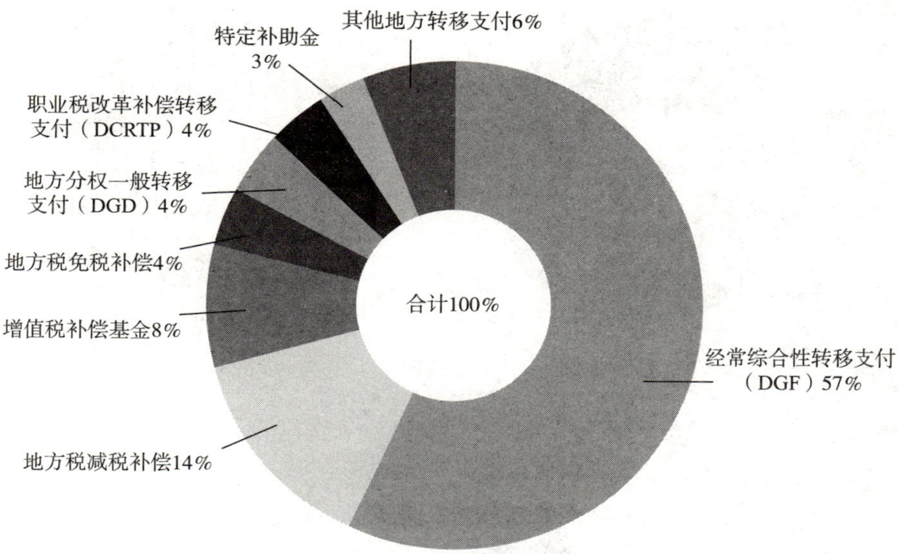

图 3－6　2012 年中央财政对地方政府转移支付状况

资料来源：Transferts financiers de l'État aux collectivité sterritoriales：Annexe au projet de loi defi nancespour 2012，2011，p. 21.

从地方政府或地方自治体财政支出的内容上来看，不同层级政府财政支出的内容有所偏重。如在镇级政府层面上，财政支出主要为一般性行政支出和城市管理支出及教育文化支出，社会保障性支出与上级政府相比较少；而县级政府的主要财政支出除一般行政支出之外，50. 3%的支出为社会保障和医疗支出，其次为教育文化支出及道路基础设施和交通运输管理支出；在州级政府层面上，财政支出除一般行政支出以外，主要为高中教育和职业培训、运输管理及国土整备等（如图 3－7 所示）。三级政府在一般行政管理上的支出比例都相对较小的主要原因是由于中央集权式的管理模式所致，地方政府的大部分职能由中央政府的派出机构承担，地方政府在公共管理上分担的责任相对较小。

总体来说，法国中央政府税收与地方税收的比例大致上为 71∶29，支出比例大致为 63∶37。中央政府财政支出比例过高主要还是由于国家行政管理采取集权管理模式所导致的。

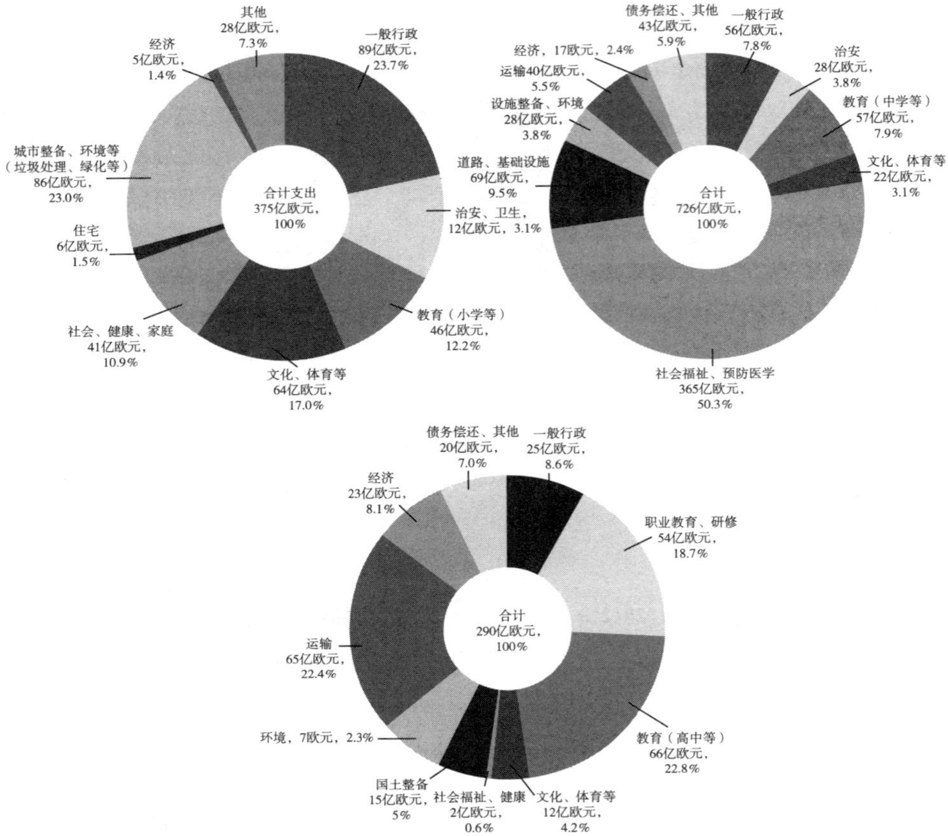

图 3－7　镇、县、州政府财政支出

资料来源：Observatoire des finances locales，Les finances des collectivités localesen 2012，p. 56，64，66，67.

3.4　中央、地方税收征管体制

中央政府与地方政府在国家治理上的权责划分，对政府财政构造并进一步对国家和地方财税制度的变动产生重大影响。20 世纪 80 年代，法国政府开始推行地方自治制度建设，之后中央与地方在国家行政治理上的权责关系逐渐发生变化。理所当然，这种管理体制上的变化也对中央和地方政府间的财税关系产生了重大影响。本章最后将对此进行简单介绍，以便有助于读者理解法国特有的财税管理体制。

3.4.1 地方自治与权责调整

法国的中央政府与地方政府分权改革始于 1982 年密特朗总统执政期间。按照 1982 年 3 月 2 日颁布的《关于镇、县、州权力与自由法》及之后一系列地方分权法令的规定，地方自治制度发生了很大变化。1982 年地方分权法的主要内容集中在 3 个方面：一是在县级行政管理层面上，行政权力由国家派遣的地方长官移交给县议会议长；二是将作为国家派出机构的州政府改为地方自治团体，由州民选举产生议会，议会议长行使州行政执行权；国家的事前监督改为由行政法院判决是否违反法令的事后行政监督体制。通过上述改革，法国的地方自治组织由基础的市村镇、广域的县及更为广域的州三级构成。另据 1983 年 1 月 7 日颁布的《关于镇、县、州及国家权限分配法》及 1983 年 7 月 22 日颁布的《关于镇、县、州及国家权限分配法》，国家向地方公共团体进行了大幅的权限转移及公共事务再分配。伴随着政府间权责的重新调整，作为政府财政收入主要来源的税收也进行了再分配，汽车登记税交由州、汽车税与不动产登记税交由县，并由中央政府财政向地方公共团体支付地方分权一般交付金等。在 1982 年地方分权改革的基础上，2003 年希拉克政权对法国宪法中有关地方分权的条款进行修订，主要修订内容为：在宪法中明确地方分权条款；宪法明确州政府为地方公共团体；地方自治团体财政自治的强化等。在宪法修订的基础上，出台了相关地方自治体组织财政自治及地方自由与责任相关的一系列法律。

3.4.2 地方税征收体制

根据法国宪法第 72 条规定，地方自治体在法律规定的框架内有设置税种及确定税率的行政权力。实际上法国地方自治体设置的税目种类繁多，按其在地方自治体财政收入构成中的比例，主要税种有 4 种：居住税（占 2011 年地方税收的 17%）；已建不动产税（占 2011 年地方税收的 24%）；未建不动产税（占 2011 年地方税收的 1%）；地区经济税（占 2011 年地方税收的 19%）。主要地方税税种的征收由国家税收机关统一征收（需要手续费）。

3.5 小结

受历史及文化传统的影响，法国国家治理体制选择了极为中央集权式的管理模式，通过委任和向地方政府派遣行政官员，中央权力的触角遍及全国，当然公务员规模也极为庞大，且频繁地在中央和地方政府间移动。从立法上支撑上述体制的是第二次世界大战结束后，1958 年全民投票确立的第五共和国宪法。法国宪法的宪章条款极为宽泛，除规定法国政府组织的基本框架之外，还对政府财政和税收作出了具体规定。政府行政权力的行使主要采用发布政令形式。

法国国家财政收入的主要来源为税收、关税、社会保障收入及政府资产管理获益。国内税税种由宪法条款加以确定，税收和关税征管部门为法国经济和财政部管辖下的公共财政总局和关税和间接税总局，上述两个局在法国各地拥有庞大的网络组织和窗口。社会保障费由其他组织单独征收。地方税征收由国家管辖下的上述组织执行，为维持地方政府运营所需财源，设有地方政府提前支取地方税收金额制度。

1983 年以后，法国中央政府开始实行地方分权改革，尝试重新在中央与地方政府间划分国家治理事务。2003 年在对宪法进行修订后，确定作为地方政府的州、县、市镇村为地方自治体，拥有征税权，但主要税种的征收管理仍由中央政府税收征管组织负责。为平衡地区间地方自治体财政收入差距，中央政府设立经常性转移支付制度，县级政府以下设立有区域内财政调整基金。

法国税收征管体制最大的问题有两个方面：一是在有关地方自治的宪法调整之后，中央派遣地方官员与地方民选的议会议长之间存在组织与权力重叠，无形中给政府财政，特别是给中央财政增加了很大负担；二是法国中央税和地方税税种极为繁杂，且税负相对较重，这无疑对外资在法国投资及进出口产生影响，并进一步对法国经济发展造成影响。

参考文献：

[1] 日本文部科学省．スポーツ庁の在り方に関する調査研究［EB/OL］．委托调查报告法国部分，2012 年 3 月．http：//www. mext. go. jp/component/a_menu/sports/detail/_icsFiles/afieldfile/2014/04/18/1333135_3. pdf.

[2] 柳瀬秀郎．フランスの税務行政と税制の概要［J］．日本财务省税务

大学杂志，2008（10）. http：//www. nta. go. jp/ntc/kenkyu/backnumber/journal/09/pdf/09_08. pdf.

［3］林雅彦.フランスの社会保障制度の概要［EB/OL］. 海外労働時報，2003 年 2 月 . http：//www. jil. go. jp/jil/kaigai/jihou/2003_02/200302tokushu. pdf.

［4］自治体国際化協会.フランスの地方公共団体における予算編成過程［EB/OL］. 2009 年 8 月 . http：//www. clair. or. jp/j/forum/pub/docs/343. pdf.

［5］松浦茂.フランスにおける地方の財政自主権と経済危機下の地方税財政改革——職業税の廃止と地域経済税の創設をめぐって—［EB/OL］. http：//dl. ndl. go. jp/view/download/digidepo_4059578_po_074303. pdf.

［6］財政制度等審議会財政制度分科会. 海外調査報告書法国部分［EB/OL］. http：//www. mof. go. jp/about_mof/councils/fiscal_system_council/sub-of_fiscal_system/report/.

［7］公務公共サービス労働組合協議会.フランスの地方分権改革［EB/OL］. 視察報告書，2010 年 8 月 . http：//www. komu-rokyo. jp/arc/etc/201004rep_france. pdf.

［8］石田三成. 地方財政のあり方等に関する研究会［EB/OL］. 日本財政部財务综合政策研究所研究报告，2007 年 8 月 . https：//www. mof. go. jp/pri/research/conference/zk079/zk079_07. pdf.

［9］財団法人自治体国際化協会.フランスの地方自治［EB/OL］. http：//www. clair. or. jp/j/forum/series/pdf/j30. pdf.

4 德国税收征管体制

德意志联邦共和国（以下简称德国）的国家体制采用议会共和制，由16个享有限定统治权的州构成。现在的德国国家形态由1990年10月3日联邦德国和民主德国统一后形成。联邦德国的基本政体由1949年10月7日施行的《德意志联邦共和国基本法（Grundgesetz für dieBundesrepublik Deutschland）》（以下简称《基本法》）[①] 所确定。1990年受苏联体制变化的影响，柏林墙倒塌，两德统一，德国基本法进行了重大修订，形成今天德国的基本政体。同时，受以美国为代表的西方国家的影响，德国国家基本政体采用立法、司法和行政三权并立的模式。议会采用两院制，国民议会由选民直接投票产生，参议院为地方政府代表构成。[②] 德国总统为国家元首，由国民议会和参议院选出，总统拥有解散议会的权力，其主要完成国家礼仪性的职能。政府首脑为联邦总理，联邦议会选出后由议长任命。内阁成员由总理提名后总统任命。联邦政府与地方州政府的关系，根据《基本法》第83条规定。

---

① 即德意志联邦共和国的宪法。

② 德国国民议会由小选举区选举产生，根据选举区人口总数配额代表人数，总数为598名；参议院由地方议会代表构成，类似于法国的元老院，定员为69人。某些地区地方议会议长同时兼任地方政府首脑。

4.1 国家行政管理体制

4.1.1 中央政府行政机构

德国联邦政府的主要机构有总理府、联邦政府各部（14个）。

总理府是协助总理处理政务的办事机构。其主要职责是：负责协助联邦总理处理日常具体工作，向联邦总理汇报政策实施情况和各部工作情况，具体拟订联邦总理的决定并监督实施，协调各部工作，筹备内阁会议等。由安格拉·默克尔任联邦总理的总理府设3名国务部长，分别兼任联邦与州事务协调专员、联邦文化和传媒事务专员和联邦移民、难民和整合事务专员。

《基本法》和其他法律未对联邦政府各部作出规定，政府各部由联邦政府总理根据《基本法》授予的组织权，按需设立。由默克尔任总理的联邦政府设有14个部：外交部，内政部，财政部，国防部，经济事务与能源部，公正与消费者保护部，劳工与社会事务部，交通与数字基建部，卫生部，粮食与农业部，教育与研究部，经济合作与发展部，家庭事务、老年公民、妇女与青年部，环境、自然保护与核安全部。

需要说明的是，德国作为一个联邦制国家，联邦一级的立法权是非常广泛的，但是联邦政府在地方上并没有相应的机构。因此，立法是在联邦层面，而执行者是地方政府。从财税关系上来看，德国财政部与州财税部门共同负责国家税收，主要执行部门为州政府下设的地方税务署。德国联邦政府组织机构如图4－1所示。

4.1.2 地方政府行政机构

德意志联邦共和国是一个典型的中欧国家，实行联邦制，其政府机构分为三级：联邦政府、州政府和地方自治体政府。

德国地方自治体分为郡、市、镇、村。其中，郡属于自治团体的社团法人，主要存在于农村地区；地位较为重要，且居民人数达到一定标准的，被称为郡级市；市镇村是德国各州中最基层的地方自治单位，市镇村不是州政府的下属单位，而是组成郡的自治团体，但在组织和职权上又独立于郡。

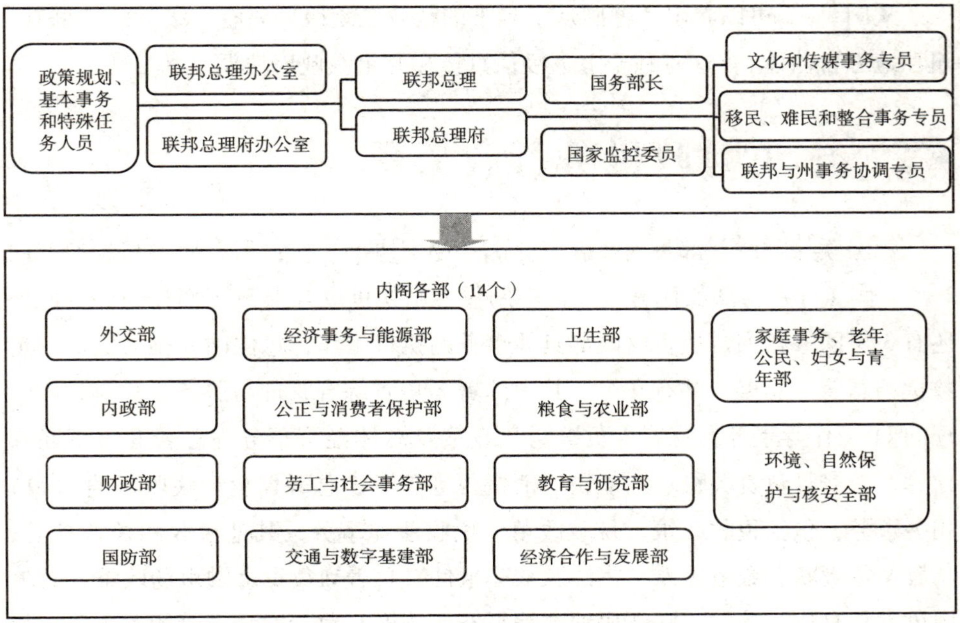

图 4 –1　德国联邦政府组织机构

根据《基本法》规定，市镇村在法律规定的范围内可以完全自主地来管理本辖区的公共事务。各州宪法也可以对本州的地方自治制度作出具体规定，各州给予的自治权不完全一致。德国行政区划的基本框架如图 4 –2 所示。

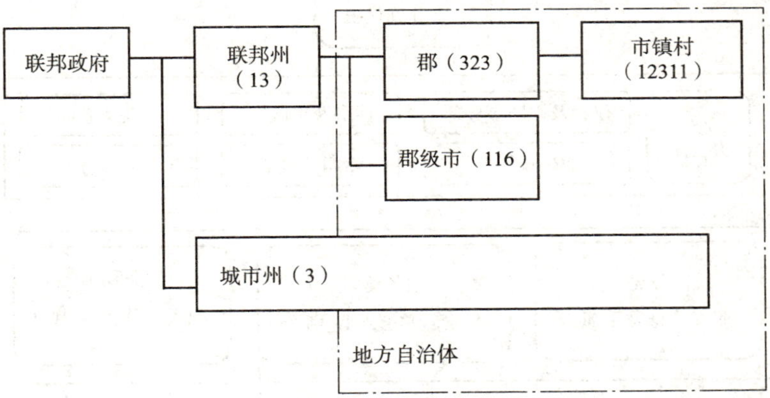

图 4 –2　德国行政区划

注：图中虚线框内为地方自治体。

资料来源：StatistischesJahrbuch 2014，https：//www. destatis. de/DE/Publikationen/Statistisches. Jahrbuch/StatistischesJahrbuch 2014. pdf.

从图 4 －2 可以看出，德国从上到下的行政区划级别只有三级，即“联邦、州和地方自治体”，这有利于上下级信息传递和上级政府协调。

4.2 中央财政税务行政关系

德国联邦财政部部长由 2 名议会国务秘书协助工作；另有战略与沟通部门 2 名文官（分别为部长代言人和常驻副代表）协助联邦财政部部长领导；此外还有 3 位国务秘书，负责财政部具体事务的执行工作，每位国务秘书负责一定数量的总署。总署一共有 9 个，其中总署 Z 负责综合管理与服务、联邦收入管理的 IT 工作等事务，总署Ⅰ负责财政政策及总体经济事务，总署Ⅱ负责联邦预算，总署Ⅲ负责关税、增值税、消费税等事务，总署Ⅳ负责税收（直接税）相关事务，包括税收政策、税收改革、税收法律事务，其他税收相关业务等，总署Ⅴ负责联邦金融关系、宪法及法律事件，总署Ⅶ负责金融市场政策，总署Ⅷ负责私有化、控股、联邦房地产等事务，总署 E 负责欧洲政策相关事务。德国财政部组织机构如图 4 －3 所示。

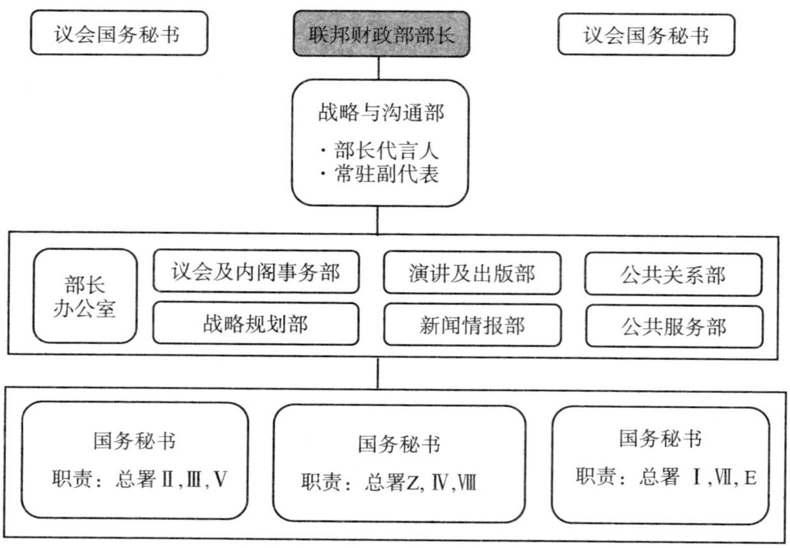

图 4 －3 德国财政部组织机构

资料来源：德国财政部官网介绍及其公布的组织机构图，http：//www. bundcsfinanzministerium. dc/Content/DE/Downloads/Ministerium/Organigram_engl. pdf? _blob = publicationFilc&v = 9.

德国联邦财政部负责联邦税制的规划和执行，州财政部负责州税制的规划和执行。联邦负责联邦税（如关税、蒸馏酒税等）的征收，受联邦的委托，州负责共享税（所得税、法人税和增值税）及连带附加税的征收，此外，州还有自身固有的行政事务，即负责州税和市镇村税的征收。其中，州财政部领导下的税务署具体负责税收赋课及征收，联邦财政部下属的联邦中央税务厅负责跨州业务以及国际税务。

德国联邦收入管理以联邦财政部为最高管理机关，联邦财政部的下属机关包括上级机关、中间机关、地方机关和其他代理机构。德国联邦财政部及其下属机构如图 4 -4 所示。

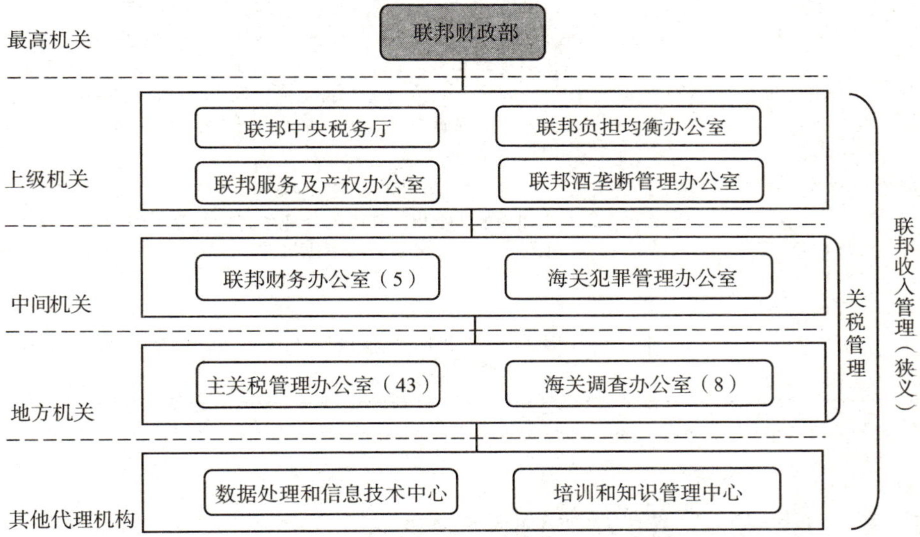

图 4 -4　德国联邦财政部及其下属机构

资料来源：德国联邦财政部官网，http：//www. bundesfinanzministerium de/Content/EN/Standardartikel/Ministry/Subordinate Authorities/2010 - 08 - 16 - Federal - Ministry - Finance-subordinate-authorities-pdf. pdf? blob = publicationFile&v = 3.

联邦中央税务厅是联邦财政部的政策执行机构，2006 年 1 月从“联邦财政厅”改名而来，其主要负责基于《租税条约》的源泉税免税减税措施及适用手续、纳税者号码与附加增值税号码的发放、国外交易及在德国全境内开展的法人调查支援、基于《租税条约》的情报交换及相互协调等事务。联邦中央税务厅本厅位于波恩，在全国共有 3 个分厅。

需要说明的是，联邦中央税务厅与一般概念上的国税厅的区别在于其没有下属国税局和税务署，这相当于其课税部门并不存在，这是由于德国联邦政府的税收征收工作主要由州政府来承担，因此，中央并没有设置相应的税收征收部门。

与联邦政府及其下属机构层级相对应，德国州政府的税收管理层级分为最高机关、上级机关、中间机关及地方机关4个层级，具体机关设置情况见表4－1。

表4－1　德国州财政部（厅）及其下属机关

层级	机关名称	机关简介
最高机关	州财政部	州财政部为13个联邦州的税收管理最高机关；3个城市州（柏林、汉堡、不来梅）的税收管理最高机关为市财政局
上级机关	州财政机关	根据财政组织法和州相关法建立的州财政机关是州税收管理的上级机关。以北莱茵—威斯特法伦州为例，其税收上级机关为州财务行政部及州计算机中心、州工资扶助厅、州勤务管理厅
中间机关	上级财务局或代替上级财务局的上级机关	16个州中的8个州，其税收管理中间机关是上级财务局；其他州则是代替上级财务局的上级机关，比如，拜恩州税务厅、萨尔州中央业务厅、图灵根州财务局等
地方机关	税务局	全国共650个，其主要功能是与纳税人直接打交道，对纳税人申报进行核查

资料来源：http：//www. nta. go. jp/ntc/kenkyu/backnumber/journal/13/pdf/13_11. pdf.

4.3　中央、地方财政收支

4.3.1　中央财政收支

2013年德国联邦政府财政预算收支见表4－2。

表4－2　2013年德国联邦政府财政预算收支　单位：亿欧元

联邦政府财政预算收支	金额	所占比例
收入合计额	3287.2	100%
增值税	1070.2	32.56%
所得税	901	27.41%

续表

联邦政府财政预算收支	金额	所占比例
石油能源税	402.7	12.25%
烟税	144.5	4.4%
连带附加税	140.5	4.27%
保险税	111.2	3.38%
法人税	102.9	3.13%
其他收入	414.3	12.6%
支出合计额	3100	100%
社会保障、战后处理及赔偿	1451.2	46.81%
防御、外交、警察等	729.5	23.53%
一般财政经济	466.5	15.05%
教育、科学、研究及文化	189.5	6.11%
交通及通信	167.1	5.39%
粮食、农林业、能源、水利、工商业及服务业	55.6	1.79%
住宅、地域管理及自治体共同业务	23.2	0.75%
保健及体育	17.4	0.56%
收入合计额调整项：地方政府及公共交通机关转移性支付	-441	—
预算赤字	254	

资料来源：统计年鉴（2014）［EB/OL］．德国财政部官网，http：//www. bundesfinanzministerium. de/Content/DE/Standardartikel/Themen/Oeffentliche_Finanzen/Wirtschafts_und_Finanzdaten/Finanzberichte/Finanzbericht-2014-anl. pdf? __blob=publicationFile&v=2.

2013年德国联邦政府预算收入为3287.2亿欧元，约占当年国内生产总值的12%。不论“其他收入”项，增值税收入、所得税收入和石油能源税收入的比例位居前三，分别占比32.56%、27.41%、12.25%，共占当年联邦预算收入的72.22%。

2013年德国联邦政府预算支出为3100亿欧元，占国内生产总值的11%。其中，社会保障、战后处理及赔偿占预算支出的比例明显高于其他项，占46.81%，防御、外交、警察等政府服务支出占比第二，占23.53%，占比第三的是一般财政经济，占15.05%。

联邦政府每年向州政府和公共交通机关转移支付约441亿欧元，将441亿欧元从联邦政府总收入中除去，2013年联邦预算收入调整后总额为2846亿欧元，因此联邦政府预算赤字为254亿欧元。

根据德国财政部2014年《统计年鉴》，2013财政年度德国联邦税收预算收入约为260611亿欧元，约占联邦政府预算调整前总收入的79%，税收收入具体组成情况见表4-3。

表4-3　　2013财政年度德国联邦政府税收收入　　单位：亿欧元

联邦政府税收收入	金额	所占比例
税收总额	260611	100%
联邦共享税收入及营业税分摊	214391	82.26%
所得税	66768	—
所得税分摊	16915	—
非评估性纳税收入	7243	—
资本所得税	3641	—
法人税	10285	—
销售税	107935	—
营业税分摊	1606	—
联邦税收	99997	38.37%
能源税	39650	—
烟草税	14450	—
连带附加税	14050	—
保险税	11150	—
流量控制税	6400	—
酒税	2101	—
汽车税	8305	—
咖啡税	1045	—
气泡葡萄酒税	474	—
航空税	970	—
核燃料税	1400	—
其他联邦税	2	—

资料来源：统计年鉴（2014）［EB/OL］. 德国财政部官网，http：//www. bundesfinanzministerium. de/Content/DE/Standardartikel/Themen/Oeffentliche_Finanzen/Wirtschafts_und_Finanzdaten/Finanzbericht e/Finanzbericht－2014－anl. pdf? __blob = publicationFile&v = 2.

其中，根据德国财政部2014年《统计年鉴》第108页对该表的补充性说明，上述联邦共享税收入及营业税分摊的具体比例见表4-4。

表 4－4　　　　共享税及营业税在联邦、州和地方的共享比例

共享税 （《基本法》第 106 条）	联邦	州	地方
个人所得税	42.5%	42.5%	15%
非评估性纳税收入	50%	50%	—
销售税	53.2%	44.8%	2%
资本所得税	44%	44%	12%
法人税	50%	50%	—
营业税	41.4%	58.6%	—

资料来源：《统计年鉴（2014）》［EB/OL］. 德国财政部官网，http：//www. bundesfinanzministerium. de/Content/DE/Standardartikel/Themen/Oeffentliche_Finanzen/Wirtschafts_und_Finanzdaten/Finanzbericht/Finanzbericht－2014－anl. pdf? __blob＝publicationFile&v＝2.

需要说明的是，由于联邦、州及地方自治体之间的税收共享、扣除等各种计算，且各年计算细节未必相同，笔者不敢妄自猜测。本着遵循源数据的原则，在上述表中只列出了源数据表格中的税收总额、联邦共享税及营业税分摊、联邦税收三大项。

4.3.2　地方财政收支

根据德国财政部 2014 年《统计年鉴》，2013 年德国州和地方政府经常性收支具体组成见表 4－5。

表 4－5　　　　2013 财政年度德国州和地方政府经常性收支额　　　单位：百万欧元

2013 财政年度	州政府收支额及比例	地方自治体政府收支额及比例
经常性支出	290257（100%）	176996（100%）
人员费用	126345（43.53%）	54622（30.86%）
运营费用	40501（13.95%）	46245（26.13%）
利息支出	20397（7.03%）	4077（2.3%）
公共部门	461	134
其他部门	19936	3944
经常性拨款补贴及债务负担支援	136204（46.93%）	113760（64.27%）
公共部门	101796	49677

续表

2013 财政年度	州政府收支额及比例	地方自治体政府收支额及比例
其他部门	34408	64083
扣除：来自同一级团体的款项	33189（-11.43%）	41708（-23.56%）
经常性收入	313957（100%）	190779（100%）
税收及国库财政保护税	224969（71.66%）	76764（40.24%）
经济活动收入	7288（2.32%）	10549（5.53%）
利息收入	4307（1.37%）	908（0.48%）
公共部门	584	90
其他部门	3723	819
经常性拨款补贴及债务负担支援	92260（29.39%）	119896（62.85%）
公共部门	82484	110357
其他部门	9776	9539
其他经常性收入	18322（5.84%）	24370（12.77%）
扣除：付给同一级团体的款项	33189（-10.57%）	41708（-21.86%）

资料来源：统计年鉴（2014）[EB/OL]. 德国财政部官网，http://www.bundesfinanzministerium.de/Content/DE/Standardartikel/Themen/Oeffentliche_Finanzen/Wirtschafts_und_Finanzdaten/Finanzberichte/Finanzbericht-2014-anl.pdf?__blob=publicationFile&v=2.

就州和地方自治体财政收入而言，州财政中税收收入占州政府经常性收入的比例最高，约占71.66%，经常性拨款补贴及债务负担支援收入其次，约占30%。地方自治体政府收入组成与州政府差别较大，占比最高的是经常性拨款补贴及债务负担支援收入，占地方自治体政府收入的62.85%，税收收入占比第二，约为40%。

再谈州和地方自治体财政支出，州财政支出中排名前3位的分别是经常性拨款补贴及债务负担支援、人员费用及运营费用，分别占比46.93%、43.53%、13.95%，几乎是州财政支出的全部。对于地方自治体政府支出，排名前3位的与州政府相同，分别占比64.27%、30.86%、26.13%。

4.3.3 财政收入平衡制度[1]

为促进联邦各地区的均衡发展，保证各地公共服务水平基本一致，德国建

① 国际司．德国预算收入监管[EB/OL]．中华人民共和国财政部官网，http://www.mof.gov.cn/mofhome/guojisi/pindaoliebiao/cjgj/201406/t20140630_1106211.html.

立了多层次的财政收入平衡制度，以矫正初次分配中可能出现的失衡问题。

第一，联邦和州之间的纵向分配。

将共享税在联邦和州之间进行分配：其中，增值税的分配办法是：在联邦和州之间，首先扣除联邦根据出资义务预先分配给失业保险以及养老保险的份额，然后再预先分配给地方2.2%，剩余税收按联邦与州49.7%和50.3%比例进行分配。2012年最终的分配比例约为：联邦53.4%，州44.6%，地方2%。

第二，州际之间和地方政府的横向分配。

不同税收在各州之间进行分配：如增值税分成两部分在各州之间进行分配，其中，不低于75%按州的居民人口进行分配，最多不超过25%分配给财政能力弱的州。工资税按纳税人居住所在地进行分配；企业所得税按企业所在地征收，分摊到分支机构所在州；等等。各州之间的财政平衡：通过计算各州的财政需求（平衡指数）和财力，将财政收入高于平均水平的州的部分收入转移给财政收入低于平均水平的州，实现各州之间的财力水平基本接近。2012年，财政收入高于平均水平的3个州向其他13个州共转移收入79亿欧元。

第三，联邦补充拨款。

联邦补充拨款主要包括用于平衡各州财力的一般性联邦补充拨款和基于某些特殊需要的联邦补充拨款，如两德合并后对原德意志民主共和国各州的特别补助、对有些属于州和地方事权范围的重要支出和投资项目拨款等。2012年，联邦补充拨款合计113.74亿欧元，其中一般性联邦补充拨款为28.86亿元。

对比德国科学、规范的收入平衡制度，我国目前财政转移支付制度还存在一些问题：如财政转移支付的目标不够明晰，没有通过法律予以明确和保障；财政转移支付的标准不够完善，有的资金分配缺乏科学依据，存在一定的随意性；财政转移支付的结构不够合理，专项转移支付的比重过大；等等。

4.4 中央、地方税收征管体制

4.4.1 联邦、州与地方税种及事权划分[①]

根据德国的《基本法》规定，联邦政府主要管理国防、外交、海关、社

---

① 国际司．德国预算收入监管［EB/OL］．中华人民共和国财政部官网，http：//www.mof.gov.cn/mofhome/guojisi/pindaoliebiao/cjgj/201406/t20140630_1106211.html.

会保险、铁路航空、重大科研开发、基础研究、跨州基础设施等事务；州政府主要负责州一级行政事务，包括交通、警察、住房、中小学教育等事务，并有权决定所属地部分税收和收费政策；地方政府主要负责一些本地化的事务，如社区规划及服务、街道、乡镇公路、公园、文化设施、垃圾污水处理、成人继续教育等。

关于联邦、州与地方主要税种，德国实行共享税与专享税相结合、以共享税为主体的税收管理体制。根据《基本法》第106条规定，共享税主要包括个人所得税、公司所得税、增值税、资本收益税和营业税等。此外，专属于联邦的税收有关税、运输税、资本交易税、保险税及汇票税；专属于各州的税收有动力车辆税、遗产继承税、啤酒税、赌场税、不动产购置税等；专属于地方政府（县、乡、镇）的税收有工商税、第二住址税、养犬税、土地税等。德国各级政府主要征收税种及事权见表4－6。

表4－6　　德国各级政府主要征收税种及事权

政府层级	主要税种	主要事权
联邦	共享个人所得税、公司所得税和资本收益税； 共享增值税； 共享营业税； 关税； 运输税； 资本交易税； 保险税； 汇票税等	国防、外交、海关、社会保险、铁路航空、重大科研开发、基础研究、跨州基础设施等
州	共享个人所得税、公司所得税和资本利益税； 共享增值税（又称销售税）； 共享营业税； 动力车辆税； 遗产继承税、啤酒税、赌场税、不动产购置税等	交通、警察、住房、中小学教育等事务，并有权决定所属地部分税收和收费政策
地方（市、镇）	共享个人所得税、公司所得税和资本收益税； 共享营业税； 工商税、第二住址税、养犬税、土地税等	一些本地化的事务，如社区规划及服务、街道、乡镇公路、公园、文化设施、垃圾污水处理、成人继续教育等

资料来源：德国《基本法》及中国财政部官网《关于美国税权划分问题》，http：//www.mof.gov.cn/pub/shuizhengsi/zhengwuxinxi/guojijiaoliu/200806/t20080620_47660.html.

4.4.2 联邦、州和地方的税务行政关系

在德国，联邦政府和州政府在权限上有明确的划分。《基本法》对联邦政府和州政府在立法、行政、司法和财政方面的权限，都作了规定。国家的立法权主要归联邦，行政权和司法权大部分由各州行使。

4.4.2.1 立法权限

德国是联邦制国家，共16个州。从法律角度，德国税收相关法律集中由联邦议会制定，各州参议院参与。联邦政府主要负责起草、制定法律、计划等。根据《基本法》规定，联邦政府负责管理的行政主要限于外交、国防、联邦财政等领域。由于税收法律涉及各州利益，其所有的立法及法律规定的调整都必须经各州参议院同意。德国的税收法律体系主要包括30个联邦税种法律，以及作为税收法律依据的行政部门颁发的法规、命令，联邦政府颁发的行政管理规则，联邦财政部颁发的税法具体实施中的行政指引，财政法院的判决等。税法和税制具有全国统一性，所有税法首先必须遵循《基本法》，有法可依才能征税，且法律必须明确规定并让纳税人能事先大概计算出应缴纳税款。联邦和各州都设有专门的财政法院（也有译为“税务法院”），受理和判决征纳双方税务方面的纠纷。联邦拥有大部分立法权，各州在联邦法律授权下享有一定的立法权，但税收自主权较弱，即便是独享税种的税基、税率也同联邦政府共同确定。相比较，地方自治体政府税收自主权较大，可在政府规定的税率范围内确定地方税率。

4.4.2.2 行政管理

联邦政府行政管理权的范围比较小，德国的行政权主要集中在各州。联邦德国州以下的行政管理机构主要分两级：郡、郡级市和市镇村。根据《基本法》规定，郡、郡级市和市镇村在法律规定的范围内可以完全自主地来管理本辖区的公共事务。各州宪法也可以对本州的地方自治制度作出具体规定，各州

给予的自治权不完全一致。① 对应德国行政机构级别，德国财政分为三级，即联邦财政、州财政和地方自治体财政。

4.4.2.3 税收征管模式

德国税收管理体制实行税务征收、税务稽查和税务违法案件调查分立的模式。征收局的主要职能是处理联邦、州、地方的税收管理工作和中小企业的稽查工作。征收局负责日常税收检查工作，如果发现涉税违法现象，则要移交给稽查局处理。除此之外，稽查局还要负责大型企业的日常稽查。税务违法案件调查局，即税务警察的职能是侦查稽查局移送的重大犯罪案件和公民举报的违法犯罪案件。它拥有刑事侦查权，经过侦查，做出如下处理：构成犯罪的案件由法院审理，未构成犯罪的案件由征收局处理。征收局、稽查局和违法案件调查局 3 个机构的职能虽然有所不同，但是它们之间相互联系、分工合作。这样，既避免了各机构之间重复稽查，节省了人力和物力资源，又提高了办案的效率。

4.4.3 州、地方税务系统内部机构设置及职责

4.4.3.1 州税务总局机构设置及职责

以巴伐利亚州为例，该州分 8 个行政区，是德国最富裕的州。全州税务系统除设在慕尼黑和纽伦堡的税务总局外，共有 101 个基层税务局（其中，76 个基层局，25 个分支机构），共有 2 万多名员工，2011 年税收收入约 860 亿欧元，主体税种是工资所得税和增值税，约占税收总量的 60%。巴伐利亚州税务总局主要职能是为本级政府、州财政部、下级各地方税务局及行政监督机构提供专业、组织及技术方面的保障，不与纳税人产生直接联系，也不处理具体纳税事务。该局有 1310 名员工（2011 年底数据，下同），下设税务行政和技术服务两大相对独立的部门，各由 1 名副局长负责。税务行政部下设组织管理处、人力资源处、税政处、法律和审计处 4 个处，工作人员共 469 人。其中，

① 国务院法制办公室．德国的行政组织和行政改革［EB/OL］. http://www.chinalaw.gov.cn/article/dfxx/zffzyj/200303/20030300017186.shtml.

组织管理处主要负责组织监督，人力资源处负责人事管理，税政处负责各税种税务管理，法律和审计处负责税收程序法、行政法等法制管理以及牵头负责对外的税收审核协调。技术服务部下设软件研发处、核心任务处、数据计算中心3个处，工作人员共841人。其中，软件研发处负责软件开发，核心任务处负责信息技术分布的预算、人事、质量管理、内部控制、内部审核等工作，数据计算中心负责全面存储征纳双方的征管信息数据和第三方信息。

4.4.3.2 基层税务局机构设置及职责

仍以巴伐利亚州为例，该州共有101个基层税务局。最小的基层税务局30人，年税收收入7000万欧元左右；最大的是慕尼黑市税务局，共有3500名员工，2011年征税约270亿欧元。按照税收管理的核心流程：纳税人自我评定—税收评定—税收征收—违法调查—争议处理，基层税务局相应设置了纳税申报受理部门（包括纳税服务中心）、税收评定部门、税款追征部门、违法调查部门（稽查）和争议处理部门（法制部门）。

4.4.4 中央和地方税收机构的隶属关系

在税收征管方面，地方没有单独征管机构，全国只有一套税收征管机构，分设联邦税收管理体系（如图4－4所示）和州税收管理体系（见表4－1），其中联邦机构由联邦垂直管理，对关税等部分联邦专享税进行征收管理；州机构由州垂直管理，主要对其他联邦税、共享税、州税和地方专享税进行征收管理。

德国联邦收入管理以联邦财政部为最高管理机关，联邦中央税务厅是联邦财政部的政策执行机构；联邦财政部和各级税务机关并不存在直接的领导关系。

德国税务管理机构和征收机构有着明确的分工。德国税务行政管理机构分联邦财政部及所属税务总署、州财政部及所属税务总局、地方税务局3个层级设置。联邦财政部和州财政部管理税收政策和法制，不负责税收征管；联邦中央税务厅为中央最高税务机构，负责国家之间的关税、跨州税务行政的协调管理及特殊案件的处理；州税务总局负责税务行政管理，重点是人事管理及信息化建设；联邦政府的税收征收工作主要由州政府来承担，地方税务局作为州财政部的下级机关（见表4－1），具体与纳税人打交道，负责联邦税、州税、共享税及地方专享税的征收管理，是税收法律的执行机构。对于各级政府，联邦和州通过州财政部和关税局管理联邦税、州税和共享税征收，地方政府专享税收由地方政府的地方税务局管理。

从前文可以看出，德国的纵向税务机构设置较好地体现了精简、效能和扁平化设置的原则，3 个层级责权清晰，法律政策传导执行效率较高。其中，基层税务局设置与行政区划没有直接关系，主要根据经济发展水平和人口分布情况决定，且呈现出逐步整合简并的趋势。如作为较大城市的慕尼黑，以前设置 7 个基层税务局，现在已整合成 1 个税务局。[①]

4.5 小结

国家财政与税收的行政关系：德国特色在于联邦和州财政部兼具财政管理和税务管理职能。在税收征管方面，地方没有单独征管机构，全国只有一套税收征管机构，分设联邦税收管理体系（如图 4－4 所示）和州税收管理体系（见表 4－1），其中联邦机构由联邦垂直管理，对关税等部分联邦专享税进行征管管理；州机构由州垂直管理，主要对其他联邦税、共享税、州税和地方专享税进行征管管理。

中央和地方的税收行政关系：税权分配上，属于中央地方兼顾型。联邦拥有大部分的立法权，各州在联邦法律授权下享有一定的立法权，但税收自主权较弱，即便是独享税种的税基、税率也同联邦政府共同确定。相比较，根据《基本法》第 28 条第二项规定，各乡镇就具有经济效力的税源有税率权；故相对而言，地方政府税收自主权较大，可以在政府规定的税率范围内确定地方税率。

中央和地方的财政关系：地方收入比重较大。

财政收入平衡制度：德国建立了多层次的财政收入平衡制度，从纵向和横向上实现收入平衡，主要的方法是 3 种：联邦和州之间的共享税收入纵向分配、州际之间和地方政府的横向分配、联邦补充拨款等。

参考文献：

1. 德国政府官方网站

［1］德国联邦政府官方网站：https：//www. deutschland. de/de.

---

① 国家税务总局党校，http：//www. tax-edu. net/ch/news/News_View－2. asp？NewsID＝16313.

［2］德国财政部官方网站：http：//www. bundesfinanzministerium. de/Web/DE/Home/home. html.

［3］德国统计局官方网站：https：//www. destatis. de/DE/Startseite. html.

2. 调查报告及论文

［1］饭田淳一. 德国税务行政［J］. 日本税务大学杂志，2010（2）.

［2］日本财团法人自治体国际化协会. 德国地方自治［EB/OL］. http：//www. clair. or. jp/；/forum/series/pdf/；11. pdf. 2003（3）.

［3］四川省国际税收研究会课题组，王明普，张培生. 借鉴国际经验完善我国税收征管模式［J］. 税务研究，2013（12）：53－55.

［4］傅志华，等. 境外地方税收制度研究及借鉴［J］. 地方财政研究，2012（9）：67－73.

［5］苏雅. 联邦制下的中央与地方立法权划分模式之比较——美国与德国［J］. 法制与社会，2011（4）：11－12.

［6］谭融，罗湘衡. 论德国的政府间财政关系［J］. 南开学报（哲学社会科学版），2007（5）：82－88.

［7］谭融，邓雯. 论德国的政府间关系［J］. 汕头大学学报（人文社会科学版），2009，25（5）：49－54.

［8］周清. 税收征管的国际比较与借鉴［J］. 涉外税务，2002（7）：42－45.

［9］陈承新. 德国行政区划与层级的现状与启示［J］. 政治学研究，2011（1）：72－83.

［10］谢新年. 德国税收制度和税收稽查制度概述［J］. 江西审计与财务，2001（2）：44－45.

5　加拿大税收征管体制

加拿大是君主立宪、联邦制和议会制政体的国家，有 10 个省（安大略、魁北克、新斯科舍、新不伦瑞克、曼尼托巴、不列颠哥伦比亚、爱德华王子岛、艾伯塔、萨斯喀彻温、纽芬兰和拉布拉多），3 个地区（育空、西北、努那武特）。加拿大宪法的成文部分包括 1867 年宪法、1982 年宪法。1867 年宪法建立了加拿大联邦，确定了联邦和省的权力划分，不过 1982 年宪法才正式将修宪权从英国转移到加拿大，加拿大此时才正式从英国分离，成为一个独立主权国家。

5.1 国家行政管理体制

5.1.1 国家行政管理区划

行政区划是出于国家治理目的对一个国家行政区域的划分。加拿大是联邦制国家，其行政区划的第一级是省和地区。省是联邦成员单位，其与联邦的关系由宪法规定，地区是不属于任何省的加拿大领土，由中央直辖。

省/地区之下还有进一步的行政区域划分，省/地区下级的政府统称地方政府（local government），所以加拿大共有联邦、省/地区和地方三级政府。联邦制语境下的地方政府与单一制国家的地方政府含义不同[①]："地方政府"在单一制国家一般指中央以外的所有政府，而在联邦制国家指联邦及联邦成员单位（在加拿大称省，美国称州）以外的政府，也就是在联邦成员政府之下设立的政府，或许称其为"当地政府"更为贴切。根据1867年宪法第92条第8款规定市政机构为省的专属立法事项，也就是说各省的地方政府由省设立，地区地方政府的设立则由联邦规定。

原住民有不属于地方政府的、其特别的自治组织，如《印第安法》规定的印第安人的自治组织印第安社（Indian bands），存在于为国王所有的、称为保留地的土地上。印第安社在一定程度上对保留地上的卫生、公共秩序、基础设施、税收等内部事务享有自治权。

5.1.2 政府组织方式

本小节主要描述加拿大联邦政府的组织方式，省的政府组织与联邦类似。地方政府种类繁多，留待"5.4.3.1 地方政府治理"展开叙述。

加拿大联邦的立法权、行政权和司法权分别由议会、内阁和法院享有。其国家元首是英国女王，也是议会的组成部分，享有名义上的行政权、海陆军最高统帅权，一切法案要获得其首肯才能成为法律，其职权由总督代行，总督须在枢密院的建议下行使权力。

议会是联邦的立法机关，由英国女王、参议院和众议院组成（如图5-1所示）。

内阁是联邦事实上的行政机关，而枢密院是宪法文本上的行政机关。实践中内阁成员经总理任命后宣誓就职成为枢密官，因此内阁与枢密院同出而异名，"总督在枢密院建议下行使"的权力即内阁权力。

内阁的首脑是总理，由总督任命众议院多数席位的政党领袖担任，内阁成员由总督在总理的建议下任命。内阁就政府决策对众议院集体负责，其成员与政府立场不一致时必须辞职。严格的政治纪律往往能使内阁有效控制多数议员，形成立法和行政实际的联合。

省政府的政府组织方式与联邦政府类似，首脑是英国女王，设省督代行英

① 李娜．加拿大地方政府合并与重组研究［EB/OL］．http：//lib. cnki. net/cdmd/10511－2008116154. html.

国女王权力，行政机关是由省总理领导的省内阁。省和联邦的最明显区别在于，省立法机关是一院制的，称立法大会（Legislature）。

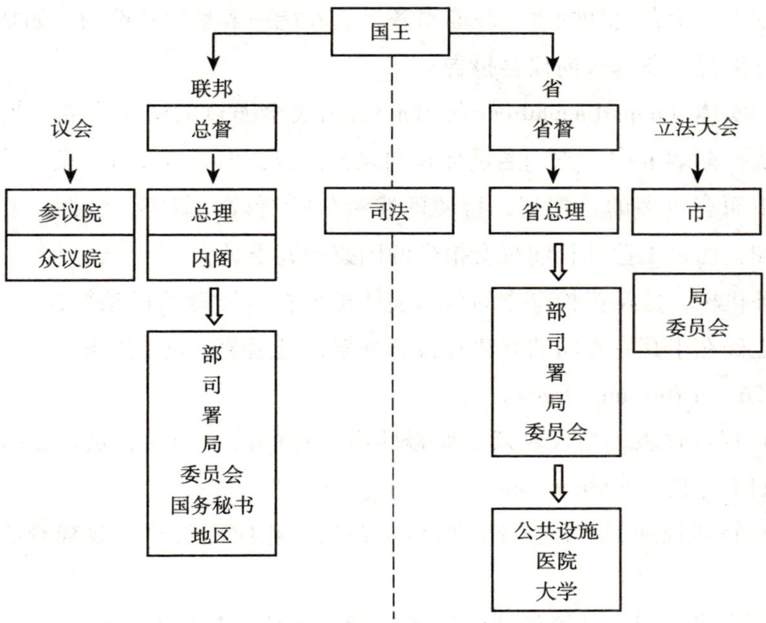

图 5－1　加拿大政府构成示意

注：由“立法大会”的黑箭头指向的“市”“局、委员会”是地方政府的组织形式，箭头指向表示省立法大会通过的法律为地方政府的设立提供依据。“部、司、署、局、委员会”等被空心箭头指向的组织是联邦/省政府下设的政府机构。

资料来源：［加］沃尔特·怀特，罗纳德·瓦根伯格，拉尔夫·纳尔逊. 加拿大政府与政治［M］. 北京：北京大学出版社，2004：5.

联邦政府将政府职能分成若干大类，每个大类下设若干政府组织，政府组织可被分为以下 5 种①：

（1）部门，是政府主要的政策和计划制定主体，其权限一般很宽泛，主事的部长被赋予相应的权利、义务与职责，如财政部。

（2）机构，有多种名称（如署、局、委员会、办公室、中心），其权限通常更加具体，该组织自身或其负责人拥有相关权力，部长对机构或负一定责任。据枢密院的术语解释，机构又可细分为以下几种：

特别执行机构，一般是一个部门内部的运营单位，或有一定管理上的灵活

① 枢密院办公室对议会的术语解释［EB/OL］. http：//www. pco-bcp. gc. ca/index. asp？lang = eng&Page = information&Sub = publications&Doc = gloss/gloss-eng. htm.

性、独立性和分别的责任，存在依据是部长、副部长和财政委员会批准的协议，而不是专门的立法，例如，工业部下设的知识产权局。

法定与其他机构，指《财政行政法》附表I.1中的组织，由成文法或枢密院令设立，其运营更加独立于政府事务，其职能一般是运营性的，如加拿大统计局，它通过工业部长向议会报告。

部门实体（departmental corporation），由议会通过的法案设立，列在《财政行政法》附表Ⅱ中，它们通过部长向议会报告，但通常比部门受中央政府的影响更少而有更多的自主权，行使的职责包括行政、研究、咨询、监督和规制，例如，通过工业部长向议会报告的国家研究委员会。

服务机构，这类机构是作为部门实体被列在《财政行政法》附表Ⅱ中的，其特别之处在于其有专门的立法和报告框架，且运营重点是服务，如加拿大收入厅（Canada Revenue Agency）。

（3）议会代表，是代表议会监督政府工作的法定独立官员，直接向议会报告，如审计长（Auditor General）。

（4）行政裁判所，独立于政府作出裁决，相应部长对行政裁判所或负一定责任。

（5）皇家公司，是提供特定服务的营利机构，其运营目标兼有商业和公共政策的考量，拥有相当的运营自主权，受理事会监督，相应部长通常对其保有一定指导权力。

每项政府职能下不一定具备前述所有政府组织，如国家收入职能下不设部门（department），只有收入厅一个政府组织，收入厅是一个服务机构（service agency）。

加拿大联邦政府的职能被分为26类①，如图5-2所示，其中突出了与财政、税收相关的组织。其时内阁成员/部长共39名②，每个政府职能至少有一个部长负责，一个部长也可负责多个职能。部长是对作为政府部门/机构负责人的内阁成员的称谓，各省依惯例有至少一个内阁部长。部长中还有一些级别较低的所谓国务部长，负责总督认为有必要处理的特别国务，或协助其他部长③。

---

① 2015年第一季度加拿大政府组织清单（Federal institutions' profiles，csv格式）。http://open.canada.ca/data/en/dataset/c05e8a2b-4e8b-4da7-b6f3-33f4848d3c09.

② 加拿大议会网站之现任阁员名单。http://www.parl.gc.ca/parliamentarians/en/ministries.

③ 《国务与国务部长法》。http://lois-laws.justice.gc.ca/eng/acts/M-8/FullText.html.

5.2 联邦财政税务行政关系

5.2.1 独立于财政部门的国家收入部门

从图 5－2 可以看出，加拿大的财政职能（Finance）和国家收入职能（National Revenue）是分开的。财政部是财政职能下的核心部门，其职责包括编写联邦预算、《经济与财政预测最新情报》和《加拿大政府年度财政报告》，协同财政委员会秘书和加拿大出纳长（Receiver General for Canada）编写《加拿大公共账目》，研究税与关税政策与立法，管理联邦政府在金融市场的借贷，计划并实施联邦基金对省和领地的主要转移支付，研究金融领域的政策立法，在国际金融组织中代表国家。财政部下设 10 个分部，与税务有关的是税务政策分部。

名称和财政相关的另一个联邦职能部门是财政委员会（Treasury Board），它是唯一由法律规定的枢密院（内阁）委员会，其秘书处依据《财政行政法》负责以下事务：联邦公共行政的一般行政政策，联邦公共行政的组织，财务管理，审查部门年度或更长期的开支计划，联邦公共行政中的人力资源管理，公务员养老金。

5.2.2 收入厅联邦税收组织沿革

联邦税收由收入厅（Canada Revenue Agency）和边境服务厅（Canada Border Services Agency）征收。收入厅是国家收入职能下的服务机构，征收大部分联邦税；边境服务厅是公共安全职能下的部门实体，提供一体化边境服务以确保国家和公共安全，促进人员和商品的合法自由流通，征收关税。1927—1999 年，加拿大联邦税的征管是由国家收入部（Department of National Revenue）负责，1999 年《加拿大海关和税务总厅法》成立海关和税务总厅（Canada Customs and Revenue Agency）取代国家收入部，由部门到服务机构厅的转变被认为有利于建立致力于领导、创新和客户服务的现代组织。2003 年，加拿大边境服务厅成立，并入公共安全职责，负责关税事宜；2005 年，海关和税务总厅正式更名为加拿大收入厅。[①]

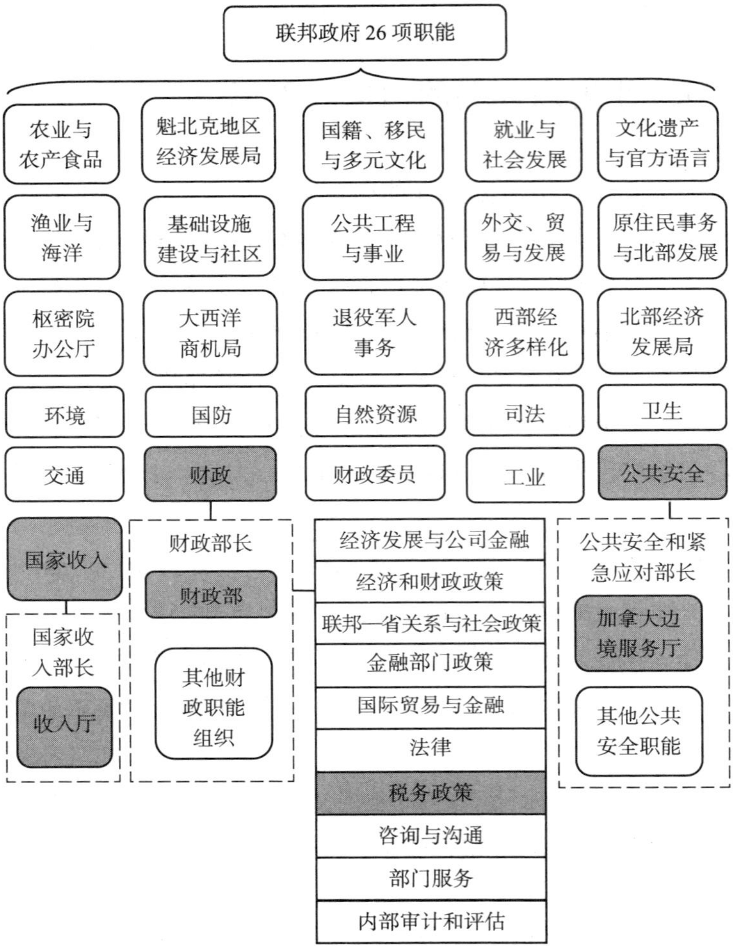

图5－2　加拿大联邦政府职能部门

资料来源：1. 加拿大政府公开数据之政府组织清单，http：//open. canada. ca/data/en/dataset/c05e8a2b－4e8b－4da7－b6f3－33f4848d3c09.

2. 财政部网站分部介绍，http：//www. fin. gc. ca/afc/branches-eng. asp.

5.2.3　收入厅职权及对其工作的监督

作为国家收入职能下最主要的组织，收入厅属于服务机构，其运营重点是

① 收入厅网站结构与运营框架介绍，http：//www. cra-arc. gc. ca/gncy/bkgrd-eng. html. 边境服务听网站组织介绍，http：//www. cbsa-asfc. gc. ca/agency-agence/who-qui-eng. html. 维基百科，Taxation in Canada，https：//en. wikipedia. org/wiki/Taxation_in_Canada.

服务，据专门法律《加拿大收入厅法》设立，不附属于其他部门，拥有比一般机构更强的自主性。不同于多数联邦组织，收入厅全权管理自身的一般行政政策、组织、不动产、人力资源和内部审计，因而排除财政委员会对前述事项的管理。

收入厅的职权包括：①联邦税收、社会福利及其他由税收体系实现的方案的管理与执行；②实施大多数省与地区的一些税收方案，如代魁北克以外的省征收个人所得税，代魁北克和艾伯塔之外的省征收公司所得税，代与联邦订有合并销售税（Hybrid Sales Tax，HST）协议的5个省征收HST；③应省、地区和其他政府部门要求，在成本回收的条件下合作管理HST以外的项目；④可与其他团体/个人签订协议，也可与省、地区或原住民政府签订施行税收或其他财政措施的协议，这些协议须符合财政部部长与国家收入部部长共同制定的指导方针。

收入厅的工作在以下5个方面受到监督：①收入厅每年编写工作计划，财政委员会批准后制作计划总结，由国家收入部部长呈议会。工作计划包括财政委会规定时期内的税务工作目标，操作、财务及人力资源方面的战略，预计目标达成效果和预算。②公务员委员会向收入厅提供关于其人员配备原则与税务工作计划一致性的报告，抄送总审计长和财政委员会。公务员委员会由议会设立，独立于其他政府部门，旨在监督公务员选任的公正与非党派性。③每3年由外、内部人员共同评估收入厅人力资源管理中雇员申诉控告的情况。④接受加拿大审计长的审计。⑤每年通过国家收入部部长向议会报告，年报包括收入厅财务报表及审计长意见，工作计划执行情况，前述公务员委员会的报告，雇员申诉控告情况评估，其他国家收入部部长要求的内容。

5.2.4 收入厅组织结构

图5－3列示了加拿大收入厅总部的组织结构与分支机构数目。

国家收入部部长就收入厅的一切活动向议会负责。

税务专员是收入厅的首席执行官，就收入厅的日常管理、雇员监督及政策与预算执行向管理委员会负责，由总督在内阁的建议下任命，任期5年，可连任。税务专员的其他职责包括：①告知国家收入部部长任何可能影响公共政策，或可能实际影响国家财政，或其他国家收入部部长认为必要的事物；②为国家收入部部长在法定职权、义务、职能和内阁责任方面提供协助与建议；③与收入厅代行其项目或计划的其他部门或省就该项目或计划沟通。在代行省计划或税收时，专员还应每年向省指定的部长汇报，听取其意见。

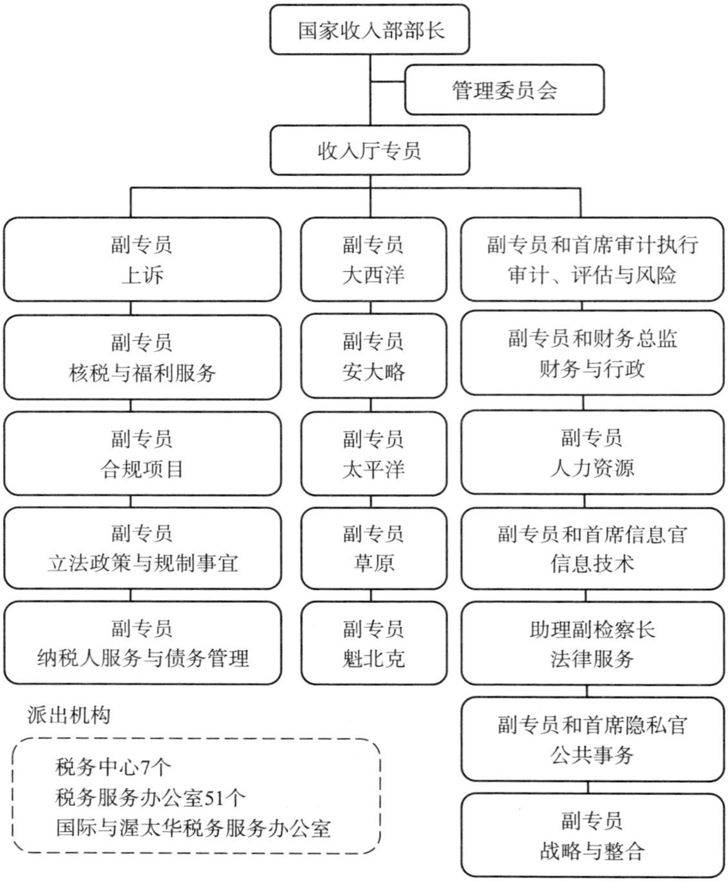

图 5-3 加拿大收入厅总部组织结构与派出机构

资料来源：收入厅 2013—2014 议会年报，http://www.cra-arc.gc.ca/gncy/nnnl/2013-2014/thr-tms-eng.html.

管理委员会共 15 人，包括主席、税务专员、由省与领地提名的 11 人和由联邦政府提名的 2 人。管理委员会监督收入厅的组织和行政管理，编写税务工作计划，可就相关法律法规的一般行政与执行向国家收入部部长提出建议，无权指导任何人员在相关法律法规规定下的职责履行，无权管理或实施相关法律法规，无权接触客户保密信息。

收入厅的工作通过地区办公室、税务服务办公室和税务中心完成，税务中心处理纳税申报，税务服务办公室主要负责征税和审计。从图 5－3 可以看出，税务厅的税务行政把全国分为 5 个地区，设 51 个税务服务办公室、7 个税务中心及国际与渥太华税务服务办公室。

图 5－4 反映了 2013—2014 年收入厅各项目职员数。加拿大的所得税采用自核自缴的方式征缴，因此合规检查对于确保税收收入十分重要，表现为收入厅 1/4 的职员致力于报税合规（reporting compliance）。其他人力资源使用最多的项目是应收账款与合规（accounts receivable and returns compliance），内部服务（internal services），报税单评估与付款处理（assessment of returns and payment processing）。为鼓励纳税人履行报税义务，收入厅还制定了主动披露制度：纳税人在一定条件下可主动披露以往纳税申报中的过失以免受惩罚。

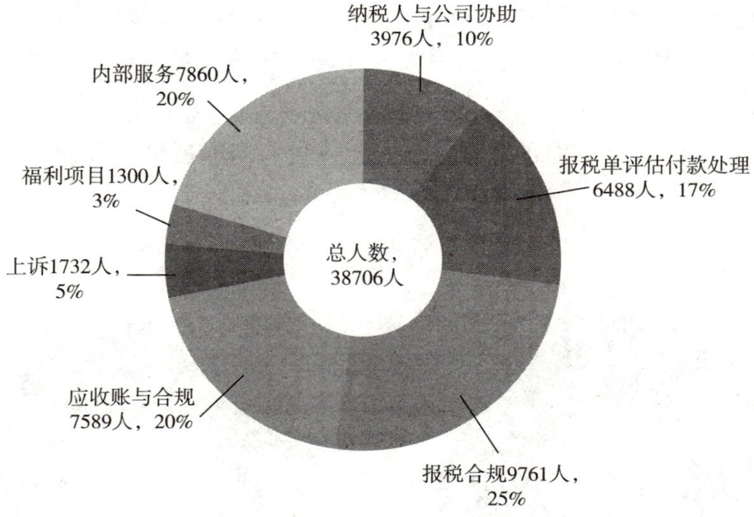

图 5－4　2013—2014 年收入厅各项目全职员工等价数

收入厅对信息通信技术的利用程度很高。2013—2014 年，收入厅提供超过 50 项在线服务，电子化申报在个人所得中占 80%（数目上超过 2.15×10^6 人），企业所得中占 83%，企业 GST/HST 中占 70%，71% 的款项以电子化方式收取（包括通过金融机构收取）。[①]

① 收入厅 2013—2014 年议会年报第 26 页。http：//www.cra-arc.gc.ca/gncy/nnnl/2013－2014/ar－2013－14－eng.pdf.

5.3 联邦、省与地方政府财政收支

5.3.1 联邦政府收支构成

图5－5左图反映了加拿大联邦政府2013—2014年的收入构成，其中其他税包括非居民预扣税，进口关税，对酒精、烟草、汽油和柴油征的消费税。其他收入包括皇家公司收入和出售商品服务收入。从图5－5可以看出，联邦政府的收入主要来自税收（81%），其中又以个人所得税对收入的贡献最多（48%），对应高水平社会福利下个人的纳税义务。

图5－5右图反映了加拿大联邦政府2013—2014年的支出构成，其他转移共367亿加元，其中63亿加元由原住民事务及北部发展部用于原住民人口，62亿加元由人力资源与技能发展部（现成为就业和社会保障部）用于培训、就业和社会福利住房，34亿加元由收入厅进行转移支付，包括通过税收体系对个人与企业的转移支付。其余用于农民和其他食物生产者、科研、基建、地区发展、医疗研究与促进、艺术、业余体育、国际援助、多元文化与双语制度。

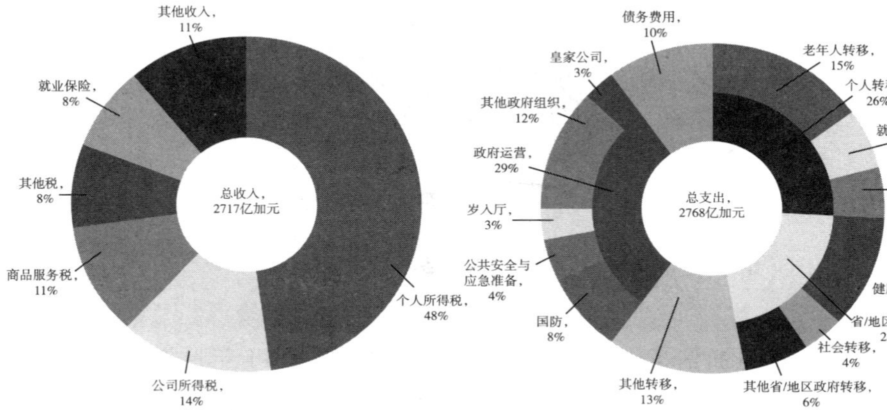

图5－5 2013—2014年加拿大联邦政府收支构成

注：2013—2014年为财政年，即从2013年4月1日—2014年3月31日。

资料来源：加拿大财政部2013—2014年财政简报［EB/OL］. http：//www.fin.gc.ca/taxdollar/index-eng.asp.

“省/地区转移”中对省/地区政府的其他转移包括给省的平等化转移、给领地的公式融资和资助市区基础设施建立的天然气税基金，详见后文对转移支付的介绍。

债务费用包括联邦政府的应还债款和养老金等福利，加拿大超过 74% 的未到期公共债务由加拿大公民或国内机构持有。

加拿大联邦的支出可用转移支付（61%）、政府运营（29%）和债务费用（10%）概括。10% 的债务费用反映出加拿大联邦政府巨大的债务压力，事实上省政府也面临严峻的债务问题（债务费用 8%），具体如图 5 –8 所示。

5.3.2 省/地区政府收支构成

图 5 –6 反映了 2014 年加拿大省/地区政府的收支构成，2014 年省/地区政府共有 377 亿加元赤字，说明省/地区政府的债务负担不轻。

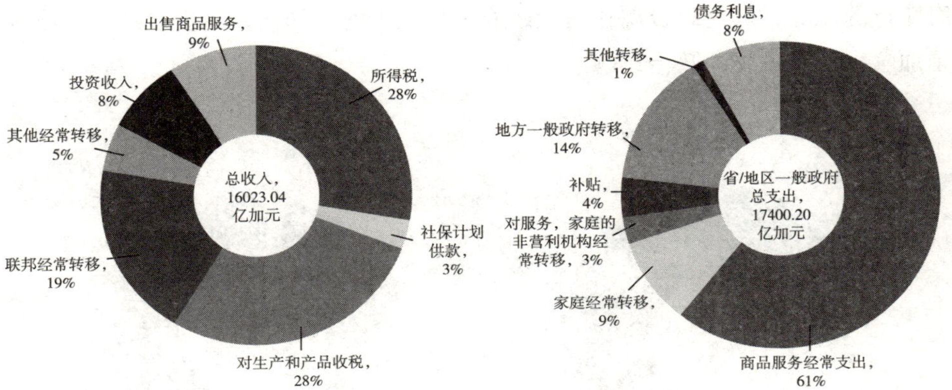

图 5 –6　2014 年加拿大省/地区一般政府收支构成

注：1. 2014 年指 2014 年 1 月至 12 月的自然年。一般政府部门包括政府的部门、非自主基金与组织（non autonomous funds and organisations）和自主基金与组织。

2. 商品服务总经常支出包括政府运营支出和固定资产消费。补贴是对生产、产品和进口的补贴，其他转移包括对联邦政府和原住民政府的经常转移，对家族和商业的资本转移。

资料来源：1. 加拿大统计局，加拿大社会经济信息管理系统（CANSIM）表 380 – 0080。http：//www5. statcan. gc. ca/cansim/a26？ lang = eng&retrLang = eng&id = 3800080&&pattem = &stByVal = 1&p1 = 1&p2 = 50&tabMode = dataTable&csid = .

2. 加拿大统计局，财政管理系统第 13 页。http：//www5. statcan. gc. ca/access_acces/alternatlve_alternatif，action？ l = eng&loc = /pub/68f0023x/68f0023x2006001 – eng. pdf&f = Financial% 20Management% 205γstem% 20% 28FMS% 29% 202009&k = .

和联邦政府形成显著对比的是，省/地区政府的大部分收入虽然也来自税收（56%），但这个比例小于联邦的 81%。地区税收主要由所得税和对生产和产品收的税构成，二者对收入的贡献相当。此外对收入贡献最多的是联邦经常转移（19%）。

省/地区政府支出中最多的项目是商品服务经常支出（61%），该项可认为是政府运营所消费的商品和服务。其他各项支出的比例都远小于商品服务经常支出，其中占比最高的是对地方一般政府的转移（14%），对家庭的经常转移（9%）和债务费用（8%）。

5.3.3 地方政府收支构成

图5－7表明地方政府最大的收入来源是省/地区一般政府经常转移（43%），不动产税（34%）。市政府和教育委员会的运营和固定资本消耗占据了地方政府的大部分支出（92%）。因为省政府禁止地方政府的经常账户出现赤字，所以地方政府的债务问题不如联邦和省/地区政府严重。考虑到地方政府履行的职能，其财政资源在三级政府中是最少的，如何筹措更多的地方收入是加拿大一个重要的政治议题。

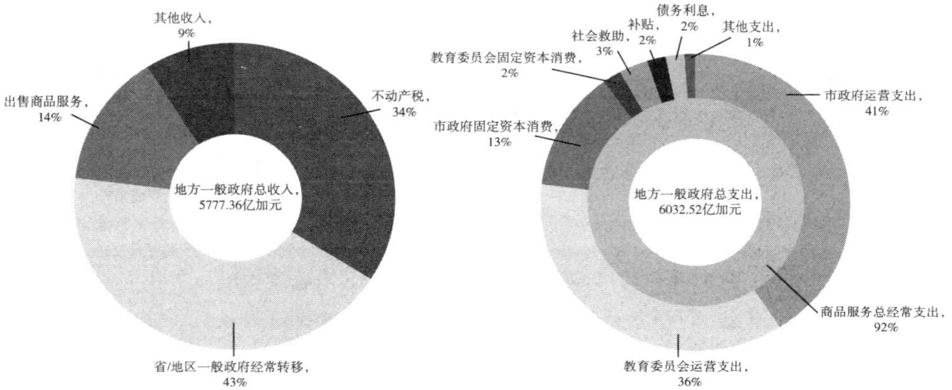

图5－7　2014年地方一般政府收支构成

注：其他收入包括许可证收费、商业税、开发者费、其他生产要素地方税、契税、销售税、娱乐税、其他家庭经常转移、联邦一般政府经常转移。

资料来源：同图5－6。

5.3.4 联邦对省/地区和地方政府的转移

转移支付是联邦最主要的支出项，省/地区对地方政府的转移支付构成地方政府最主要的收入来源之一。图5－8列示了2014年加拿大三级政府转移支付前后在总收入中的占比，从图5－8中可以看出，省/地区的收入比重变化不大，联邦收入由40%降至28%，地方收入由12%升至22%，不过这并不是联邦直接向地方转移的结果，而是联邦将一部分收入转移给省/地区，省/地区再向地方转移。原住民政府的主要收入也来自联邦的转移。

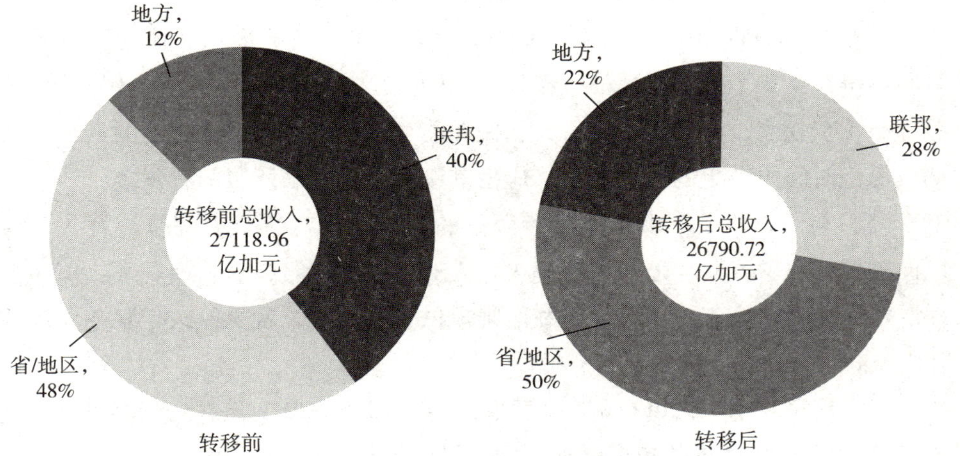

图5－8　2014年加拿大三级一般政府收入比例

注：一般政府总收入还包括原住民政府、加拿大养老金计划（Canada Pension Plan，CPP）和魁北克养老金计划（QPP）的收入。但这些收入相对较少，故未显示于图5－8中。由于未纳入原住民政府收入，转移前后三级政府的总收入有出入。

资料来源：同图5－6。

《联邦—省财政安排法》做出了联邦对省/地区转移的制度安排，主要的转移安排有健康转移、社会转移、平等化转移（equalization）和领地公式融资（territorial formula financing）。健康转移和社会转移有明确的政策导向，平等化转移和领地公式融资分别是对省和领地的无条件转移支付。①

5.3.4.1　健康转移

健康转移是联邦对省/地区最主要转移，对各省/地区的人均资助相同，要获得健康转移支付必须满足《加拿大健康法》规定的条件，否则联邦可不予发放转移的一部分或全部。前述条件包括保证省内医疗的公共行政性、全面

① 对转移支付的介绍参考财政部相关网页。http：//www.fin.gc.ca/access/fedprov-eng.asp. 对健康转移的介绍参考《加拿大健康法》。http：//laws-lois.justice.gc.ca/eng/acts/C－6/.

性、普遍性、可携带性、可得性。

（1）公共行政性指省医疗保险计划必须由公权力在非营利的基础上运营，该公权力就省医保计划的运营向政府负责，其账目和财务交易受省账目审计师审计。

（2）全面性指省医保计划应覆盖省内一切受保医疗服务。

（3）普遍性指所有受保人都应以相同条件得到受保医疗服务。

（4）可携带性指每个省对居民可享受省医保计划的最短居住时间或等待时间不得长于3个月；居民临时离省产生的医疗花用，若与省医保计划提供的服务与花费相当，也应予以覆盖；居民在能享受另一省医保计划前的最短居住期或等待时间内产生的医疗费用，应由其医保计划原来所属的省覆盖。

（5）可得性指，享受受保医疗服务的条件应该对每个人都是一样，不应以向被保人收费或其他形式来阻碍被保人对受保医疗服务的合理获取；须向受保医疗服务付法定支付，对牙医和医师提供合理补偿；就受保医疗服务向医院作出支付。

健康转移总水平会以6%的速度增长直至2016—2017年，之后会以3年名义GDP移动平均的增长速度增加，同时保证每年增长至少3%。

5.3.4.2 其他转移

社会转移。同健康转移一样，社会转移也是对各省/地区的人均资助相同的现金转移，用于再教育、社会救助、社会服务、幼儿早教和儿童保育。

平等化转移。该转移是联邦对省的无条件转移，旨在使欠繁荣的省能以与其他省相当的赋税为居民提供与其他省水平相当的公共服务，因其计算公式只考虑了各省的收入筹集能力差别、不考虑服务成本和各省的支出需要而受到批评，该转移基于GDP 3年的移动平均增长调整。

地区公式融资。该转移考虑了在北地提供公服务的较高成本，对各地区的拨款基于对其基本总支出和筹集收入能力之差的估计，基本总支出每年调整，以反映地区与全加拿大相对人口的变化、省/地区政府支出变化。对地区收入能力的估计要减去30%，以示对地区发展经济、增加自筹收入的支持。

对地方政府的转移主要来自省，来自省的转移在2014年占据了地方政府总收入大部分（43%），但因为地方政府面临的特殊挑战，如上级政府的责任转移，一些大的市政联合体（如大温哥华地方行政区）提供的公共服务已经超出了一般的基础设施范畴，甚至与领地相当，地方政府的收入比之职能仍是不够。根据《加拿大地方政府》规定，有人认为“在加拿大的公共财政系统内，与省政府和联邦政府相比，地方政府没有充足的收入来源”。地方政府一直在争取更多的，尤其是来自联邦财政支持，如天然气税基金（Gas Tax Fund）一开始是市政府谈判的联邦在5年内对市提供50亿加元的援助，该转移现已经演变成联邦对市政府稳定、可预期、长期的基础设施建设资助①；20世纪70年代末80年代初，市政府还争取获得宪法的正式承认，以接受更多来自联邦的直接转移，虽然这种努力未能达到预期效果，部分原因是省希望保持当前宪法框架下对地方政府的控制。②

5.4 联邦、省与地方税收征管体制

5.4.1 联邦与省行政、财政关系

5.4.1.1 联邦与省/地区事权划分

联邦和省的立法权范围主要由1867年宪法第91条~第95条规定，联邦立法权限的兜底条款是除了明示专属于省的，为了加拿大的和平、秩序与善政的一切事项，省立法权限的兜底条款是省内一切地方性质或私法性质的事务。表5-1列示了加拿大联邦与省的立法权分配情况。

表5-1　加拿大联邦与省立法权划分

省立法事项	联邦立法事项	共管事项
直接税	任何税	移民
国有土地和自然资源	银行，货币，利息，破产	农业
省内交通和商业	国际/省际商业、交通，通信	养老金
医院	外交，国防	

① 加拿大基础设施建设局对天然气税基金的介绍。http：//www. infrastructure. gc. ca/plan/gtf-fte-eng. html.

② 对加拿大地方政府的财政诉求参考澳大利亚基建和地区发展部的报告2002—2003（*Report on the Operation of the Local Government*，（*Financial Assistance*） *Act* 1995）。http：//regional. gov. au/local/publications/reports/2002_2003/C7. aspx.

续表

省立法事项	联邦立法事项	共管事项
教育	渔业，航行，船舶	
地方政府	专利，版权，度量衡	
地方工程	失业保险	
财产与公民权利	印第安人及其保留地	
司法行政	刑法（不含刑法法庭构成）	
结婚仪式	婚姻和离婚	

资料来源：加拿大《1867 年宪法》；Makarenko，2009。http：//www. mapleleafweb. com/features/provincial-government-canada-organization-institutions-issues.

加拿大联邦与省的权力分配凸显了去中心化特点，原因有以下 3 点：①省掌握着医疗、教育和福利等对现代加拿大社会非常重要的公共政策领域；②省还主导着地方政府，即省可在由市政府负责的城乡规划、地方基础设施建设等领域施加相当的影响力；③省专属立法事项的“财产和民事权利”涵盖了私法的几乎全部领域，而且为了应对魁北克的独立倾向，联邦曾有过、将来也可能存在给予省更多权力的意思表示。①

3 个地区基本都处寒带，总面积达全国面积的 40%，人口却仅占全国的 3%。在历史上地区主要由联邦官员管辖，但后来联邦制定了法律把类似于省的权力逐渐下放给地区，各地区也都设了立法大会和执行会议作为自己的立法和行政机构。因为地区的特殊自然条件，联邦提供的地区公式融资是地区的重要收入来源。

5.4.1.2 主要税种及征收

表 5 -2 的税种分配是指法律规定哪级政府可以征收哪些税，例如，加拿大的联邦政府和省政府都有权征收所得税，故所得税属于“共享税”。不过有权征收不代表实际实施征收行为，前文在介绍加拿大收入厅职权时就已提及，收入厅是联邦的税收征管实施机构，它不仅征收关税以外的联邦税，出于节约成本的考虑，还代收一些省收所得税、销售税等。下面逐一介绍加拿大主要税种的征收。

① Makarenko，2009，Provincial Government in Canada：Organization，Institutions & Issues. http：//www. mapleleafweb. com/features/provincial-government-canada-organization-institutions-issues.

表 5－2　　加拿大主要税种在联邦和省间的分配

联邦专属	共享	省专属
关税	所得税	财产税
	销售税	
	消费税	
	工资税	

资料来源：笔者根据加拿大税务厅网站整理。http：//www. cra-arc. gc. ca/menu-eng. html.

所得税。所得税包括个人所得税和公司所得税，纳税人依照联邦税务征管机关，即收入厅提供的教程自核自缴。魁北克征收省内的联邦所得税和省所得税，再将联邦所得税返给联邦；萨斯喀彻温征收省内的省公司所得税。联邦征收联邦和其他省的个人和公司所得税，再将省税返还给省。

销售税。销售税主要有 3 种：商品服务税（Goods and Services Tax，GST），省销售税（Province Sales Tax，PST），合并销售税（Hybrid Sales Tax，HST）。GST 是联邦对多数在加拿大供应的商品服务收的税，PST 是省开征的相应税种，魁北克的省销售税称魁北克销售税（Quebec Sales Tax，QST）。有 5 个省把省销售税与商品服务税合并为一个税，称 HST。GST 或 HST 中 GST 部分的税率为 5%（表 5－3）。省征收的销售税除了 PST 一般还有别的名目，如不列颠哥伦比亚的销售税还包括机动车燃油税与碳税，烟草税。

表 5－3　　各省销售税税率

省/地区	销售税类型	PST/HST 中 PST 的税率	销售税总税率
艾伯塔	GST	0	5%
不列颠哥伦比亚	GST，PST	7%	12%
曼尼托巴	GST，PST	8%	13%
新不伦瑞克	HST	8%	13%
纽芬兰和拉布拉多	HST	8%	13%
西北领地	GST	0	5%
新斯科舍	HST	10%	15%
努那武特	GST	0	5%
安大略	HST	8%	13%
魁北克	GST，QST	9.975%	14.975%

续表

省/地区	销售税类型	PST/HST 中 PST 的税率	销售税总税率
爱德华王子岛	HST	9%	14%
萨斯喀彻温	GST，PST	5%	10%
育空	GST	0	5%

资料来源：1. GST 和 HST 参考收入厅相关网页。http：//www. cra-arc. gc. ca/tx/bsnss/tpcs/gst-tps/rts-eng. html.

2. PST 参考各省税务网站。

收入厅征收各省的 GST（除魁北克省）与 HST，再将 HST 中省的部分返还给省；省征收 PST，魁北克收入厅征收 GST 与 QST，然后将 GST 返还联邦，不过魁北克部分金融机构的销售税由收入厅征收。

在印第安人（又称第一民族）保留地上，第一民族商品服务税（First Nations Goods and Services Tax，FNGST）取代 GST，对特定商品的销售还开征第一民族税（First Nations Tax），收入厅收取 FNGST 和 FNT。

消费税。消费税是对一些缺乏弹性的商品征收的税，如联邦对在加拿大制造的酒精，葡萄酒和烟草产品收的消费税称 excise duty，由《2001 年消费税法》规定；对特定石油制品、重型汽车和为汽车设计的空调等征收的消费税称 excise tax，由《消费税法》规定。

工资税。工资税指和工资相关的所得税、社会保险等费用，联邦和省都可征收。联邦工资税包括雇主从员工薪资中代扣的加拿大保险金计划份额、就业保险金和所得税，以及雇主自己在前述社保项目中应支付的份额，由税务局和就业与社会发展部共同征管；省也有自己的社会保险计划及相应的工资税。

财产税。财产税一般由市政府征收，应税财产主要是不动产，是市政府的主要财政来源。

5.4.2 省/地区税务行政

5.4.2.1 省税务行政

加拿大的省承担着教育、医疗、其他社会福利等现代国家的重要职能，有相当的自主权，省一般有与之相应的较完整的政府组织去实现联邦政府专属事权以外的职能，包括结构上较为完全的税收征管组织。艾伯塔省税收和收入行政分部组织如图5-9所示。[①]

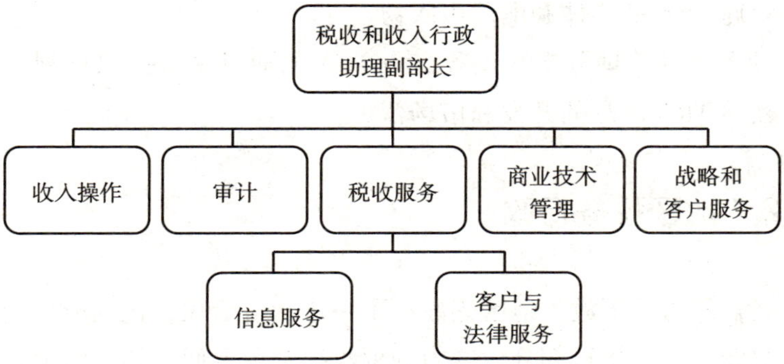

图5-9　艾伯塔税收和收入行政分部组织

资料来源：艾伯塔税收和收入行政分部网站分部介绍。http：//www. finance. alberta. ca/publications/tax_rebates/tra/tra1. html.

在艾伯塔省，掌管税收行政的是财政委员会与金融部（Treasury Board and Finance）下的税收和收入行政分部（Tax and Revenue Administration，TRA）。相关法律的执行受到省财政部长的指导和管理，但为了履职方便，税收和收入行政助理副部长和该分部的其他官员也被授予了一定权力与职责。

TRA有以下5个分支：

（1）税收服务分支。该分支下有两个单元。信息服务单元回应对TRA一切工作的一般询问，以及对特定公司或商品税账户、评定和再评定的问题。客户与法律服务单元解释税法，主持关于反对、上诉的争议解决过程，处理弃权声明和惩罚，对艾伯塔财政部的税收政策、法律和法规提供建议，可就工作中共同的问题与艾伯塔其他部门、其他省或联邦的税务行政机构协作。

（2）收入操作分支。该分支负责公司、个人信托注册，维护纳税人和申请人的账户，处理税收付款，验证并处理报税单和退税申请，发起合规和征收行动。

（3）审计分支。该分支的工作是确保艾伯塔税法得到遵行，对纳税人的账簿和记录进行桌面审计和实地审计。审计分支还与加拿大其他的税收行政机

① 对艾伯塔的税务行政介绍参考艾伯塔税收和收入行政分部网站分部介绍。http：//www. finance. alberta. ca/publications/tax_rebates/tra/tra1. html.

构协作打击逃税。

(4) 战略和客户服务分支。该分支为TRA的战略规划，风险管理，商业情报，预算/预测提供支持，就与TRA工作有关的立法、政策和程序提供纳税人教育，管理TRA的实体和电子出版物。

(5) 业务技术管理分支。该分支为TRA的业务系统提供计划、开发和运营服务，领导TRA产品的开发和市场营销。

5.4.2.2 地区税务行政

由于联邦权力的下放，地区逐渐有了一定的自治权，包括成立地区议事机构、地区政府组织，执行部分地区内的税收征管。下面介绍育空地区的税收征管以供参考。①

育空的财政能力由联邦法律《育空法》赋予，具体由育空立法机关制定的《财政行政法》规定。《财政行政法》设立"管理委员会"作为执行会议（领地政府）的委员会之一，成员共3名，主席为执行会议负责财政的成员（简称财政成员）。管理委员会可规定政府的会计政策与会计实务，负责政府财政管理，控制收入、支出和资产，为履职可发出行政指令。

《财政行政法》还设立财政部，财政成员要负责统一收入基金的管理和行政，监督政府收支和一切政府财政政策相关事宜。执行会议其他成员负责各自部门的财政事务，接受财政成员和管理委员会指导。财政部副部长受财政成员领导，负责财政部的日常行政，政府基金的筹措、记录和处置，建立并评估会计程序，制作政府账目，准备政府要求的财务报告。

育空的主要税收征管机构是财政部下的税收分部，征收育空所得税、燃油税、烟草税、保险费税；财政部下的财产估价与税收分部征收财产税。

5.4.3 地方自治与地方财政

5.4.3.1 地方政府治理

宪法规定市政机构属于省的专属立法事项，各省一般通过市政法及与交

① 对育空的税收行政介绍参考育空政府网站财政行政手册第一章。http://www.finance.gov.yk.ca/pdf/public_accounts/fam_manual_chapter01.pdf.

通、规划、治安等和市政职能有关的专门法律来设计省内的地方政府制度，各省乃至省内各地区的地方政府都没有统一的定制。地方政府类型繁多，其相互关系复杂多样，本章仅略做介绍。①

地方政府中最重要的一个类型是市政府（Municipality），这个名称不一定指城市，这种类型的地方政府可能被称作镇区、村、镇或城（township，village，town or city），但它们的法律地位都是市政府。市政府的组织机构包括市议会（municipal council），各种理事会和委员会（committees and commissions），公共行政部门（public administration）和执行委员会（executive council）。

市议会是政府的主要议事和政策制定机构，由民选的市长（mayor）和市议员组成，市政府的选举是非党派的，竞选过程中即使出现了政党组织，它们也与省/联邦层面的政党无涉。市长是市政府的发言人，与其说是大权在握，不如说其主要作用是承担市的标志人物这一角色，这与美国的情形不同。

市议员须是委员会成员，因为政策草案出自各常设委员会，这个要求为民选议员参与到地方政策制定中提供了制度条件。

市的公共行政部门由专家、技师、文员等组成，他们的职位可以是永久性的或临时的，是市政府政务的执行者。

在大的市政地方，执行委员会接收来自行政部门的提议，准备决议或规章的草拟，可决定市政的日常事务以减轻市议会的负担，其成员由市议会在市长的推荐下选出。

市政府还可能形成区域性的联合体，以完成需要统筹规划的区域性、协调性的工作。以安大略省为例，该省的市政组织有单一的（single tier）和双层的（two tier）两种类型。在采用双层结构的地方，市政组织有上、下两层，上层市政组织一般协调其辖区内各市政府的服务提供，或提供区域性服务。很多时候上层市政组织和下层市政府的责任范围由法律规定，如垃圾回收问题，

---

① 对地方政府的介绍参考以下资源：

加拿大市政联盟（Federation of Canada Municipalities，FCM）2006 年出版的 *Your guide to municipal institutions in Canada*。https：//www. fcm. ca/Documents/tools/International/Your_Guide_to_Municipal_Institutions_in_Canada_EN. pdf.

安大略省市政事务与住房部网站的 *Municipal Councilor's Guide*，section2，An Overview of Local Government。http：//www. mah. gov. on. ca/Page8391. aspx.

［加］理查德·廷德尔，苏珊·诺布斯·廷德尔．加拿大地方政府（第六版）［M］．北京：北京大学出版社，2005.

一般下级市政府负责垃圾收集，上级市政府负责垃圾处理和其他更广泛的废物管理事宜。也存在两级政府可共同提供服务的事项，如公园等娱乐设施。单一的市政府比较像双层结构中的下层，不过不存在其上层的市政府。

市政府为人民提供广泛的公共服务、规划、设施和规则，如维持治安、防火、道路、公共运输、供水、污水集中治理、固体废物收集处理、用地规划管理、突发事件应对。市政府比联邦和省更亲民，为社区提供了表达其集体目标的渠道，对培养公民的民主意识和参与当地治理的习惯意义重大。

在市政府以外，还存在一些其他具有治理职能的地方委员会或专门目的组织，有的是省法律规定的，如教育、治安、卫生方面的委员会，有的是市政府自己成立或与其他市政府合作成立市政服务委员会，作为减轻财政、行政压力的职能外包手段。根据委员会类型的不同，其与市政府的关系也不同。典型的是教育委员会（school boards），它有自己的选举产生的理事机构，独立于市政府运营，市政府与它的交集仅限于组织教育委员会的选举和征收教育税，教育委员会一般被认为是地方政府的一种形式。

在北安大略，多数人口居住于市政区域，但多数地域是无组织领土（unorganized territory），即不处于任何市政组织的管辖之下。《北部服务委员会法》（Northern Services Board Act）规定成立地方服务委员会（local services boards）为无组织领土提供基本的社区服务，这些委员会在类型上不属于市政府。

5.4.3.2 地方政府财产税征收过程

地方政府自筹一半以上的收入，又以财产税对地方收入的贡献最大，下面介绍艾伯塔省地方政府的财产税征收过程，以供参考。①

艾伯塔地方政府征收财产税用以如垃圾回收、供水与下水道服务、道路建设与维护、公园和休闲设施、警察和火警、老年公寓等地方服务，还有一部分交给省政府用于教育。征收财产税包括核价和税率适用两个过程。

（1）核定应税财产价值

财产税的主要征收对象是不动产，表5－4具体列示财产税的征收对象。

① 参考艾伯塔地方事务部网站对财产估价与税收的介绍。http：//www.municipalaffairs.alberta.ca/1538.

表 5－4　艾伯塔财产税的征收对象

应核财产	不应核财产	应核但或豁免财产
土地	基础设施	多数农场居住地及改造
对土地的改造	矿物	环境、市政和学校保留地
土地及其上的改造	印第安保留地上的财产	医院、图书馆和学校等政府财产
	梅蒂人垦殖地上的财产	大学
	庄稼	私立学校
		教堂和公墓
		非营利组织财产
		收容所

注：梅蒂人也属于加拿大原住民，混合了第一民族与其他民族的血统。
资料来源：艾伯塔地方事务部网站，http：//www. municipalaffairs. alberta. ca/1538.

联邦政府和省政府的财产也不是财产税的征税对象，但地方政府可申请拨款来替代财产税。确定了辖区内应予以核定价值的财产后，市政府对这些财产按以下流程核价。

分流估价指有的财产难以用市场标准定价，地方事务部规定了对这些财产核价的价格与程序。如此确定的价值称规定价值，适用规定价值的财产包括农用地、线性财产、机械设备、铁路财产。线性财产指可能跨市的有运输线的财产，如油气井、运输石油产品的管道、电力系统、电信系统、有线电视系统；机械设备指地下储罐、分离机、燃气洗涤器、压缩机、化学注射器等工业用机械设备；对铁路的核价基于长度和运输量，这些是铁路公司每年要向地方核价员报告的内容。线性财产由地方事务部长指定的核价员核价，其他适用规定价值标准的财产由地方核价员核价。

市政府应制作核价清单，清单上除了所有应核财产所有者信息、财产地点、财产类型、核定价值、是否豁免财产税等信息，还包括财产所有人的教育支持声明（school support declaration）——在安大略、艾伯塔、萨斯喀彻温及3个地区有不同于公立教育体系的天主教或新教的单独教育体系，根据纳税人的声明，其缴纳的教育财产税会被分配给相应的公立学校或单独学校。

核税清单完成后应向财产所有人发出核税通知，该通知除了包括核税清单的所有内容，还应包括方便被核人提出异议的信息，如应向其提出异议的官员的联系方式。

艾伯塔省地方政府财产税核价流程如图 5－10 所示。

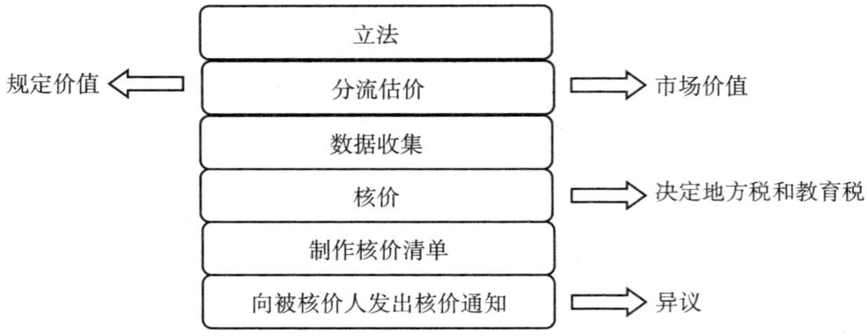

图 5－10　艾伯塔省地方政府财产税核价流程

资料来源：艾伯塔地方事务部网站对财产估价与税收的介绍。http：//www. municipalaffairs. alberta. ca/1538.

（2）确定税率

艾伯塔省的市政府每年都要确定政府运营所需要的收入，减去许可证费、拨款等已知收入后，用剩下的收入需求除以被核定的应税财产价值得到税率。省政府每年给市政府下达其应收的财产教育税数目，市政府据此确定财产教育税税率，将教育税和财产税一并收取，并根据纳税人的教育支持声明将教育税款交给省或单独教育委员会。交给省的教育财产税进入艾伯塔学校基础基金，分配给全省的公立学校委员会。

根据艾伯塔省《市政府法》第 353 条规定，各市议会每年须通过财产税地方法规，由该法规授予地方政府就市辖区内财产征税的权力，征收的财产税用于支付市政府预算所列的开支与转移等项目。[①] 故财产税的征收主体确是市政府无疑，还可以确定市政府中会有依照前述流程征收财产税的功能组织/官员，不过这些功能组织/官员进一步的信息，如名称、工作守则等，目前尚未找到官方说明。

5.5　小结

加拿大是联邦制的国家，有联邦、省/地区和地方三级政府，宪法分配了联邦和省的权力，地方政府在省政府制定的规则框架下运作，三级政府都有自己的税收征管组织。

中央—省的权力分配相当去中心化。省负责提供医疗、教育和福利等现代

① 市政府法［EB/OL］. http：//www. qp. alberta. ca/documents/Acts/m26. pdf.

加拿大社会中非常重要的服务，而且有权管理地方政府。从联邦、省/地区、地方三级政府收入在加拿大政府总收入中的占比来看，省/地区占有政府总收入的一半，不过因为省有庞大的支出义务，联邦的转移支付仍是必要的，因此联邦可利用健康转移等有政策导向的转移来施加其对省政府社会政策的影响力。与联邦和省政府相比，地方收入不足，其收入近一半是自筹的，另一半主要来自省/地区的转移。

加拿大是高福利的国家，这对应高水平的税收义务，税收收入占联邦政府收入的八成左右，其中个人所得税占联邦总收入的一半左右。除了关税专属于联邦，财产税专属于省由地方政府征收，主要税种在联邦和省之间共享。为了节约征收成本，联邦在成本回收的基础上代省征收一些省的税，如个人所得税。魁北克省为了坚持其文化和政治社会的特殊性而不加入联邦和其他省的税收合作框架，征收省内一切的税，包括联邦税。

联邦税的主要征管机关收入厅不隶属于其他部门，可管理自身的一般行政政策、组织、不动产、人力资源和内部审计，独立性强。除了收税，收入厅还实施与税务体系相关的社会福利项目。加拿大个人所得税的征收采取自核自缴方式，工作的电子化程度相当高。

加拿大税收征管体制值得借鉴之处有以下 4 个：

（1）重视纳税人服务。收入厅是服务机构，其运营核心是服务而非管理，为纳税人提供更好的服务、为纳税人遵守税法提供便利和帮助有助于提高人们对税法的遵行程度。

（2）使用通信和信息技术提高税务行政效率。电子数据除了保存与传输方便，还为数据挖掘等数据分析手段提供条件，能提高合规检查等税务工作的效率。

（3）为节约成本、提高效率，可考虑中央税和地方税的征收采用统一框架，为不同级别政府税的统一征收提供条件，缩减行政冗余。

（4）以法律框架明确中央对省的转移支付的数额、条件等，尽量实现更公平的转移。

参考文献：

1. 加拿大宪法与法律

[1]《印第安法》。

[2]《加拿大收入厅法》。

[3]《加拿大宪法》。

[4]《国务与国务部长法》。

[5] 艾伯塔省《市政府法》。

2. 专著

[1] [加] 沃尔特·怀特，罗纳德·瓦根博格，拉尔夫·纳尔逊. 加拿大政府与政治 [M]. 北京：北京大学出版社，2004.

[2] [加] 理查德·廷德尔，苏珊·诺布斯·廷德尔. 加拿大地方政府(第六版) [M]. 北京：北京大学出版社.

3. 论文

[1] 李娜. 加拿大地方政府合并与重组研究 [EB/OL]. http：//lib. cnki. net/cdmd/10511 -2008116154. html.

[2] Maple Leaf.

[3] Jay Makarenko，2009，Provincial Government in Canada：Organization，Institutions & Issues. http：//www. mapleleafweb. com/features/provincial-government-canada-organization-institutions-issues.

4. 加拿大政府官方网站

[1] 加拿大政府：http：//www. canada. ca/en/index. html.

[2] 收入厅：http：//www. cra-arc. gc. ca/menu-eng. html.

[3] 财政部：http：//www. fin. gc. ca/fin-eng. asp.

[4] 财政委员会秘书处：http：//www. tbs-sct. gc. ca/tbs-sct/index-eng. asp.

[5] 边境服务厅：http：//www. cbsa-asfc. gc. ca/menu-eng. html.

[6] 枢密院办公厅：http：//www. pco-bcp. gc. ca/index. asp？lang = eng.

[7] 议会：http：//www. parl. gc. ca/.

[8] 原住民事务与北部发展部：http：//www. canada. ca/en/aboriginal-affairs-northern-development/index. html.

[9] 加拿大基础设施建设局介绍天然气税基金：http：//www. infrastructure. gc. ca/plan/gtf-fte-eng. html.

[10] 艾伯塔省税收和收入行政分部网站：http：//www. finance. alberta. ca/publications/tax_rebates/tra/tra1. html#orgchart.

[11] 艾伯塔省方事务部网站对财产估价与税收的介绍：http：//www. municipalaffairs. alberta. ca/1538.

5. 加拿大政府组织出版物

［1］ 加拿大收入厅对议会的年度报告［EB/OL］. http：//www. cra-arc. gc. ca/gncy/nnnl/2013 –2014/ar –2013 –14 –eng. pdf.

［2］ 财政部 2014 年财政简报［EB/OL］. http：//www. fin. gc. ca/taxdollar/index-eng. asp.

［3］ 枢密院办公厅对议会的名词解释［EB/OL］. http：//www. pco-cp. gc. ca/index. asp？ lang = eng&Page = information&Sub = publications&Doc = gloss/gloss-eng. htm.

［4］ 加拿大统计局财政管理系统［EB/OL］. http：//www5. statcan. gc. ca/access _ acces/alternative _ alternatif. action？ l = eng&loc =/pub/68f 0023x/68f 0023x2006001 –eng. pdf&t = Financial%20Management%20System%20%28FMS%29%202009&k =.

［5］ 安大略省市政事务与住房部 *Municipal Councilor's Guide*， section2， An Overview of Local Government。http：//www. mah. gov. on. ca/Page8391. aspx.

［6］ 育空政府财政行政手册［EB/OL］. http：//www. finance. gov. yk. ca/pdf/public_accounts/fam_manual_chapter01. pdf.

6. 其他组织出版物

［1］ 加拿大市政联盟（FCM：Federation of Canada Municipalities）2006 年出版的 *Your guide to municipal institutions in Canada*。https：//www. fcm. ca/Documents/tools/International/Your_ Guide _ to _ Municipal _ Institutions _ in _ Canada _ EN. pdf.

6　澳大利亚税收征管体制

澳大利亚联邦（简称澳大利亚）于 1901 年由 6 个英国殖民地结合而成，其基本政治体制是君主立宪的议会内阁制，在国家结构形式上采取联邦制。作为高福利水平的发达国家，澳大利亚的税收水平（税收收入与 GDP 的比率）在同类国家中较低，其税收行政颇有值得借鉴之处。

6.1 澳大利亚国家治理行政体制

6.1.1 国家行政管理区划

澳大利亚是联邦制国家，其行政区划的第一级是州和领地，目前澳大利亚有 6 个州（新南威尔士、昆士兰、南澳大利亚、塔斯马尼亚、维多利亚、西澳大利亚），2 个领地（澳大利亚首都区、北部领地）。

州是联邦成员单位，其与联邦的关系由宪法规定，领地是不属于任何省的澳大利亚领土，由联邦直辖。3 片领地（澳大利亚首都区、北部领地和诺福克岛）被联邦赋予了有限的自治权，这些领地上的政府事务由当地选举的议会处理，首都区和北部领地因其人口规模一般被视为州。其余 7 片领地由联邦政府任命的行政官据联邦法律管辖。

州/领地之下还有进一步的行政区域划分，这一级政府统称地方政府，故澳大利亚共有联邦、省/领地和地方三级政府。宪法规定了联邦和州政府的立法权限，没有关于地方政府的规定，实践中州和北部领地设立了地方政府。首都区不设地方政府，而是设立了一个政府部门行使地方政府的职责。

6.1.2 政府组织方式

本节主要描述澳大利亚联邦政府的组织方式，州政府组织与联邦类似。

联邦的立法权、行政权和司法权分别由议会、行政政府和法院享有。英国女王是联邦的国家元首，也是议会的组成部分，享有名义上的行政权、海陆军最高统帅权，一切法律议案经其首肯才能成为法律，其职权由总督代行。除了所谓的保留权力，总督须在联邦行政会议的建议下行使权力。保留权力主要指对总理的任免，该权力的行使也应依据惯例，如须任命众议院多数席位政党/政党联盟的领袖为总理。

议会是立法机关，由英国国王、参议院和众议院组成。

行政政府是行政机关。澳大利亚宪法有两大原则：代表政府和责任政府，即政府应由代表人民的议会的成员组成，并对议会负责。因此，执掌国家各项职能的部长们须是议会议员。

行政政府的首脑是总理，主要决策机构是由资深大臣组成的内阁。

宪法多次提到总督应在"联邦行政会议"的建议下行使权力，该会议由历任和现任部长组成，但只有现任部长参与行政会议活动，且通常只有两三个部长同总督开会，其功能主要是意见听取与正式文件签署，而非像内阁一样是一个议事机构。

联邦政府将政府职能分成19类，每类职能下一般设一个部（department），多个执行机构，图6－1列示了联邦政府的具体职能划分，凸显了与财政、税收相关的组织。

6.2 联邦财政税务行政关系

6.2.1 联邦财税职能部门

澳大利亚联邦政府特别区分了财政（Treasury）和财务（Department of Finance）两个职能。从图6－1中财务部的组织结构可以看出，财务部的职责主

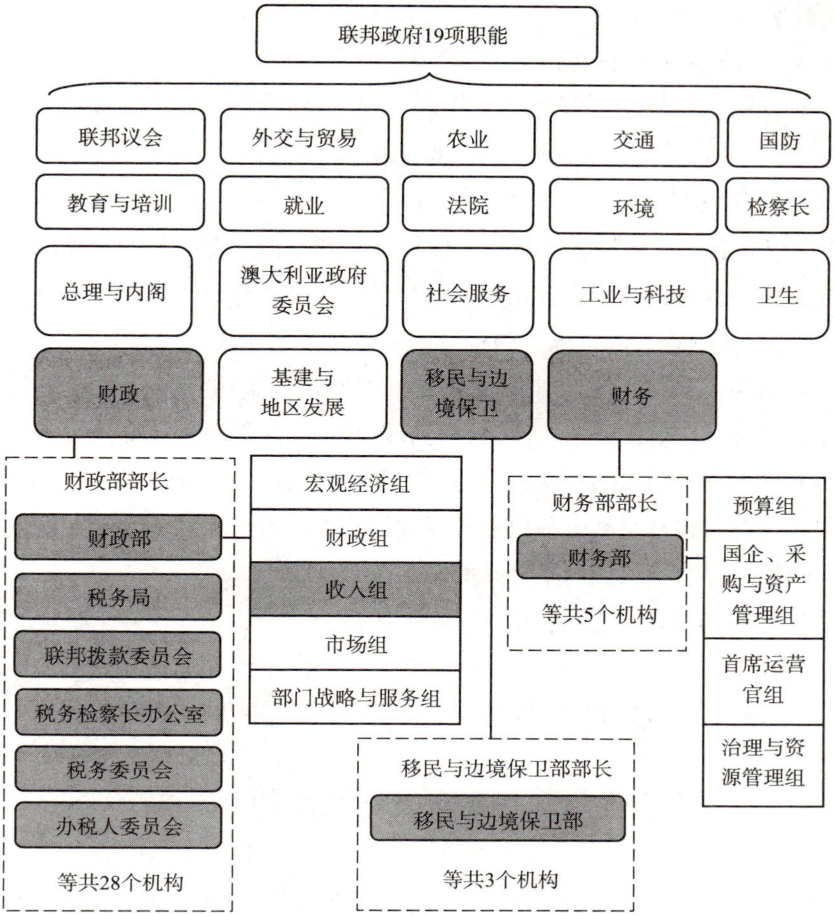

图 6－1　澳大利亚联邦政府职能部门

资料来源：澳大利亚政府网站部门介绍。http：//www. australia. gov. au/about-government/departments-and-agencies/government-by-portfolio.

要是国家开支，财务管理，政府运营，但不含税收；财政部下设 5 个小组，为政府提供经济政策咨询，执行对市场与商业的支持、联邦对州与领地的转移支付等计划。税务属于财政职能。澳大利亚税务局（Australian Taxation Office，ATO）是联邦的主要税收征管机关，征收联邦国内税。ATO 与财政部对税收和退休公积金都负有管理责任，ATO 负责具体项目的实施，财政部制定政策。ATO 会基于其行政过程中的实际经验提出政策方面的建议，包括指出现行法律在操作中与政策初衷的背离。这些建议会参考利害相关人的意见，且符合政府的监管影响分析要求。①

其他与财税有关的机构包括以下5个：

（1）办税人委员会，管理税务代理人和商业运作表代理人的登记。其运营独立于税务局，但工作人员属于税务局编制。

（2）税务检察长办公室，是独立于税务局和办税人委员会的法定机构，致力于改进税务行政体制，协助解决因税务局和办税人委员会的行政行为产生的纠纷（行政行为包括指导前述行政部门的政策和程序，不包括作出的行政决定），了解多方利害人的诉求，向税务局和政府提出建议。

（3）税务委员会，无法律明文规定的财政部咨询机构，向财政部提出提升税务体系廉正与运作效率的建议，完成财政部交予的税务研究。

（4）联邦拨款委员会，处理财政部部长的调查请求的独立的法定机构，其研究的主要问题是商品服务税在各州间的分配，会与州和领地磋商，基于它们提供的数据与独立数据向联邦政府提出拨款建议。

（5）移民与边境保卫部征收关税。

6.2.2 联邦税收职能组织

6.2.2.1 澳大利亚税务局职权及组织结构

ATO征管关税以外的联邦税，还管理对社区的转移支付、退休公积金体系和澳洲公司注册。图6－2列示了ATO总部的组织结构，每个白框表示一个业务种类，用以协助税务专员的独立内部功能除外。

ATO的组织结构体现了功能类型、纳税人市场细分和税种分类的混合，所有业务被分为3组，每组由一个二级专员领导。合规即纳税人对税法的遵行，合规组设计、施行并坚持基于调研与风险评估的合规战略，兼顾对纳税人的支持、协助与积极主动的合规手段。人员、系统与服务组专注于客户服务与对ATO自身组织服务的实现，包括信息技术、服务实现和澳大利亚企业登记。法律设计与实务组负责政策与法律设计、有关税务的技术性决定、诉讼、审查与纠纷解决，为新法律进行行政设计、收入预测。

① 关于ATO与财政部的关系，参考了财政部网站关于ATO的意图申明。http：//www.treasury.gov.au/~/media/Treasury/Policy%20Topics/Public%20Policy%20and%20Government/Statements%20of%20Intent/Downloads/PDF/ATO_Statement_of_Intent.ashx.

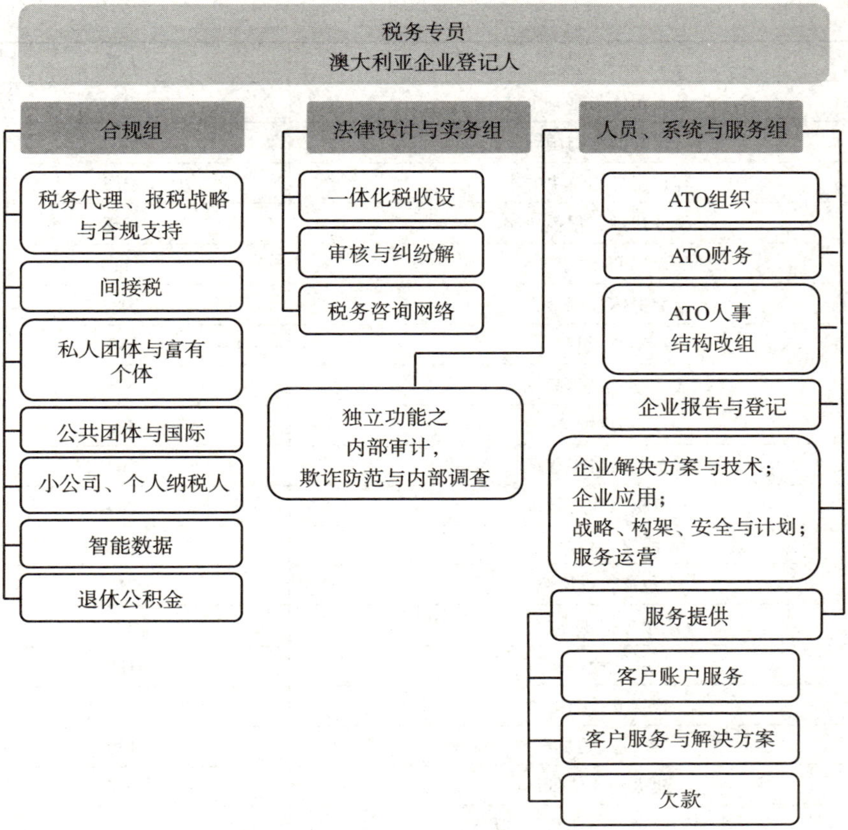

图 6－2　ATO 组织结构

资料来源：ATO 网站组织结构图。https：//www. ato. gov. au/About-ATO/About-us/Who-we-are/Organisational-chart/.

表 6－1 和表 6－2 列示了 2013—2014 年 ATO 年报提供的职员情况，制作年报时 ATO 的组织与图 6－2 反映的 2015 年 7 月的组织结构稍有出入，主要变化是澳大利亚估价局被解散，新增“智能数据”业务。

表 6－1　2013—2014 年 ATO 各业务人员数

业务种类	人数
客户账户服务	4585
小公司/个人纳税人	2221
企业解决方案与技术	2032
间接税	1800
欠款	1798

续表

业务种类	人数
私人团体与富有个体	1444
公共团体与国际	1407
客户服务与解决方案	1338
税务代理，报税战略	1268
ATO 人事	1110
退休公积金	1087
ATO 组织	699
严重违规	533
ATO 财务	462
企业报告与登记	264
审核与纠纷解决	244
激进节税措施	223
税务咨询网络	218
服务提供支持	201
一体化税收设计	196
合规支持与能力	140
办税人委员会	130
澳大利亚估价局	114
澳大利亚慈善与非营利委员会	104
税务专员办公室	13
合计	23631

资料来源：澳大利亚税务局 2013—2014 年报［EB/OL］. https：//www. ato. gov. au/About-ATO/Access，-accountability-and-reporting/Reporting-to-parliament/Annual-report/？ anchor = P38_3756#P38_3756.

表 6－2　　2013—2014 年 ATO 各职系人员百分比（有小数误差）

职系	职员百分比（%）
会计/财务	1. 3
行政	11. 9
分析/情报	4. 4
审计	21. 2
沟通/市场	1. 8
客户服务	7. 1
欠款	2

续表

职系	职员百分比（%）
强制执行/调查	1.3
人力资源管理	2.9
信息与组织专家	4.2
信息技术	8.2
法律	8.3
管理	3.4
运营/处理	21.5
估价	0.3
合计	100

资料来源：同表6－1。

6.2.2.2 税收征管方式与合规确保手段

税务局在各州和领地都有服务窗口，但它们并非纳税人和税务局打交道的主要或必要窗口，多数服务窗口提供自助服务和部分纸质出版物，有的服务窗口只提供预约服务，有的只有电子自助服务。纳税人的税务活动一般在线完成，如个人纳税人可通过政府线上服务平台 myGov 确认税务局预填的报税单，税务复杂的个人纳税人通过相对耗时的 e-tax 报税（在 2016 年税季将被网页服务取代），企业则用标准商业报告（Standard Business Reporting，SBR；将在 2015 年后取代现行的电子申报服务），这是一种标准化线上/数字化记录保存方式，可大幅缩短政府报告的准备与提交时间。

澳大利亚的税务和退休公积金体系是自评估的：纳税人要在年度报税单上写明所有应税收入，要求应得的减让；间接税体系（包括国内消费税，GST，豪车税，葡萄酒平衡税，燃油税抵免）也在自评估的模型下运行；自管理退休公积基金也要提交“自管理退休公积基金申报”报告其参与的交易。ATO 的合规确保手段包括但不限于以下 4 种：

（1）用遵从模型和风险分别框架分析纳税人行为，对不同类型的人采取相应的合规策略，如为愿意遵从税法的人提供便利，对不履行其纳税义务的人采取积极主动的合规手段。

（2）退税核查，当易额常异巨大，或 ATO 怀疑某处有误，以及为打击潜在欺诈时，ATO 会在退税前后进行真实性核查。

（3）小企业基准，是 ATO 编制并公布的小企业财务比率，概略地反映特定行业中各企业的平均情况，如某行业的销售成本、总费用、人工、租金和车辆支出在营业额中的占比。ATO 用小企业基准估计未申报的税款。

（4）数据配对，对来自第三方的个人和商户资料进行电子化汇编、验证与分析，可让 ATO 确认个人与企业是否在按时、正确申报及履行其他义务，还可让 ATO 预填报税单以方便纳税人。银行、雇主、医疗保险公司和其他政府机构有向 ATO 报告税务相关信息的法定义务，这类信息收集叫作法定数据收集。ATO 也有权为针对特定行业、特定议题或特定风险（如信用卡，借记卡，机动车，线上销售和股票市场交易）的数据配对计划收集信息，这类信息收集叫作特定目的数据获取。ATO 还和国际条约合作伙伴交换信息，确保澳大利亚居民正确申报其海外收入，外国居民正确申报其在澳收入。

ATO 第三方数据源及信息内容，见表 6－3。

表 6－3　　ATO 第三方数据源及信息内容

第三方数据源	信息内容
银行，金融机构和投资主体	投资收入
雇主	雇员或承包商薪酬
州和领地机动车登记主体	出售、转移或新近注册的机动车
州和领地产权局和收入局	不动产的销售或其他转移
政府机构	养老金，福利，退款，应税拨款和其他支付
澳大利亚交易报告与分析中心，国际条约合作伙伴	海外收入
网站（如 eBay），批发商信用卡与借记卡服务提供者	大宗交易，交易记录
证券交易所，股份登记处	股票交易
建筑业企业	建筑建设服务付费
医疗保险公司	确认保险范围和与保险费支付

资料来源：ATO 数据配对信息网页，http：//www. ato. gov. au/general/how-we-check-compliance/data-matching/sources-of-information/.

6.2.2.3　税务局争议解决政策

ATO 强调通过早期介入、独立审查和替代性纠纷解决（ADR）快速、公平地解决争议。

早期介入用于大企业所得税争议，指大企业在要求修正或提出反对前可先与 ATO 协商。

独立审查的范围包括大企业所得税，间接税和石油资源租赁税。若营业额超过 25 亿澳元的企业对审计组报告有异议，可在收到报告的 10 日内要求独立审查。该审查由法律设计与实务组下负责审核与纠纷解决的高级官员进行，该官员应未参与系争审计。

ADR 是由私人 ADR 执业者（包括前联邦和高级法院法官）主持的调解。经训练的 ATO 雇员也可就不太复杂的纠纷进行内部调解，调解范围包括间接税、小企业和个人纳税人。

6.3 联邦、州与地方政府财政收支

本章中各级政府收支数据都来自 2013—2014 年澳大利亚的政府财政统计（Government Finance Statistics，GFS）①，对政府部门的说明来自统计局的相关说明②。

GFS 数据以 1993 年 SNA 和国际货币基金组织（IMF）的政府财政统计手册（Government Finance Statistics Manual，GFSM）为基础，并据 2008 年 SNA 做出调整。澳大利亚标准机构部门分类（Standard InstitutionalSector Classification of Australia，SISCA）把机构部门作了如下划分：非金融企业部门、金融企业部门、一般政府部门、为家庭部门服务的非营利机构、家庭部门，其中一般政府部门（general government）包括联邦、州/领地和地方政府，以及主要由前述政府控制并融资的非市场性、非营利机构，以政府的层级划分则可把一般政府部门分为 3 级：全国级（联邦级和多重管辖权）、州级、地方级。全国级中的多重管辖权部门（multi-jurisdictional sector）主要指公立大学，还有其他管辖权无法被清晰界定的部门。澳大利亚每所公立大学的法人人格都有立法依据，其收入的相当一部分间接地来自税金，它们也有相当的独立自主筹资能力，能自主决定资金的使用，但盈余不可分红，因而被视为主要由政府控制并融资的非营利、非市场性机构。又因为公立大学事实上是联邦和州/领地政府

---

① 5512.0 - Government Finance Statistics，Australia，2013—2014，http：//www.abs.gov.au/AUSSTATS/abs@.nsf/DetailsPage/5512.02013—2014？OpenDocument.

② *Australian System of Government Finance Statistics*：*Concepts*，*Sources and Methods*，chap2. http：//www.abs.gov.au/AUSSTATS/abs@.nsf/DetailsPage/5514.02005.

共管的事项，所以被归于一般政府部门中的多重管辖权部门。

本章展示的收支数据是一般政府部门中的联邦、州/领地和地方一般政府的收支数据，考虑到多重管辖权部门比之其他政府部门收支数额很小（2013—2014 年多重管辖部门的收入占联邦政府收入的 6.7%，支出占联邦支出的 5.8%）且管辖权难以划分，该部门按下不表。

6.3.1 联邦政府收支构成

图 6－3 与图 6－4 列示了澳大利亚联邦政府 2013—2014 年的收支构成。联邦的财政收入以税收收入为主（94%），税收又以个人所得税贡献最多（44%）。联邦最大的支出项是经常转移（63%）和运营费用（28%），经常转移中最多的是其他经常转移（31%）和对州政府的拨款（22%）。其他经常转移与 1993 年 SNA 的定义一致，此处包括支付给居民的现金社会福利①。最大的支出项则是社会保障与福利（35%）、卫生（16%）、教育（7%）和国防（5%）。

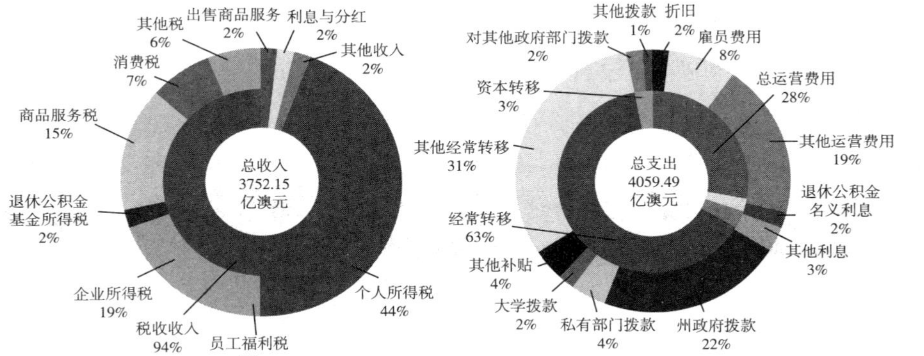

图 6－3　2013—2014 年澳大利亚联邦一般政府收支构成

注：澳大利亚的财政年是 7 月 1 日至次年的 6 月 30 日。

资料来源：澳大利亚统计局，5512.0，2013—2014 年政府财政统计数据（GFS）。http：//www.abs.gov.au/AUSSTATS/abs@.nsf/DetallsPage/5512.02013－14？OpenDocument.

---

① 据 1993 年 SNA，其他经常转移包括：①非人寿保险费；②非人寿保险赔付；③一般政府部门间未被整合进其他项目的转移；④其他经常转移，包括给服务家庭的非营利机构的转移、彩票奖金、一个机构为了弥补损害/财产损失而对另一个机构做的补偿。参考：*Australian System of Government Finance Statistics*：Concepts，Sources and Methods，Appendix 1. http：//www.abs.gov.au/AUSSTATS/abs@.nsf/DetailsPage/5514.02005.

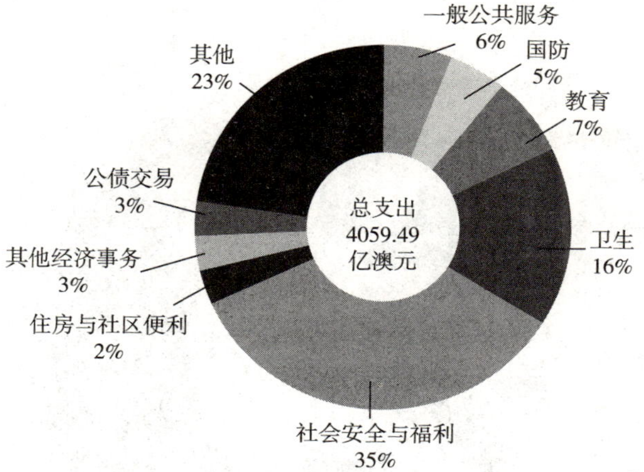

图 6－4　2013—2014 年澳大利亚联邦政府支出构成（按目的）

注：其他包括原数据中的退休公积金名义利息，燃料与能源，交通与通信，公共秩序与安全，农林渔，矿业、生产与建设，文娱和其他目的。

资料来源：同图 6－3。

6.3.2　州政府收支构成

图 6－5 与图 6－6 列示了澳大利亚 2013—2014 年州政府的收支构成，从中可以看出州政府的支出少于收入，即运营净值（net operating balance）为正。但若计入非金融资产净获得（Net acquisition of non-financial assets）则在借/贷状态上呈负值，公式为：（收入－支出）－非金融资产净获得＝净运营－非金融资产净获得＝2252. 27－2213. 54－102. 65＝－63. 92，即欠债（net borrowing）63. 92 亿澳元。

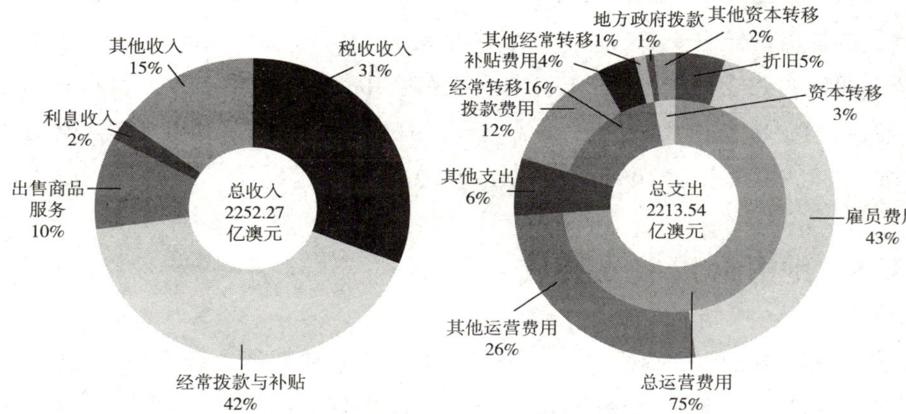

图 6－5　2013—2014 年澳大利亚州政府收支构成

注：其他支出包括退休公积金名义利息、其他利息、其他财产费用。

资料来源：同图 6－3。

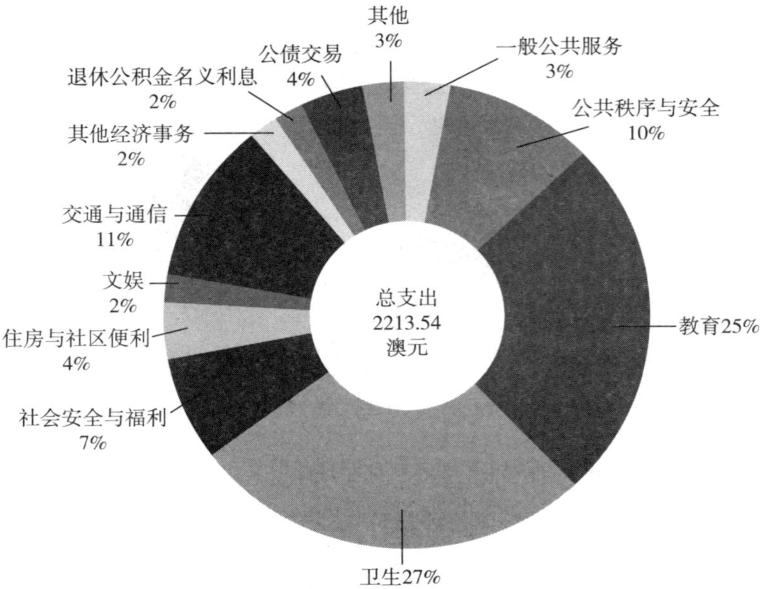

图 6-6　2013—2014 年澳大利亚州政府支出构成（按目的）

注：其他支出包括原数据中的燃料与能源，农林渔，矿业、生产与建设，其他目的。
资料来源：同图 6-3。

州最大的收入来源是联邦的经常拨款与补贴（42%）和税收收入（31%）。州最大的支出项是运营费用（75%）和转移支付（19%），运营费用以雇员费用最多（43%），转移以经常转移为主（16%），经常转移由对地方政府的拨款和补贴构成。

州和联邦的开支构成还反映出它们在履行国家职能方面的侧重：社会安全与福利的支出责任主要在联邦（占联邦总支出 35%），交通与通信的支出责任主要在州（占州支出 11%）。教育与卫生在联邦和州的支出中都占有可观的比例，但它们在州支出中的占比要高于联邦（教育占联邦支出 7%，州支出 25%；卫生占联邦支出 16%，州支出 27%）。

6.3.3　地方政府收支构成

图 6-7 与图 6-8 列示了 2013—2014 年澳大利亚地方政府的收支构成。地方政府的收入主要来自税收收入（38%）、出售商品服务（28%），经常转移和补贴占地方收入的 7%。地方支出的最大项目也是运营费用（96%），和其他两级政府明显不同的是地方的折旧费用很高（20%），这是因为地方政府

的主要职能之一是道路等基础设施维护，基础设施的维护更新费用十分可观。

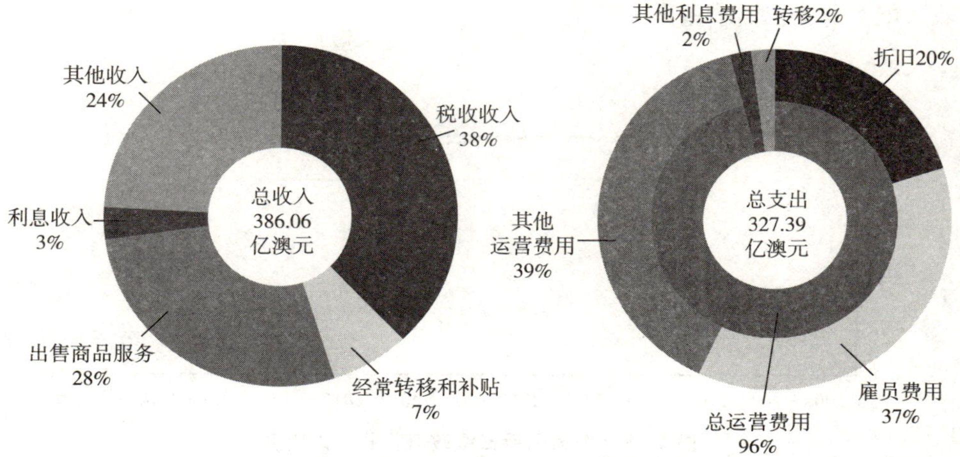

图 6－7　2013—2014 年澳大利亚地方政府收支构成

资料来源：同图 6－3。

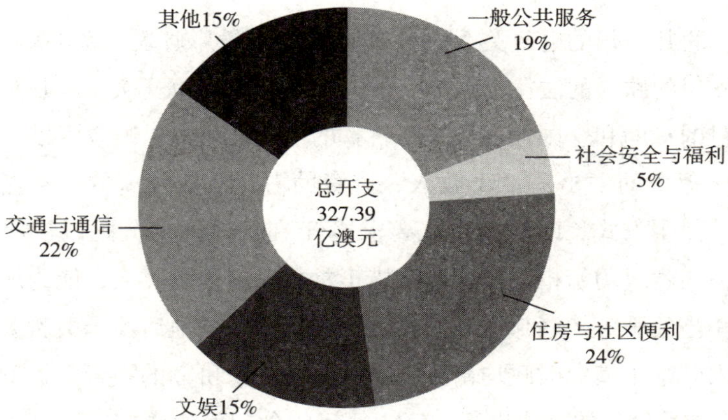

图 6－8　2013—2014 年澳大利亚地方政府支出构成（按目的）

注：其他支出包括原数据中的教育，卫生，燃料与能源，农林渔，矿业、生产与建设，公债交易，公共秩序与安全，其他经济事务，其他目的。

资料来源：同图 6－3。

6.3.4　联邦对州/领地的转移支付

联邦政府获取比州/领地（以下简称州）更多的收入，在税收收入方面尤甚，图 6－9 列示了澳大利亚税收在三级政府之间的分配，联邦政府获得全国税入的80%左右，地方政府的税入相比联邦和州则微乎其微。因此，联邦向州和地方政府支付转移以协助其实现其支出责任成为必要，转移时考虑各州的收入能力与支出需求差异。

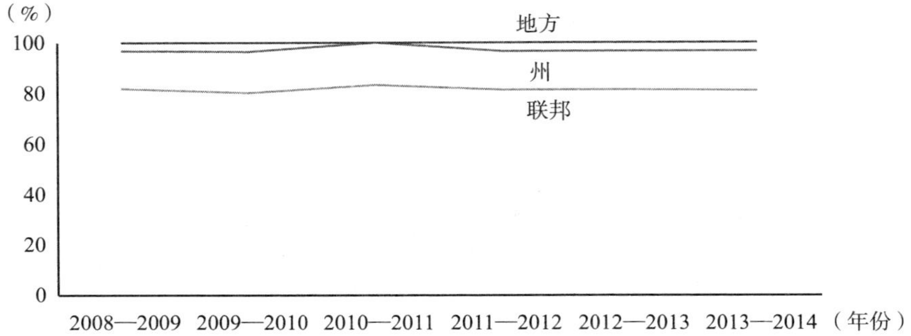

图6-9　澳大利亚三级政府税收收入比例

资料来源：澳大利亚统计局5506.0号数据，2013—2014年税收。http://www.abs.gov.au/AUSSTATS/abs@.nsf/Latestproducts/5506.0Main%20Features72013-14?opendocument&prodno=5506.0&issue=2013-14&num=&view=.

目前，联邦与州的财政关系由《政府间关于联邦财政关系的协议》规定，据该协议支付的款项的法律依据为《2009年联邦财政关系法》。联邦以一般资助、特定目的资助和全国性合作关系付款的形式向州提供财政资助。①

（1）一般资助主要是GST收入，该资助占州政府收入的1/4左右，州可自行决定其使用方式。政府间协议要求GST在各州间的分配以横向财政均衡为基础。横向财政均衡指各州通过筹措正常数目的财政收入，能为居民提供范围与质量相当的服务。联邦财政部长在咨询了州与领地后给予拨款委员会相应权限，要求其基于横向财政均衡原则递交关于分配份额的报告。拨款委员会每5年对计算分配份额的方法进行审议，每年的分配份额要按最近一份审议报告中推荐的计算方法进行更新。

（2）特定目的资助须用于特定目的，达到协议设计的效果，除此之外州政府仍可以灵活决定该款项的具体使用方式。有6个协议规定特定目的资助要被用于医疗保健，学校，技术与员工发展，残疾人服务，住房和原住民改革。特定目的资助按人口比例在各州间分配，以显示联邦对各州居民的无差别资

① 联邦对州的转移支付的介绍参考：联邦拨款委员会．州预算变迁［EB/OL］．https://cgc.gov.au/index.php?option=com_content&view=article&id=150&Itemid=316.

助，一般资助和特定目的资助几乎占州收入的一半。

（3）在前述特定目的资助的 6 个领域以及环境、交通和基础设施建设等其他服务领域已发展了 16 项全国性的合作关系。全国性合作关系付款帮助州建设大型项目，协助并鼓励改革。

6.3.5 联邦对地方政府的转移支付

表 6－4 反映了 2013—2014 年各州地方政府的收入构成。地方政府的收入主要是自筹的，自筹比重最高的昆士兰是 96.1%，最低的北部领地是 72.2%。下面介绍联邦对地方的转移支付制度。①

表 6－4　2013—2014 年澳大利亚各州/领地地方政府收入来源　单位：百万澳元

收入来源		新南威尔士	维多利亚	昆士兰	西澳大利亚	南澳大利亚	塔斯马尼亚	北部领地	合计
税收	数目	3810	4030	3302	1835	1305	351	105	14738
	%	34.2	45.7	29.9	41.7	63	46.7	28.4	38.2
出售商品服务	数目	3988	1609	3642	1004	381	162	95	10881
	%	35.8	18.2	32.9	22.8	18.4	21.6	25.7	28.2
利息	数目	313	88	286	121	23	18	10	857
	%	2.8	1.0	2.6	2.8	1.1	2.4	2.7	2.2
其他	数目	2096	2454	3396	964	211	170	58	9348
	%	18.8	27.8	30.7	21.9	10.2	22.6	15.7	24.2
自筹收入总数	数目	10207	8181	10626	3924	1920	701	268	35824
	%	91.6	92.8	96.1	89.3	92.6	93.2	72.2	92.8
拨款补贴总数	数目	934	638	431	472	154	51	103	2782
	%	8.4	7.2	3.9	10.7	7.4	6.8	27.8	7.2
总收入	数目	11140	8819	11057	4396	2073	751	370	38606

注：其他收入指非常规收入，包括停车和其他罚款、租金收入、保险赔偿金、重估调整等。

资料来源：2013—2014 年地方政府全国报告表 1－2，http：//regional. gov. au/local/publications/reports/2013_2014/INFRA2466_LGNR_2013－14. pdf.

---

① 基建与地区发展部. *Local Government National Report* 2013—2014［EB/OL］. http：//regional. gov. au/local/publications/reports/index. aspx.

根据《1995年地方政府（财政援助）法》规定，联邦政府通过对州拨款向地方政府提供财政援助。财政援助计划包括一般资助和地方道路两部分，地方政府可以自由支配这些款项。财政援助份额的决定基于国民原则（national principles）；道路部分拨款要考虑的国民原则是各地方政府在道路开支和道路养护方面的需要，具体考虑道路长度、类型、使用情况等。一般资助要考虑的国民原则有以下6个：

（1）横向均衡，要求各州/领地内的地方政府要在不低于该州平均的水平上运作，即拉平同一个州/领地内地方政府的绩效，具体要考虑各地方政府筹集收入和执行其职能的成本差异。比如，在偏远地区因为交通成本的原因提供普通服务的成本更高，老年人和学龄前儿童偏多的地区比其他地区需要更多的特殊服务，前述地区的地方政府会得到较高比例的资助，而地价高的自有收入充足地区的地方政府得到的资助便较少；

（2）政策中立（effort neutrality），即地方政府关于收支工作的政策不影响拨款决定；

（3）最少资助，各地方政府得到的资助不得少于将所在州依《1995年地方政府（财政援助）法》第9条收到的联邦一般资助的30%按人口平分给该州各地方政府的数目；

（4）考虑地方政府收到的其他资助；

（5）考虑地方政府辖区内原住民和托雷斯海峡岛民的需求；

（6）两个或更多地方政府合并为一个时，在合并后的4年内对新地方政府的资助应按合并前的地方政府资助的总和计算。

目前的拨款过程如下：

（1）联邦政府在财政年度开始前估计对全国地方政府一般资助和地方道路资助的总额，该估计由去年总额乘以考虑人口增长和消费者价格指数的增长因子得到；

（2）州/领地被建议通过《地方政府（财政援助）法》计算的其应得份额；

（3）各州及北部领地的地方政府拨款委员会要依据所谓国民原则，向该州/领地的地方政府部长建议对地方政府拨款在各地方政府间的分配份额；

（4）州/领地的地方政府部长将前述建议转呈联邦负责地方政府事务的部长；

（5）待一切法律要件齐备，联邦地方政府事务部长批准建议的拨款；

（6）联邦按季把对地方政府的资助拨给州/领地，州/领地应不拖延地把这些款项作为不限制用途的拨款发给地方政府；

（7）当财政年度接近终了，消费者价格指数和人口数据已更新后，计算实际增长因子和实际拨款额；

（8）将实际拨款和估计拨款额之差应结合下一年的估计拨款额来估计下一年的应拨款，视为调整。

6.4 联邦、州与地方税收征管体制

6.4.1 联邦与州的行政关系

6.4.1.1 联邦与州/领地事权划分

各州有自己的宪法，州议会对联邦管辖权以外的事务拥有立法权，州政府领导人称总理。州法与联邦法冲突时适用联邦法，联邦司法机构可复核州司法机构的决定。

宪法文本第 51 条、第 52 条规定了联邦议会可立法的事项，包括国防，外交，州际与国际贸易，税收，外国公司、贸易公司和金融公司，婚姻与离婚，移民，破产，跨州劳资纠纷的和解与仲裁。宪法对州的立法事项没有太多限制，除了不可与联邦的专属权力重合，如不可征收关税和国内消费税（第 90 条），未经联邦议会首肯不可建立军队（第 114 条）。因此，州议会可立法的事项要多于联邦，如教育、刑法、道路等重要领域也主要由州法规制。不过一般认为联邦在州的关系中占据主导地位，原因有以下 3 个：

（1）联邦立法权有时可扩展至宪法未明确赋予其立法权力的领域，如由于拥有外交权，联邦可禁止州修建或对与环境有关的国际条约有影响的大坝；州议会也可将自己的立法事项送交联邦议会立法。

（2）宪法第 109 条规定有效的联邦法与州法不一致时，适用联邦法，这导致联邦的权力范围中的大部分完全被联邦法规制，如破产，结婚与离婚，移民。

（3）州的财政收入通常短于其支出责任，因此必须接受联邦的拨款捐助，有条件的拨款使联邦能在其没有立法权领域对州施加影响，如联邦通过拨款对大学有相当的控制权，即使其在教育领域没有专门的立法权力。

6.4.1.2 澳大利亚税收在各级政府间的分配（见表6－5）

表6－5　　　　澳大利亚税收在各级政府间的分配

联邦	州	地方政府
个人和公司所得税	土地税	土地税费
退休公积金相关税	印花税	公共服务收费
石油资源租赁税	工资税	
国民保健费	矿业收入	
员工福利税	其他税	
商品服务税		
国内消费税		
关税		
其他税		

注：联邦其他税包括农业税、葡萄酒平衡税和豪车税；地方政府的土地税费和州政府的土地税是两种不同的税。

资料来源：澳大利亚税务局网站，https：//www. ato. gov. au/.

（1）对联邦税的说明

退休公积金是雇员在职时为退休后积攒的储蓄金，由雇员、雇主共同供款，低/中等收入劳动者还可获得澳洲政府的供款。与退休公积金相关的税包括对公积金发放的收益收税，对应税供款收税，以及超过“封顶”供款的附加税。雇主供款和雇员无须缴纳附加税的供款金额的15%要作为税上缴。

澳大利亚纳税居民以个人应税收入的2%支付政府为居民提供卫生保健服务，称国民保健费。

商品服务税是对澳大利亚境内销售的大多数商品及服务征收的税，税率为10%。按《有关联邦财政关系的政府间协议》，该税以基于横向财政平衡的原则返还给州/领地，州/领地可自由决定如何利用。

国内消费税是对在澳大利亚生产或制造的酒精、烟草、燃油和石油制品征的税。课征消费税的酒精不包括葡萄酒，对葡萄酒收葡萄酒平衡税。

（2）对州税和地方税的说明

工资税是对支付工资总额超过免税门槛的雇主收的税。

所有州及首都区征收土地税，北部领地不征收。首都区的土地税适用于一切法人租赁或拥有的居住地产，其他州的土地税对土地所有者征收。一些非营利组织拥有并使用的土地可免收土地税，个人的主要住所、个人农业生产用地或俱乐部的体育用地或可享受优惠税率。

州的矿业收入包括向矿业生产收取的特许使用权费，即为了获得出售、处置或使用资源的权利而向资源所有者付的费。州不收特许使用权费而接受的相应联邦拨款也属于矿业收入，如西澳大利亚接受与西北大陆架的离岸油气生产的特许使用权费相关的拨款（该项目要缴石油资源租赁税），北部领地接受与铀矿特许使用权费相关的拨款。[①]

土地税费（rates and charges）是地方政府唯一有权征收的税，是基于不动产价值征收的财产税，也是多数地方政府最重要的收入来源，和州的土地税是两种税。

6.4.2 州税务行政

各州和领地有一个收入机构掌管当地的税务行政，并负责州拨款的有效执行，在一些州还收缴罚款、其他政府收费和欠费。以维多利亚州为例，该州设财政与财务部（这是一个部门），负责部长是财政部长和财务部长。该部由秘书处和4个分支组成，税收征管主要由经济分支下的收入工作组的税收团队进行。

维多利亚州税务行政组织如图6－10所示。

6.4.3 地方自治与财政

6.4.3.1 地方政府地位与治理

6个州和北部领地下设立地方政府，满足社区诸如垃圾回收、道路、公共娱乐设施和城镇规划等方面的需要。各地对地方政府的称谓不甚相同，如市、郡、镇或区，不过其权力、辖区都由州政府/领地政府决定。2013—2014年，

---

① 联邦拨款委员会.2015年GST分配份额的审议报告［EB/OL］. https：//cgc. gov. au/index. php? option = com_content&view = article&id = 219&Itemid = 318.

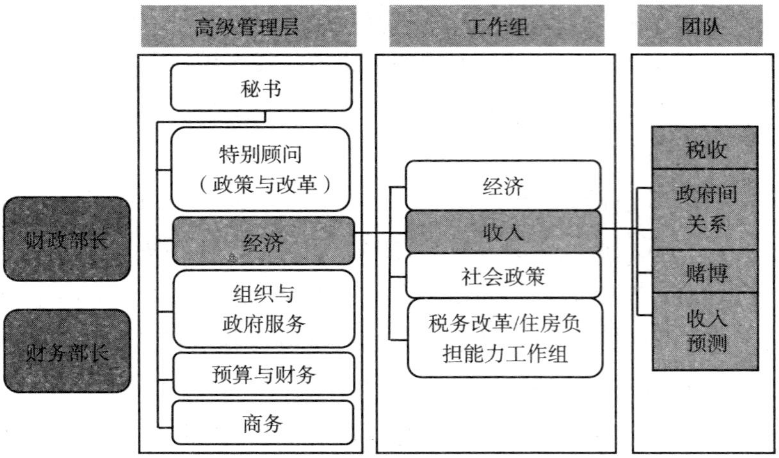

图 6－10　维多利亚州税务行政组织

注：与税务行政无关的部分未展开。

资料来源：维多利亚州财政与财务部网站组织结构。http：//www. dtf. vic. gov. au/About/Structure-and-functions/Organisation-chart.

澳大利亚共有 569 个可根据《1995 年地方政府（财政援助）法》获得联邦财政援助的地方政府组织，包括州和北部领地设立的地方政府、首都区和其他在法律上不是地方政府，但可接受联邦财政援助的组织。①

地方政府没有宪法地位，但各州/领地都有地方政府协会，联邦的基础建设与地区发展部也有协助地方政府促进地区发展的职责，在全国层面还有两个与地方政府相关的组织：澳洲地方政府协会、澳洲政府组织会议。澳洲地方政府协会是各州/领地的地方政府协会及首都区组成的联盟，它通过参加澳洲政府组织会议或其他活动代表地方政府利益。澳洲政府组织会议是澳大利亚政府间的峰会论坛，由联邦总理、各州总理、领地主要部长和澳洲地方政府协会主席组成。

地方政府首先对当地社区负责，然后对州的法律和行政审查体系负责，有时也和联邦有所关联，不过地方政府一般不受州或联邦政府的行政指示约束。在规划与发展等领域，地方政府会与州政府合作，州会对地方提出建议和指导。从公众参与的角度看，地方政府对民众的负责比上级政府更为彻底，因为其所有会议都向公众开放，其战略计划等重要决议等都要征询公众意见。随着

① 基建与地区发展部 . *Local Government National Report* 2013—2014［EB/OL］. http：//regional. gov. au/local/publications/reports/index. aspx.

人们对当地公共服务的期待日益提高，上级政府缩减公共服务投入，地方政府的角色变得日益重要。①

6.4.3.2 地方政府土地税费征收过程

土地税费（rates and charges）是基于财产价值的财产税，而非公共服务收费，是地方政府唯一的税收收入，也是地方最重要的收入来源。各地土地税费和税率可能不尽相同，但它们都反映了各社区的服务提供成本，下文描述南澳大利亚地方政府的土地税费征管过程。②

（1）地方政府财政过程。地方政府须制作、公开长期财务和基础设施建设计划，确定社区长期的目标与优先事项。地方政府还要制作、公开年度经营计划，包括当年的项目与预期效果、收入来源、基础设施建设需求、服务需求及其他地方政府认为可由土地税费负担的项目。与其他级别的政府不同的是，地方政府会在采用年度经营计划与预算前将其发布并听取社区意见，意见听取过程对年度预算会产生影响。预算必须在对公众开放的地方政府会议上通过。

（2）对财产估价以确定平均税率。确定预算后，用预算除以所有征税地区财产价值的总和得到“每澳元税费”，即平均每一澳元价值的财产应该纳的土地税费。被课税财产的价值通常在每年1月1日由州估价局确定，估价局由总估价师领导，属南澳大利亚州的规划、交通与基础建设部。总估价师是有资质的法定公务员，总估价师基于房产与市场证据提供独立估价。纳税人可对其认为不准确的估价提出异议。“每澳元税费”每年都会根据当年的财政计划重新计算，确保税收收入与预算相符，地方政府不能通过估价发不义之财。

（3）税率确定。为确保税费征收的公平性，地方政府会选择多种“每澳元税费”的组合，如：

①对所有土地无差别适用单一税率；

②对不同地段和用途的土地适用一般差别税率；

③为确保对低价财产的征税不低于某个最小值的最低税额；

④固定收费，是最低税额的替代方案，保证所有应税财产支付基本的税额，维持地方政府行政行为和该财产自身受益于的基础设施建设与服务，在此

① 据南澳大利亚地方政府协会网站地方政府介绍。http：//www. lga. sa. gov. au/page. aspx？ u＝193.

② 对南澳地方政府土地税费征收过程参考南澳大利亚地方政府协会网站的相关信息。http：//www. lga. sa. gov. au/page. aspx？ u＝326.

基础上再适用随价税率；

⑤分层税率，用于分布在价值相对低的财产间的少数价值极高财产，如海岸带；

⑥单独税率，为特定地区目的的税费，如对受益于主街区翻修项目的财产适用单独税率以支持该项目建设；

⑦服务收费，为不能反映在财产价值上的服务收取额外费用，如排污处理系统。

（4）信息公布。年度经营计划一经采用，地方政府就会发布该计划的总结并附随土地税费通知，告知人们应付税费的数额、时间以及缴付方式。土地税费按季交付。

（5）土地税费减让。经济困难的人可与地方政府商议以争取更灵活的付款方式或税费免除；养老金领取者或其他州优惠卡持有者可享受税费优惠；州老年卡的持有者可享有终身（或直到财产出售）的部分土地税费延期缴纳。《1999 年地方政府法》规定了法定土地税费减让，地方政府还可自由裁量其他的减让情形。法定税费减让是针对特定组织的，包括提供健康服务、社区服务、宗教目的、公墓和教育目的的组织机构。

综合以上南澳大利亚州地方政府协会网站信息，加上《1996 年地方政府法》[①] 规定地方政府可以在辖区内征收土地税费（第 146 条），财产税的征收主体是市政府无疑，虽然地方政府自身不能对应税土地财产估价：根据南澳大利亚《1999 年地方政府法》第 161 条规定，地方政府可选择由总估价师作出的估价（总估价师领导的估价局属于南澳大利亚州的规划、交通与基础建设部），或雇用符合《1994 年土地估价法》规定的估价师。可以确定，地方政府中有依照前述流程征收财产税的功能组织/官员，不过这些功能组织/官员进一步的信息，如名称、工作守则等，目前尚未找到官方说明。

6.5 小结

澳大利亚是君主立宪、联邦制、议会制的国家，有联邦、州/领地和地方三级政府，澳大利亚宪法分配了联邦和州的权力，地方政府在州政府制定的规

---

① 南澳大利亚州《1996 年地方政府法》，http://www.legislation.sa.gov.au/LZ/C/A/LOCAL%20GOVERNMENT%20ACT%201999/CURRENT/1999.62.UN.PDF.

则框架下运作，三级政府都有自己的税收征管组织。

虽然澳大利亚宪法未对州的立法权作太多限制，但联邦依靠其在宪法框架下向州立法领域的扩张、对州进行转移支付等手段而成为联邦—州关系中较强的一方，联邦政府在财政资源的分配上也占有明显优势，各级政府总税入约有八成归联邦所有，州政府约占二成，地方政府税入在三级政府中比例微乎其微。联邦拨款占据州政府总收入的将近一半，多数地方政府的自筹收入占其总收入的九成左右。

澳大利亚社会福利水平高，这对应着高水平的税收义务，税收收入占联邦政府收入的95%左右，个人所得税占联邦总收入的一半左右，联邦向州转移的商品服务税占州收入的1/4左右。

联邦职能区分了财政职能和财务职能，财政职能下的财政部向政府提供经济政策咨询，执行联邦对州/领地的转移计划，财务职能下的财务部则负责政府运营、财务管理、国家开支等内容，税务行政属于财政职能。联邦的主要征管机关税务局征管关税以外的联邦税，管理对社区的转移支付、退休公积金体系和澳洲公司注册。澳大利亚所得税征收采取自核自缴方式，合规确保工作对保证税收收入尤其重要。税务局工作的电子化程度相当高，而且还在不断提高对信息和数据技术的利用程度，如改进报税方式以为纳税人提供更便利的服务，新增“智能数据”业务以实现数据的更有效利用，以此降低合规检查等税务行政成本。

澳大利亚财税制度的可资借鉴之处有以下5方面：

（1）重视纳税人服务。为纳税人提供更好的服务、为纳税人遵守税法提供便利和帮助有助于提高人们对税法的遵行程度。

（2）利用通信和信息技术节约行政成本，提高税务行政效率，如纸质材料和当面办理业务费用的节省，使核税检查工作更有针对性，而能这样做的必要条件是数据收集与保有，要注意数据质量，与其他政府部门或社会部门协作，得到的数据不仅可应用于税务行政，还可帮助其他政府部门做出更好的决策。

（3）转移支付的必要性与核心思想理念是使国民即使在地区发展有差异的情况下也能享受均等的社会服务，因此需建立、健全公平的转移支付制度，应对财政横向与纵向的不平衡。

（4）在依法行政的前提下还应确保充分的灵活性以使行政工作适应情势变化，比如，澳大利亚在联邦对州/领地的转移支付问题上，除了有政府间协议和法律框架规定原则和公式外，具体确定拨款份额的联邦拨款委员会每5年要对其使用的计算方法进行审议和更新。

（5）澳大利亚统计局制作了联邦、州和地方政府按目的分类的支出数据，且适用于三级政府的支出目名目相同，各级政府的支出责任履行情况由此可以相互比较，笔者认为这种做法值得学习，这有助于明确各级政府的支出责任。

参考文献：

1. 澳大利亚政府组织网站

［1］澳大利亚议会网站：http：//www. aph. gov. au/.

［2］澳大利亚政府网站：http：//www. australia. gov. au/.

［3］财政部网站：http：//www. treasury. gov. au.

［4］移民和边境保卫部网站：http：//www. border. gov. au.

［5］税务检察总长网站：http：//igt. gov. au.

［6］税务委员会网站：http：//www. taxboard. gov. au.

［7］税务局网站：https：//www. ato. gov. au/.

［8］统计局网站：http：//www. abs. gov. au/websitedbs/D3310114. nsf/home/home？opendocument#from-banner = GT.

［9］联邦拨款委员会网站：https：//cgc. gov. au/.

［10］农业部网站农业税费页：http：//www. agriculture. gov. au/ag-farm-food/levies.

［11］SBR 倡议网站：http：//www. sbr. gov. au/about-sbr/what-is-sbr.

［12］维多利亚州财政部与财务部网站：http：//www. dtf. vic. gov. au/About/Structure-and-functions/Organisation-chart.

2. 澳大利亚政府组织出版物

（1）税务局出版物

［1］税务局 2013—2014 议会年报［EB/OL］. https：//www. ato. gov. au/About - ATO/Access，-accountability-and-reporting/Reporting-to-parliament/Annual-report/？anchor = P38_3756#P38_3756.

［2］*Draft statement of the ATO approach to electronic service delivery*［EB/OL］. https：//www. ato. gov. au/About-ATO/About-us/In-detail/How-we-do-things/Draft-statement-of-the-ATO-approach-to-electronic-service-delivery/.

［3］*Australian Taxation Office Statement of Intent*［EB/OL］. http：//www.

treasury. gov. au/ ~/media/Treasury/Policy% 20Topics/Public% 20Policy% 20and% 20Government/Statements% 20of% 20Intent/Downloads/PDF/ATO_Statement_of_Intent. ashx.

（2）统计局出版物

Australian System of Government Finance Statistics：*Concepts*，*Sources and Methods*，chap2. http：//www. abs. gov. au/AUSSTATS/abs@ nsf/DetailsPage/5514. 02005.

（3）联邦拨款委员会出版物

［1］*Changes in State Budgets*：2000－01 *TO* 2010－11［EB/OL］. https：//cgc. gov. au/index. php？ option＝com_content&view＝article&id＝150&Itemid＝316.

［2］*Report on GST revenue sharing relatives* 2015 *review*［EB/OL］. https：//cgc. gov. au/index. php？ option＝com_content&view＝article&id＝219&Itemid＝318ga. sa. gov. au/page. aspx？ u＝326.

（4）基建与地区发展部出版物

［1］*Local Government National Report* 2013－2014［EB/OL］. http：//regional. gov. au/local/publications/reports/index. aspx.

（5）其他

［1］地方政府介绍页：http：//www. lga. sa. gov. au/page. aspx？ u＝193.

［2］南澳大利亚地方政府协会网站：http：//www. lga. sa. gov. au/page. aspx？ u＝191.

［3］地方政府土地税费资料册页：http：//www. lga. sa. gov. au/page. aspx？ u＝326.

7 日本税收征管体制

财政是支撑政府等行政组织实施国家治理的重要资源保障，而财政的主要来源为税收。由于不同国家的发展历史、政体、文化的不同，政府组织与财政及税收的关系也不尽相同。因此，在论及财政与税收间的行政组织关系时，需要大致上对上述三者之间的关系进行梳理。本章对日本国家行政与财政的关系、财政与税收的关系，以及中央与地方财税关系进行梳理和说明，焦点在于说明税收行政的职权关系，并在一定程度上指出其存在的问题，供我国参考使用。

7.1 国家行政管理体制

7.1.1 中央政府行政机构

按照日本国家行政组织法及内阁府设置法的规定[①]，日本国家行政机关由“内阁府”及所属“外局”，以及“各省”及所属“外局”构成（委员会和厅）。这里的外局是指隶属于其所在省，为完成特殊性事务或独立性事务而设置的机关，与各省拥有并列的行政地位。通常所说的日本国家行政机关或中央

① 日本电子政府综合窗口，http：//www. e-gov. go. jp/.

省厅，主要是指1府13省厅。根据《国家行政组织法》第5条第1款规定，行政机关中各省的首长分别称之为各省“大臣”。各委员会的首长称为“委员长”，厅的首长称为“长官”（《国家行政组织法》第6条）。另根据日本宪法第6条第1款规定，内阁总理大臣在国会被指名后，由天皇任命；其他各省大臣由内阁总理大臣任命后，天皇认可（日本宪法第7条第5款）[①]。各省外局长官由其所属省大臣任命。

另外，国家行政机关原则上隶属于内阁，但会计检察院为唯一不属内阁管辖的国家机关。需要特别指出的是，根据日本宪法第90条第1及第2款规定，会计检察院为不隶属于任何行政组织的国家行政机关，其权责主要是对日本政府收支决算、独立行政法人等财务会计、接受国家地方补助金的地方政府财务会计等检查及报告。会计检察院由3人构成的检察官会议决策，检察官经国会同意后，由内阁任命并须获得天皇认可。3人检察官通过互选，其中一人由内阁任命为院长。

日本国家行政组织的基本框架见表7－1。[②]

表7－1　　日本中央政府组织机构设置

机关名称			首长名称	设置依据法律及备注等
内阁			内阁总理大臣	日本国宪法、内阁法等
	内阁官房		内阁官房长官	内阁法
	内阁法制局		内阁法制局长官	内阁法制局设置法
	国家安全保障会议		国家安全保障会议议长	国家安全保障会议设置法
	人事院		人事院总裁	国家公务员法。置于内阁管辖下
	内阁府		内阁总理大臣	内阁府设置法
	复兴厅		内阁总理大臣	复兴厅设置法
	总务省		总务大臣	总务省设置法
	法务省		法务大臣	法务省设置法
	外务省		外务大臣	外务省设置法
	财务省		财务大臣	财务省设置法
		国税厅	国税厅长官	财务省设置法。财务省外局

① 日本宪法第68条第1款规定，国务大臣的一半以上必须是国会议员。

② 关于日本中央政府行政组织机构的详细情况见附表1。

续表

机关名称		首长名称	设置依据法律及备注等
	文部科学省	文部科学大臣	文部科学省设置法
	厚生劳动省	厚生劳动大臣	厚生劳动省设置法
	农林水产省	农林水产大臣	农林水产省设置法
	经济产业省	经济产业大臣	经济产业省设置法
	国土交通省	国土交通大臣	国土交通省设置法
	环境省	环境大臣	环境省设置法
	防卫省	防卫大臣	防卫省设置法。2007 年 1 月 9 日、由内阁府外局升格为省
会计检查院		会计检查院院长	日本国宪法・会计检查院法。拥有针对内阁的独立地位

资料来源：根据日本内阁府官方网站整理。http：//www.cas.go.jp/jp/gaiyou/jimu/jinjikyoku/satei_01_05.html.

7.1.2 地方政府行政机构

根据《日本地方自治法》第 1 条第 3 款规定，日本地方政府（地方公共团体）分为普通地方公共团体和特殊地方公共团体。所谓普通地方公共团体是指“都道府县”及“市町村”；特殊公共团体指特别区、地方公共团体联合、财产区和地方开发事业团。其中，特别区是其权能相当于“市”的地方公共自治体，根据《日本地方自治法》第 281 条第 1 款规定，特别区为“都下设区”，而实际上日本只有东京都，所以特别区一般指东京都 23 区[①]。地方公共团体联合是指为共同处理普通公共团体及特别区所掌管的部分事务而设立的法人，如消防、上下水道、垃圾处理、教育等。财产区是指市町村合并时，为处理原有市町村拥有和管理的土地和资产而设置的行政组织。地方开发事业团由复数地方公共团体共同成立，并受其承托，实施基于区域综合开发计划的综合公共事业，到 2011 年仅存有青森县产业都市建设事业团一个。日本地方行政组织的区分详见表 7－2。

---

① 都下设区是指“都”下设的区，而非东京都下设区。

表 7－2　　日本地方公共团体区分（地方政府组织）

<table>
<tr><td colspan="3">地方自治法 §1－3、§8、§252－19、§252－22、旧 §252－26－3</td></tr>
<tr><td rowspan="6">普通地方公共团体①</td><td colspan="2">都道府县</td></tr>
<tr><td rowspan="5">市町村
（其中：市 790，
町 745，
村 183，
合计 1718）</td><td>指定城市
条件：从人口 50 万以上的城市中，由政令指定</td></tr>
<tr><td>中核城市
条件：人口 20 万以上的城市提出申请，由政令指定</td></tr>
<tr><td>施行时特例市
根据《地方自治法修正案》规定：（2014 年法律第 42 号），特例市制度废除时（2015 年 4 月 1 日施行）的特例市②</td></tr>
<tr><td>其他城市
条件：人口 5 万以上等</td></tr>
<tr><td>町村</td></tr>
<tr><td rowspan="2">特别地方公共团体</td><td colspan="2">特别区③（东京都 23 区）</td></tr>
<tr><td colspan="2">地方公共团体联合
财产区
地方开发事业团④</td></tr>
</table>

注：①其组织、事务、全能等带有一般性和普遍性；
②特例市制度：（条件）人口 20 万以上的城市提出申请，由政令指定；
③为维护大城市的一体性和统一性而设置的制度；
④为实现特定目的而设置。

7.2　中央财政税务行政关系

日本国家财政收支的管理和出纳分为一般会计和特别会计。所谓一般会计是指为保障政府正常运营和向国民提供基本公共服务，对国家或地方公共团体经常性财政收支进行核算与管理的会计制度。由于政府组织活动的内容涵盖面广泛而复杂，如国有或公有企业管理与运营，公共资产管理与增值，社会保障金运营等特定事业或特定收支无法或不适合采用一般会计进行处理，在日本公共管理领域还设有特别会计制度[①]。一般会计与特别会计之间的关系非常复杂，主要原因是因为其相互之间存在着财务账目的收支转账。一般来说，政府各财政年度财政收支（预算、决算）所使用的是一般会计制度。因此，在调

① 《关于特别会计的法律》（法第 23 号）［EB/OL］. 日本众议院官方网站，http：//www.shugiin.go.jp/internet/itdb_housei.nsf/html/housei/16620070331023.htm.

查日本政府财政与税收的关系时所涉及的主要是一般会计制度。以下如无特别说明，将财政与税收的关系限制在一般会计的范围内。

7.2.1 财政税务行政关系

日本国内税征收由日本财务省所属的国税厅负责实施。关税及船舶吨税等税收由财务省下属的关税局负责征收（另外，关税局还负责征收跨境消费税）。

根据日本《国家行政组织法》第3条第2款及《财政省设置法》第18条第1款规定，国税厅为财务省的外局。所谓外局是指从事特殊业务或独立性非常强的业务而设置的机构。其任务是根据《财务省设置法》第19条规定，公正和公平地履行日本国内税的赋课及征收、确保酒类行业的健全发展及税理士业务的公正管理。除完成国税赋课及征收之外，还通过颁发售酒和制酒许可等，管理酒类产业。税制的企划及法制化由财务省主税局所管，国税厅为执行租税制度的机构（实施机构）。

日本财务省与国税厅的组织关系如图7－1所示。日本国税厅在行政职能上独立于财务省内并行的局级机构，如果按照中国的概念来套的话，大概是属于副部级机构，根据《财务省设置法》第18条第1款及《国家行政组织法》第3条第2款规定，国税厅拥有独立的人事权。根据日本《国家公务员法》第55条第1款规定，国税厅长官的任命权归属于财务大臣。

另外在日本国内，国家相关税务机构常易被混淆的是主税局、国税厅、税务局和税务署之间的行政关系。主税局为财务省内设局，负责税制设计、征税政策和税收法制草案的制定和解释；税务局和税务署为国税厅内设局署。在国税厅的业务范围内，税务局负责对税务署的管理监督，属于税务署的上级单位。税务局还负责大型法人组织及重点纳税者的赋课税事务。另外，还负责实施税理士资格考试；税务署主要针对一般纳税者的纳税事务。

国税厅内除设有办公室（长官官房）、课税部、征税部及调查部之外，还设有国税审议会、税务大学校、国税申诉裁判所、全国11处地方国税局及冲绳国税事务所。国税局及冲绳国税事务所下设524个税务署，税务署主要执掌小型企业及个人纳税业务。

国税厅本部设在日本东京千代田区霞之关3丁目1-1，其下属分支组织机构遍布日本全境。日本国税厅组织构成详见图7-2。

作为国税厅税务局下设分支机构的税务署分布于日本全国，具体负责国税征收及相关专项事务。国税厅总职员数约有55000人，其中税务署职员的数量占国税厅总职员数的77.6%。由于近些年来日本政府不断推行政务电子化系统建设，纳税效率不断提高，国税厅职员总人数呈现出逐渐减少的趋势。2013年国税厅各分支部门人数详见表7-3。

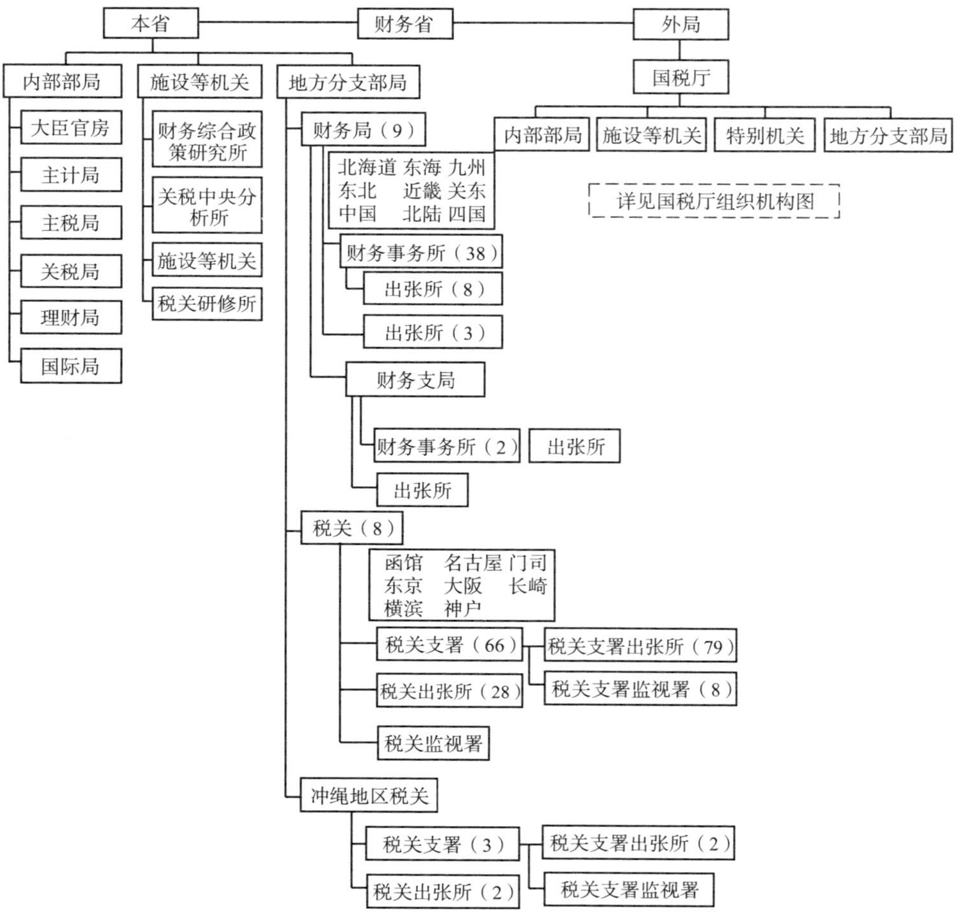

图7-1 财务省组织结构

资料来源：财务省官方网站，http://www.mof.go.ip/about mof/introduction/organization/index.htm.

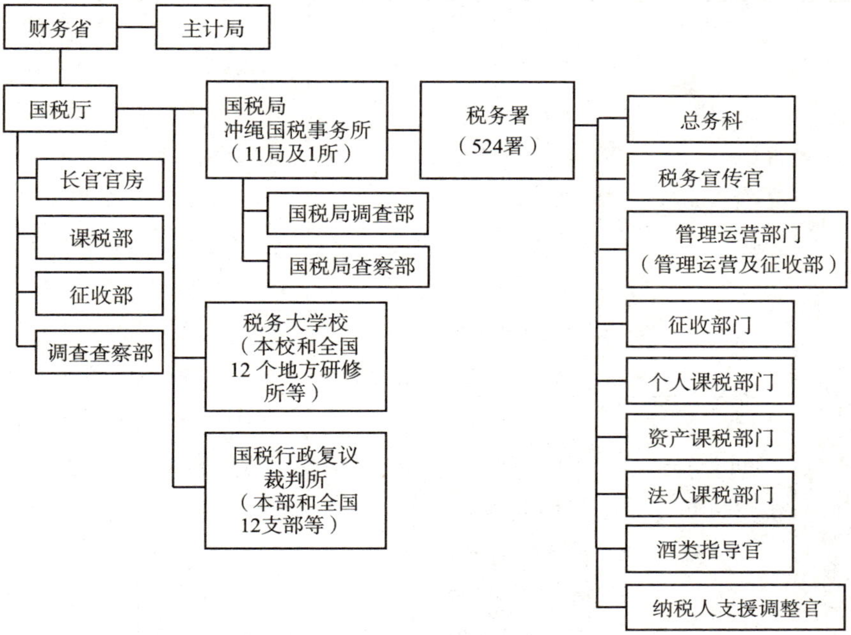

图 7－2　日本国税厅组织

资料来源：日本国税厅官方网站，https：//www. nta. go. jp/soshiki/kokuzeicho/kiko/kikou. htm.

表 7－3　日本国税厅人员构成（2013 年）

部门	组织数	人员数（人）
国税厅本部	1	818
国税局	12	11508
税务署	524	42666
合计	—	54992

资料来源：日本国税厅报告 2014 年［EB/OL］. https：//www. nta. go. jp/kohyo/katsudou/report/report. htm.

根据日本《国税通则法》第 15 条和《地方税法》第 4 条规定，日本国税和地方税的税种可见表 7－4。其中国税的征收由国税厅施行，地方税的征收由地方公共团体施行。

表 7-4　　日本国税及地方税税种

	国税	地方税		国税	地方税
所得课税	所得税	个人居民税	消费课税	消费税	地方消费税
	法人税	个人事业税		酒税	地方烟税
	地方法人特别税	法人居民税		烟税	轻油交易税
	复兴特别所得税	法人事业税		烟特别税	汽车购置税
	地方法人税	利息税		挥发油税	高尔夫球场利用税
		股票收益税		地方挥发油税	温泉税
		股票转让收益税		石油气税	汽车税
		转让所得税		汽车重量税	轻机动车税
资产课税等	继承税·赠与税	不动产取得税		飞机燃油税	矿产税
	登记许可税	固定资产税		石油煤炭税	狩猎税
	印纸税	都市计划税		电源开发促进税	矿区税
		事业所税		关税	
		特别土地保有税		吨税（船舶）	
		法定外普通税		特别吨税（船舶）	
		法定外目的税			

资料来源：日本财务省官方网站 . https：//www. mof. go. jp/tax_policy/summary/condition/001. htm.

7.2.2　税务机构设置

日本全国国税系统共分为三级机构：国税厅、区域国税局和税务署。

7.2.2.1　国税厅

国税厅是日本国税管理的最高机构，职责是制订税收工作计划，统一税法的解释，保障税法实施，同时，也有权对区域国税局和税务署的执法工作进行监督。因此，国税厅不直接从事税收管理。日本的税收管理主要由区域国税局和税务署承担，其中，大企业纳税人的税收管理主要事项由区域国税局承担。内设机构及职能安排主要包括以下五个方面内容：

第一，长官官部。内设机构包括：总务课、税务人员管理监察课、人事课、会计课、计划课、健康福利课、信息系统管理课、国际事务课、另外设负责公共关系专员、负责内部监督的专员和税务顾问。

第二，课税部。职能主要是全面监督和协调各级税务部的事务，指导和监控税收资料、情报的收集工作。课理与国内税收法律有关的适用和诉讼等方面的问题。内设机构包括：个人税收课、财产税收课、公司税收课、酒税收课。另外，设立负责财产评估、间接税分析和评估专员。

第三，征收部。主要职能是指导、监控、研究和计划国税申报管理运作等方面的问题。指导、监控、研究和计划国税的欠税征收问题。内设机构主要包括管理课、征收课。

第四，调查查察部。主要职能是指导和控制大企业税务检查；指导和控制依据《国家税收违法控制法》等法律的税务调查；设立专门负责转移定价、境外交易等专员。内设机构包括调查课、查察课和国际调查管理官。

第五，其他机构。附属于国税厅的其他机构还有：国税审议会、税务大学（地方设立11个研修所）、国税不服裁判所（地方设立11个分所）。

7.2.2.2 区域国税局

区级国税局是日本国税系统内承上启下的管理机构。日本全国区域国税局共11个。区域国税局在国税厅的指导和监督下，负责对税务署税收管理工作的监督指导，同时，它本身也负责对大企业税收检查、大规模偷税案件的检查、大额欠税管理和税收案件的刑事调查。其内设机构及其职能包括以下几方面：

第一，总务部。总务课——区国税局管辖权下事务的总协调。

第二，第一课税部。课税管理课——第一课税部、第二课税部的监督和协调，指导税收检查、特别检查；税收情报的收集管理。法规事务课——与国内税收评定中法律适用相关事务及行政争议处理。个人税收课——指导和控制税务署所得税管理。财产税收课——指导和控制税务署遗产税运行管理。

第三，第二课税部。负责公司税收、增值税收的指导与控制；其他与第一税务部的机构、职能基本相同。

第四，征收部。主要职能是指导和监控税务署国税申报管理、欠税清收工作；帮助税务署开展欠税征收工作。

第五，第一税收检查部。检查管理课——协调统一第一税收检查部至第四税收检查部的工作，制订大企业税收检查计划。检查协调课——研究、计划大企业税收检查的主要项目。检查审核课——审核检查结果，管理检查争议和诉讼。国际税收检查课——专门负责境外交易的税收检查。转移定价课——专门负责转移定价税收问题的检查。信息系统检查课——财务计算机化的大企业的税收检查。情报课——与大企业税收检查有关的税收情报资料的收集和管理。特别检查官——特大企业税收检查。主任检查官——大企业税收检查。

第六，第二税收检查部、第三税收检查部、第四税收检查部的职能与第一税收检查部基本相同——大企业税收检查。

第七，税收刑事调查部。第一协调课、第二协调课——研究、计划和协调有关刑事调查程序的管理工作。情报课——为刑事调查提供经济分析、研究。审核课——刑事调查结果的审核。信息系统调查课——财务计算机化企业的税收调查。国际课——境外偷税案件的刑事调查。特别调查官——与刑事调查相关的情报、资料的收集和管理。主任调查官——大企业税收刑事调查。

7.2.2.3 税务署

税务署是日本国税系统最基层的税收征管机构，日本国税系统共有税务署524个。税务署在国税厅和区国税局领导和监督下开展税收管理。税务署的内设机构及其职能（以下是较大地区的内设机构，在管辖范围较小的地区，视工作需要，减并机构）有以下三个：

第一，一个综合协调机构：负责公共关系听取公众意见和税务教育的特别税务官；负责大企业欠税清理程序的特别税务官；负责国税申报管理；负责欠税清理的程序。

第二，一个负责个人税收检查的机构：高收入、遗产规模大的案件的查处；有关个人的自我评定所得税、增值税及资料、情报管理；个人的所得税、增值税检查。

第三，一个负责公司税收的机构：主要负责规模较大公司所得税、增值税检查；公司所得税、增值税及各种间接税事务的内部管理；代扣代缴税收事务的管理；公司所得税、增值税、有关公司代扣代缴所得税的检查。另设负责综合检查的特别检查官。

7.3 中央、地方财政收支

7.3.1 中央财政收支与税收

日本中央政府财政收入中税收所占比重如图 7－3 所示。由于泡沫经济崩溃后经济的长期低迷，日本财政支出长期持续赤字状态。按照日本国税厅公布的实际数据，2013 会计年度，日本国家财政收入总额为 92.6 兆日元，其中税收占比仅为 46.5%，而公债金为 42.9 兆日元，两者大致相同。依赖于政府公债金维持政府财政经常性支出的状况，成为日本中央政府财政体制改革异常艰难的课题。

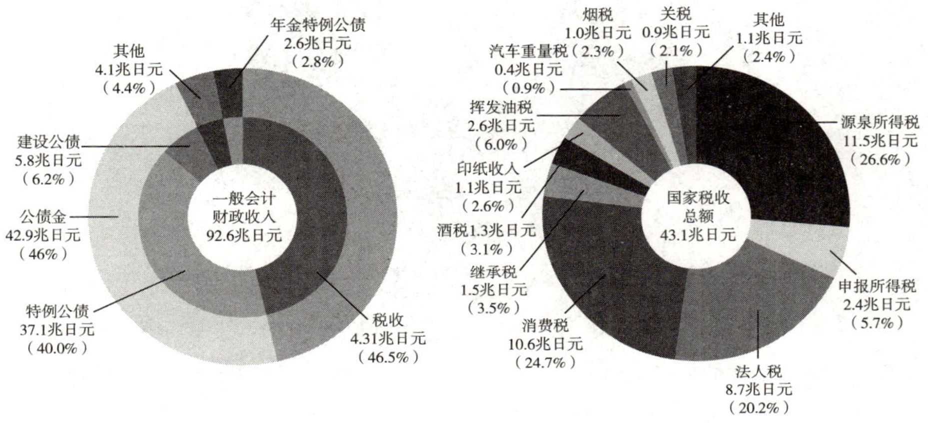

图 7－3　国家一般会计财政收入（2013 年）

资料来源：国税厅报告，https：//www. nta. go. jp/kohyo/katsudou/report/report. htm.

国税在中央财政收入中占比过低的主要原因是由于长期积累的、居高不下的公债，1992 年以后泡沫经济崩溃导致经济长期低迷，以及人口老龄化造成的结果。另外，所得税、消费税和法人税三大税种，构成日本国税的主要内容，约占国税总收入的 77% 以上。

上述财政构造可从日本中央政府财政支出的明细上得以确认。图 7－4 列示了日本中央政府 2013 年的实际财政支出状况。社会保障经费支出、国债还本付利及地方转移支付约占政府经常性经费支出的 73%。公共支出、国防及文教支出约占政府经常性经费支出的 17%。人口老龄化和累积国债的偿还成为日本中央财政的巨大压力。需要说明的是，地方交付税交付金是为保障日本国民都能享受到均等的公共服务而设置的转移支付制度，主要用于平衡地区间经济发展不均衡造成的公共服务差异（类似于我国的转移支付）。2013 年日本中央政府向地方政府的转移支付额达到政府财政总支出的 17.7%。

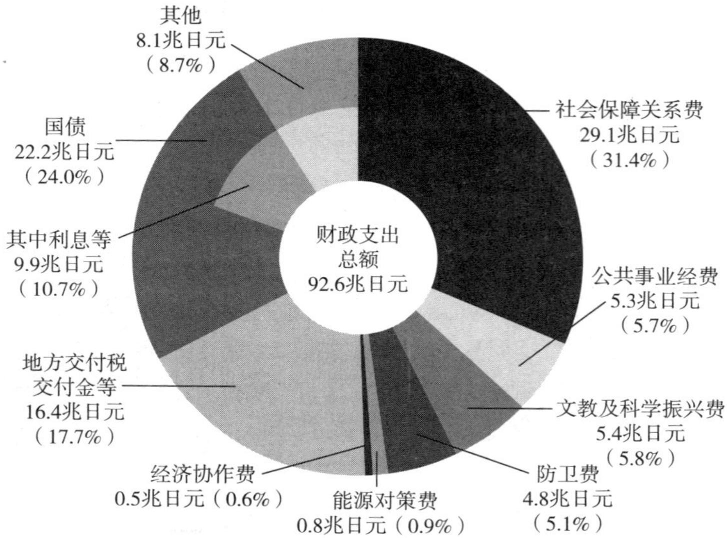

图 7－4　国家财政支出总额（2013 年）

资料来源：国税厅报告［EB/OL］. https：//www. nta. go. jp/kohyo/katsudou/report/report. htm.

7.3.2　地方财政收支

日本地方共同体的财政收入在不同层级政府之间差异非常大。在都道府县的水准上，财政基本上能够自给，但在中小城市、特别是市町村层级政府的财政收支上，自有资产和税收财源基本上无法维持政府的日常运营，不得不依靠中央政府的转移支付和举债。表 7－5 列示了都道府县及市町村 2013 年财政收支的详细状况。

表 7－5　　地方公共团体财政收支额　　单位：亿日元

区分		决算额		
		2013 年	2012 年	增减额
财政收入	都道府县	515726	509372	6354
	市町村	570285	561454	8832
	政令指定城市	125681	124657	1024
	特别区	33126	32581	544
	中核城市	65132	62833	2299

续表

区分		决算额		
		2013 年	2012 年	增减额
财政收入	特列市	37312	36841	471
	城市	234003	229262	4741
	町村	68519	68460	59
	部分事务联合	21273	21696	△423
	合计	1010998	998429	12570
财政支出	都道府县	500532	494818	5713
	市町村	548602	541764	6837
	政令指定城市	123317	122918	400
	特别区	31796	31442	354
	中核城市	63213	61156	2057
	特列市	36051	35608	443
	城市	223707	219722	3984
	町村	64934	65075	△141
	部分事务联合	20345	20721	△376
	合计	974120	964186	9935

资料来源：总务省．地方财政状况［EB/OL］. http：//www. soumu. go. jp/menu_seisaku/hakusyo/chihou/pdf/h27. pdf.

图 7－5 反映了各层级地方政府税收占其财政收入的比例。

由图 7－5 可以看出，在 20 个政令指定的大城市地税税收总额占财政收入的比例远高于其他层级政府的相应比例。特别是人口在 1 万人以下的小城市，自有税源占财政支出 20% 以下的城市数量约占 86%，其财政运营不得不依赖于中央政府的转移支付（地方交付税交付金）或举借债务。随着城市规模的增加，这一状况虽然呈现出逐渐改善的态势，但中等规模以下的城市总体上来说，财务状况非常严峻。

7.3.3 中央财政的转移支付

如果单从财政关系上来看，除中央省厅在对应的公共事务上对地方负有指导以外，最直接的关系大概就是中央财政向地方进行的大规模转移支付，在日本这被称为地方交付税交付金。根据《地方交付税法》第 6 条规定，地方交

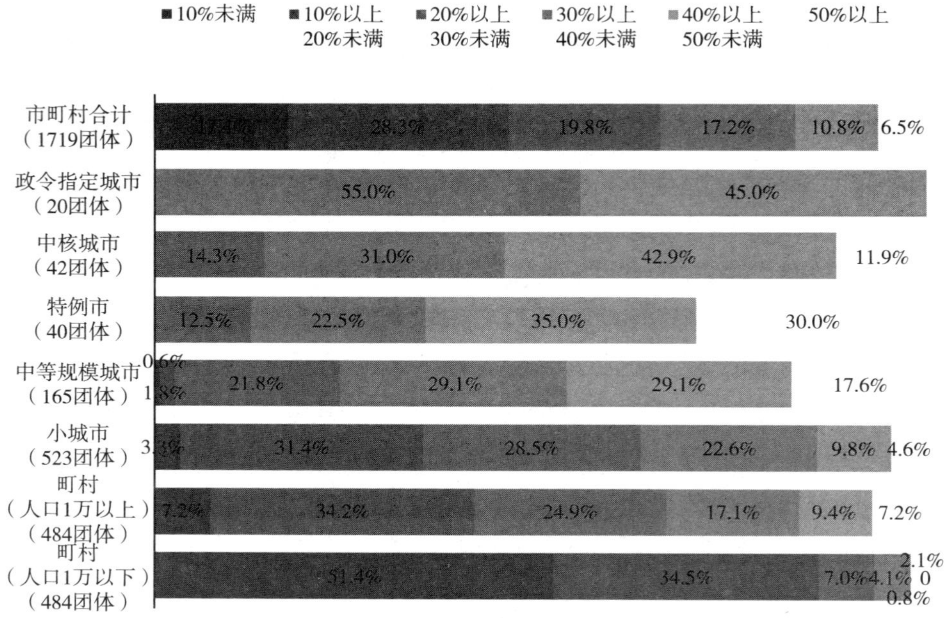

图 7－5　不同规模地方团体地税占财政收入比例

资料来源：日本总务省．地方财政状况（2013）［EB/OL］. http：//www. soumu. go. jp/menu_seisaku/hakusyo/chihou/pdf/h27. pdf.

付税的总额包括：所得税和法人税的 33. 1%（2015 年起实行）、酒税的 50%（2015 年起实行）、消费税的 22. 3%（2014 年起实行）、地方法人税全额（2014 年起实行）。

向各地方公共团体的转移支付额度计算方法如下：

各团体普通交付税额＝基准财政需要额－基准财政收入额

基准财政需要额＝单位费用（法定）×测定单位（国调人口）×修正系数（采暖修正等）

基准财政收入额＝标准税收预计额×基准税率（75%）

7. 4　中央、地方税收征管体制

根据日本宪法第 92 条及《地方自治法》第 1 条规定，日本的地方普通公共团体（地方政府）享有高度自治权。但实际上由于中央政府与地方政府在行财政、税制、公共建设上会发生千丝万缕的关系，因此需要明确中央政府与地方公共团体之间的行政关系。

7.4.1 中央地方税收关系

日本《地方自治法》第245条详细规定了中央政府和地方公共团体之间的关系。原则上中央政府不得干预地方公共团体的事务，如果在万不得已的情况下需要干预时，应限制在最小程度。在公共事务管理上，中央政府对地方公共团体的干预限制有以下几种形式：建议或劝告、提出资料的要求、改正要求、许认可或承认、指示、代理执行等。为保证地方公共团体管理运营的健全性，促进地方行政财政改革，确保地方税财源的充实，维护地方选举制度和秩序，日本中央政府设置总务省强化中央和地方的行政关系。

日本实行偏重于中央集权的地方税制。税收立法权都集中在国会，各税法都要经过国会批准。地方独立管理地方税种，但要受国家制定的《地方税法》的限制。地方政府征收的税种原则上只限于《地方税法》中所列的法定税种，如确需开征新的地方税种，解决地方政府收不抵支的困难时，经过地方议会讨论通过并报中央政府批准，可以在法定税种以外开设普通税，所实行的税率必须按《地方税法》的规定执行。在日本，通过国会颁布的《地方自治法》和《地方税法》，日本政府在一定程度上赋予地方政府对地方税的税收立法权。具体做法是，在两部法律中，规定地方政府在税法规定的税收体系中有权开征新的税种，且对于每一具体的税种，只规定了标准税率即各地方政府都比较倾向的税率，而实际课征税率则由地方政府在一定幅度内自由确定，即以法律形式确定地方政府税收立法的权限、范围，地方性税收法规不得与之相抵触，以此来实现两者的协调。[①] 日本地方税必须由内阁总理大臣提出，并经国会讨论批准。但具体税法条例必须由地方制定，由地方议会讨论批准后才能开征。对于《地方税法》的修改，地方有权做出决定，但必须按照法律程序经讨论批准。地方税的征收管理由地方负责，但也必须按法律规定的要求执行。

7.4.2 地方税收与行政

根据《日本地方自治法》规定，普通地方公共团体设有议会及行政机构。地方议会的议员、委员长及行政首长依法选出。普通地方公共团体组织为法人

---

① 陆丰泉，陈健．美、德、日、法地方税制比较［J］．外国经济与管理，1995（2）．

（行政法人），其财政运营资金可由依法征税（《日本地方自治法》第223条）、举债，设置分摊金、公有资产运营等汇集。都道府县与市町村之间的行政关系及财税关系类似于中央政府与地方公共团体之间的关系，仅为行政上的指导和监督。在法律框架下，地方普通公共团体享有高度自治权。对市町村一级政府，特别是对于一些自然村落来讲，由于其人口规模小，提供公共服务的成本过高，日本一些地区采取地方广域联合的方式来减少基本公共服务的成本。

日本地方自治体税收分为都道府县税、市町村税两大类型。图7－6、图7－7反映了普通地方公共团体的税收状况。从实际状况来看，都道府县税收主要由都道府县民税、事业税、地方消费税、汽车购置税及轻油交易税构成，约占总体税收的94%。市町村税收构成与都道府县税不同，主要由市町村民税、固定资产税及都市计划税构成，这三部分约占市町村税收总额的92%。另外，市町村烟税也占有较高的比例。

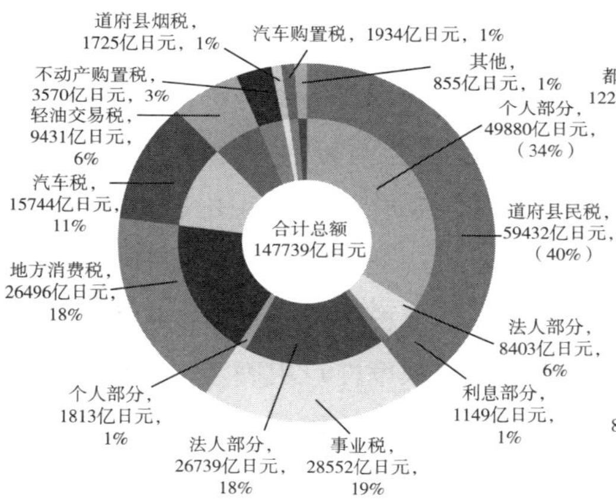

图7－6　都道府县、市町村税收总额及构成

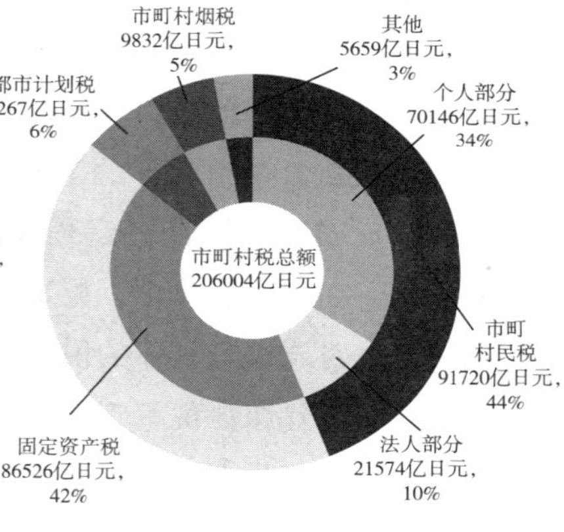

图7－7　市町村税收总额及构成

资料来源：总务省．地方财政状况［EB/OL］. http：//www. soumu. go. jp/menu_seisaku/hakusyo/chi-hou/pdt/h27. pdf.

普通地方公共团体的税收行政主要由其下设的财政局或类似机构中的税务担当部门负责执行，地方公共团体无专有的税务局组织。笔者以茨城县（相当于美国的州、我国的省）为例，来说明县级政府水准上的税收组织形式。茨城县县税的征收由县政府下设总务部内的税务科负责，其具体职能是：县税的赋课征收、税务诉讼及税务审查、县税规划。税务科在全县境内分别设有水户、常陆太田（高荻支所）、行方、土浦（稻敷支所）、筑西（境支所）5个县税支所，负责县税的征收管理工作，没有自成系列的单独税收组织。另外，从市镇村层面地方自治体税收行政上，以横滨市为例来看的话，如图 7－8 所示，横滨市财政局下设：总务部、财政部、主税部、合同部、管财部和公共设施事业调整室。其中，主税部中的税制科负责地方税的策划和政策制定，税务科负责赋课税额计算，征收对策科负责稽查，纳税管理科负责市民税的具体征收工作，法人课税科负责法人的征税工作。

其他地方普通公共团体的财政和税收组织关系大致上与横滨市相类似。但对町村级普通公共团体来讲，由于人口规模的原因，为避免纳税成本过高，一部分税种除可委托民间团体征收外，还会形成广域公共服务机构，代为征收各种税收。但民间团体代替征税的做法存在争议，主要原因是地方税滞纳现象严重，民间团体在追缴滞纳金时是否能够行使公权力存在较大争议。

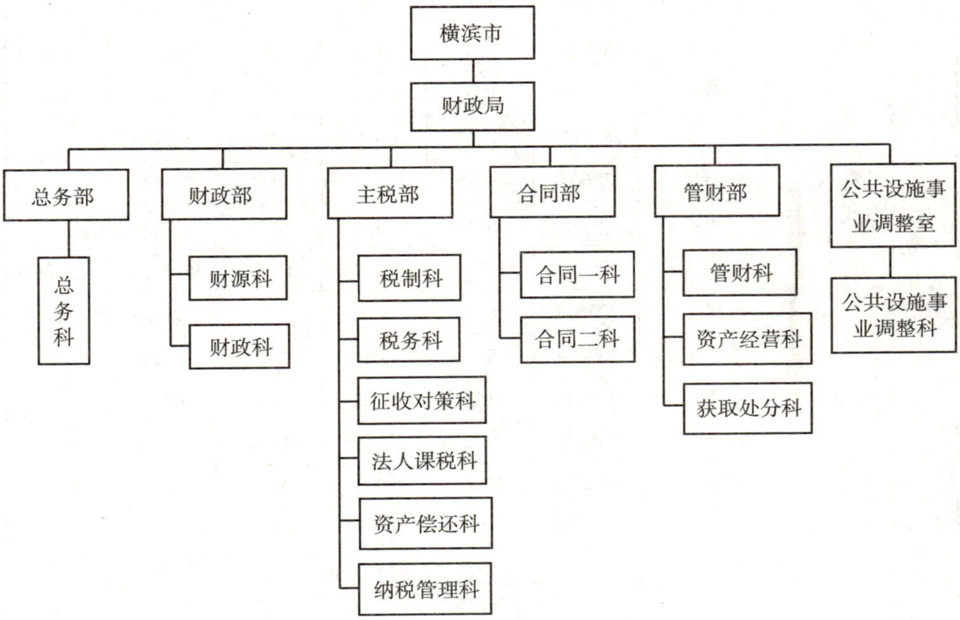

图 7－8 横滨市财政局组织机构

资料来源：横滨市财政局官方网站，http：//www. city. yokohama. lg. jp/zaisei/org/。

另外，一些大城市地方税征税部门归财政局管辖（如横滨市），而在町村等小规模地方自治体，根据《地方自治法》相关条款的规定，地方税征收人员可由地方自治体首长指定职员兼任。表 7－6 反映了日本全国地方公共团体职员（地方公务员）的规模及构成情况。从日本全国的情况来看，地方自治组织中从事于地方税收关系的职员总数约占到地方公务员总数的 2.4%，但该比例在都道府县和市町村不同规模自治体间差异非常大。在都道府县层面上的政府税务人员比例约为1.1%，而在市町村层面上的政府税务人员比例约为4.1%。从都道府县与市町村税收总额的比例来看，市町村层面上税务人员数量相对较高，这一事实说明了在市町村层面上的征税成本高昂。非常具有讽刺意味的是，越是财政收入中税收占比较低的地区，税收人员越多，税务征收成本也相应越高。

表7-6　　　　地方政府公务员数（2014年）

项目				全团体		都道府县		市町村	
				职员数（人）	占比（%）	职员数（人）	占比（%）	职员数（人）	占比（%）
一般公共事务	一般行政	一般管理	议会	10198	0.4	1857	0.1	8341	0.7
			总务企划	209243	7.6	39426	2.6	169817	13.7
			税务	66687	2.4	16157	1.1	50530	4.1
			劳动	7086	0.3	5922	0.4	1164	0.1
			农林水产	82111	3	50835	3.4	31276	2.5
			商工	28604	1	11192	0.8	17412	1.4
			土木	139674	5.1	48489	3.2	91205	7.3
			小计	543623	19.8	173878	11.6	369745	29.8
		福祉关系	民生	225543	8.2	24315	1.6	201228	16.2
			卫生	139404	5.1	33157	2.2	106247	8.5
			小计	364947	13.3	57472	3.8	307475	24.7
		合计		908570	33.1	231350	15.4	677220	54.5
	教育			1032178	37.6	890031	59.3	142147	11.4
	警察			284443	10.4	284443	19		
	消防			159171	5.8	18738	1.2	140433	11.3
	合计			2384362	86.9	1424562	94.9	959800	77.2
公共企业等	医院			201679	7.4	53692	3.6	147987	11.9
	上水道			45029	1.6	6882	0.5	38147	3.1
	下水道			27606	1	3814	0.3	23792	1.9
	交通			25858	0.9	6626	0.4	19232	1.5
	其他			59120	2.2	4948	0.3	54172	4.4
	合计			359292	13.1	75962	5.1	283330	22.8
总合计				2743654	100	1500524	100	1243130	100

资料来源：日本总务省．地方公共团体定员管理调查［EB/OL］. http：//www. soumu. go. jp/main_content/000349667. pdf.

7.5 小结

日本宪法规定中央行政权力与地方行政权力分治，地方政府享有高度行政自治权。这种自治权表现在政府组织运营上的特征是，地方政府有选举权和赋课征税权。与我国不同，日本中央政府对地方行政无任命权限，仅仅是一种松散的政府行政事务指导和监督关系。

日本中央政府财务省主管国税收入及关税收入，国内税征收事务由作为财务省外局的国税厅负责具体施行。地方政府依法享有赋课税权，地方税征收由隶属于地方财政局的税务部门负责具体实施。

为平衡中央和地方及地区间政府财政收入差异，使国民享有均等的基本公共服务，日本设有地方交付税制度。地方交付税交付金的确定为补填方式，即地方自有财源不足部分由中央财政补填，具体方法由日本总务省负责测算和管理。

日本中央政府和地方政府在处理财政账目时，设有一般会计和特别会计制度。一般会计主要是用来管理政府预算及一般行政收支；特别会计用来管理政府基金和资产运营。一般会计和特别会计之间存在资金和账目往来关系。

日本中央财政构造上的最大问题是长期存在的财政赤字问题。中央政府财政支出的相当大比例用于以往举借债务的还本付息上，加上由于人口出生率下降及人口老龄化造成的社会保障关系经费的增加，困扰着日本中央政府无法实现健全的财政体制。近年来，日本中央政府通过不断提高国内消费税比率及逐渐提高医疗经费个人负担比例，并采取各种措施提高出生率，但仍旧难以摆脱上述窘境。日本经济高速增长期遗留下来的后遗症成为现在日本经济和社会发展的绊脚石，日本的经验教训值得我国政府警醒。

日本地方政府财税体制上的最大问题是不同层级地方政府及地区间财税收入的差异。特别是中小型城市以下的地方政府，其财政严重依赖于中央财政的转移支付，这不仅仅持续给中央财政造成巨大负担，而且也使地方政府的财政再建难以实现。在日本，对于市町村级财税体制改革的各种意见在学界和政界长期存在，但真正付诸实施的改革行动并不多见。

20 世纪 90 年代泡沫经济崩溃以后，日本经济陷入长期缓慢衰退的状态，这在日本被称之为“失去的二十年”。安倍政权实施“安倍经济学”政策，制定通货膨胀目标刺激国内经济发展，似乎取得了一定成果，但对日本财税体制究竟会产生什么样的影响，还需拭目以待。

参考文献：

1. 日本政府官方网站

［1］日本内阁官方网站：http：//www. cao. go. jp/.

［2］日本财务省官方网站：http：//www. mof. go. jp/.

［3］日本国税厅官方网站：https：//www. nta. go. jp/.

［4］日本总务省官方网站：http：//www. soumu. go. jp/.

［5］横滨市财政局官方网站：http：//www. city. yokohama. lg. jp/zaisei/.

2. 相关法条

［1］《日本国家宪法》，http：//law. e-gov. go. jp/htmldata/S21/S21KE000. html.

［2］《日本国家行政组织法》，http：//law. e-gov. go. jp/htmldata/S23/S23HO120. html.

［3］《内阁府设置法》，http：//law. e-gov. go. jp/htmldata/H11/H11HO089. html.

［4］《日本国税通则法》，http：//law. e-gov. go. jp/htmldata/S37/S37HO066. html.

［5］《日本地方税法》，http：//law. e-gov. go. jp/htmldata/S25/S25HO226. html.

［6］《日本财务省设置法》，http：//law. e-gov. go. jp/htmldata/H11/H11HO095. html.

［7］《日本地方自治法》，http：//law. e-gov. go. jp/htmldata/S22/S22HO067. html.

［8］《日本地方交付税法》，http：//law. e-gov. go. jp/htmldata/S25/S25HO211. html.

［9］《日本国家公务员法》，http：//law. e-gov. go. jp/htmldata/S22/S22HO120. html.

［10］《日本地方公务员法》，http：//law. e-gov. go. jp/htmldata/S25/S25HO261. html.

附：日本中央政府行政组织机构设置

附

日本中央政府行政组织机构设置

机关名称			首长名称	设置依据法律及备注等
内阁			内阁总理大臣	《日本国宪法》《内阁法》等
	内阁官房		内阁官房长官	《内阁法》
	内阁法制局		内阁法制局长官	《内阁法制局设置法》
	国家安全保障会议		国家安全保障会议议长	《国家安全保障会议设置法》
	人事院		人事院总裁	《国家公务员法》，置于内阁管辖下
	内阁府		内阁总理大臣	《内阁府设置法》
		北方对策本部	北方对策本部长	《内阁府设置法》，内阁府特别机关
		金融危机对应会议	金融危机对应会议议长	《内阁府设置法》，内阁府特别机关
		民间资金等活用事业推进会议	民间资金等活用事业推进会会长	关于促进由民间资金等活用发生的公共设施等整备等的法律，内阁府特别机关
		儿童・青少年成长支援推进本部	儿童・青少年成长支援推进本部长	《儿童・青少年成长支援推进法》，内阁府特别机关
		食育推进会议	食育推进会议议长	《食育基本法》，内阁府特别机关
		少子化社会对策会议	少子化社会对策会议议长	《少子化社会对策基本法》，内阁府特别机关
		高龄社会对策会议	高龄社会对策会议会长	《高龄社会对策基本法》，内阁府特别机关

续表

机关名称				首长名称	设置依据法律及备注等
内阁	内阁府	中央交通安全对策会议		中央交通安全对策会议议长	《交通安全对策基本法》，内阁府特别机关
		犯罪受害者等施策推进会议		犯罪受害者等施策推进会议会长	《犯罪受害者等基本法》，内阁府特别机关
		自杀综合对策会议		自杀综合对策会议议长	《自杀对策基本法》，内阁府特别机关
		儿童贫困对策会议		儿童贫困对策会议会长	关于推进儿童贫困对策的法律，内阁府特别机关
		消费者政策会议		消费者政策会议会长	《消费者基本法》，内阁府特别机关
		国际和平协作本部		国际和平协作本部长	关于针对联合国维持和平活动等协作的法律，内阁府特别机关
		日本学术会议		日本学术会议会长	《日本学术会议法》，内阁府特别机关
		官民人才交流中心		官民人才交流中心长	《国家公务员法》，内阁府特别机关
		原子能立地会议		原子能立地会议议长	《关于原子能发电设施等立地地域的振兴特别措施法》，内阁府特别机关
		宫内厅		宫内厅长官	《内阁府设置法》《宫内厅法》，尽管非内阁府外局、但设置在内阁府（《内阁府设置法》第48条）
		公正交易委员会		公正交易委员会委员长	《内阁府设置法》《反垄断法》，归内阁总理大臣管辖
		国家公安委员会		国家公安委员会委员长	《内阁府设置法》《警察法》，置于内阁总理大臣管辖下（同法第4条第1项），管理警察厅（同法第5条第2项）的内阁府外局，委员长由国务大臣担当（同法第6条）
			警察厅	警察厅长官	《警察法》，国家公安会员会的特别机关
			特定个人信息保护委员会	特定个人信息保护委员会委员长	《内阁府设置法》《关于行政手续上识别特定个人的编码使用等的法律》（简称《个人编码法》），归属内阁总理大臣管辖（《个人编码法》36条2项）、内阁府外局

续表

机关名称				首长名称	设置依据法律及备注等
内阁	内阁府	国家公安委员会	金融厅	金融厅长官	《内阁府设置法》《金融厅设置法》，内阁府外局
			消费者厅	消费者厅长官	《内阁府设置法》《消费者厅及消费者委员会设置法》，内阁府外局
	复兴厅			内阁总理大臣	《复兴厅设置法》
	总务省			总务大臣	《总务省设置法》
		中央选举管理委员会		中央选举管理委员会委员长	《总务省设置法》，总务省特别机关
		政治资金合理化委员会		政治资金合理化委员会委员长	《政治资金规正法》，总务省特别机关
		公害等调整委员会		公害等调整委员会委员长	《公害等调整委员会设置法》，总务省外局
		消防厅		消防厅长官	《消防组织法》，总务省外局
	法务省			法务大臣	《法务省设置法》
		检查厅		检事总长	《法务省设置法》《检察厅法》，法务省特别机关
		公安审查委员会		公安审查委员会委员长	《公安审查委员会设置法》，法务省外局
		公安调查厅		公安调查厅长官	《公安调查厅设置法》，法务省外局
	外务省			外务大臣	《外务省设置法》
		在外公馆		在外公馆长	《外务省设置法》，外务省特别机关
	财务省			财务大臣	《财务省设置法》
		国税厅		国税厅长官	《财务省设置法》，财务省外局
			国税不服审判所	国税不服审判所长	《国税通则法》，国税厅特别机关

续表

机关名称				首长名称	设置依据法律及备注等
内阁	文部科学省			文部科学大臣	《文部科学省设置法》
		日本学士院		日本学士院院长	《日本学士院法》，文部科学省特别机关
		地震调查研究推进本部		地震调查研究推进本部长	《地震防灾对策特别措施法》，文部科学省特别机关
		日本联合国教科文组织国内委员会		日本联合国教科文组织国内委员会委员长	《关于联合国教科文组织活动的法律》，文部科学省特别机关
		文化厅		文化厅长官	《文部科学省设置法》，文部科学省外局
			日本艺术院	日本艺术院院长	《文部科学省设置法》，文化厅特别机关
	厚生劳动省			厚生劳动大臣	《厚生劳动省设置法》
		中央驻军关系离职者对策协议会		中央驻军关系离职者等对策协议会会长	《驻军关系离职者临时措施法》，厚生劳动省特别机关
		中央劳动委员会		中央劳动委员会会长	《厚生劳动省设置法》《工会法》《劳动关系调整法》等，厚生劳动省外局
	农林水产省			农林水产大臣	《农林水产省设置法》
		农林水产技术会议		农林水产技术会议会长	《农林水产省设置法》，农林水产省特别机关
		林野厅		林野厅长官	《农林水产省设置法》，农林水产省外局
		水产厅		水产厅长官	《农林水产省设置法》，农林水产省外局
			太平洋广域渔业调整委员会	太平洋广域渔业调整委员会委员长	《渔业法》，水产厅特别机关

续表

机关名称				首长名称	设置依据法律及备注等
内阁	农林水产省	水产厅	日本海·九州西广域渔业调整委员会	日本海·九州西广域渔业调整委员会会长	《渔业法》，水产厅特别机关
			濑户内海广域渔业调整委员会	濑户内海广域渔业调整委员会会长	《渔业法》，水产厅特别机关
	经济产业省			经济产业大臣	《经济产业省设置法》
		资源能源厅		资源能源厅长官	《经济产业省设置法》，经济产业省外局
		专利厅		专利厅长官	《经济产业省设置法》，经济产业省外局
		中小企业厅		中小企业厅长官	《中小企业厅设置法》，经济产业省外局
	国土交通省			国土交通大臣	《国土交通省设置法》
		国土地理院		国土地理院长	《国土交通省设置法》，国土交通省特别机关
		小笠原综合事务所		小笠原综合事务所长	《国土交通省设置法》，国土交通省特别机关
		海难审判所		海难审判所长	《海难审判所法》，国土交通省特别机关
		观光厅		观光厅长官	《国土交通省设置法》，国土交通省外局
		气象厅		气象厅长官	《国土交通省设置法》，国土交通省外局
		运输安全委员会		运输安全委员会委员长	《国土交通省设置法》，国土交通省外局
		海上保安厅		海上保安厅长官	《海上保安厅法》，国土交通省外局
	环境省			环境大臣	《环境省设置法》
		公害对策会议		公害对策会议会长	《环境基本法》，环境省特别机关
		原子能规制委员会		原子能规制委员会委员长	《原子能规制委员会设置法》，环境省外局

续表

机关名称				首长名称	设置依据法律及备注等
内阁	防卫省			防卫大臣	《防卫省设置法》，2007 年 1 月 9 日，由内阁府外局升格为省
		防卫会议		防卫会议议长	《防卫省设置法》，防卫省特别机关
		幕僚监部	统合幕僚监部	统合幕僚长	《防卫省设置法》，防卫省特别机关
			陆上幕僚监部	陆上幕僚长	《防卫省设置法》，防卫省特别机关
			海上幕僚监部	海上幕僚长	《防卫省设置法》，防卫省特别机关
			航空幕僚监部	航空幕僚长	《防卫省设置法》，防卫省特别机关
		自卫队部队及机关	陆上自卫队	陆上幕僚长	《防卫省设置法》，防卫省特别机关
			海上自卫队	海上幕僚长	《防卫省设置法》，防卫省特别机关
			航空自卫队	航空幕僚长	《防卫省设置法》，防卫省特别机关
			情报本部	情报本部长	《防卫省设置法》，防卫省特别机关
			技术研究本部	技术研究本部长	《防卫省设置法》，防卫省特别机关
			装备设施本部	装备设施本部长	《防卫省设置法》，防卫省特别机关
			防卫监察本部	防卫监察监	《防卫省设置法》，防卫省特别机关
		（外国军用品审判所）		外国军用品审判所长	《关于在武力攻击事态下外国军用品等海上运送规制的法律》，防卫省特别机关（临时）
会计检查院				会计检查院院长	《日本国宪法》《会计检查院法》，拥有针对内阁的独立地位

资料来源：根据日本内阁府官方网站整理。http：//www. cas. go. jp/jp/gaiyou/jimu/jinjikyoku/satei_01_05. html.

8　韩国税收征管体制

大韩民国（以下简称韩国）的基本政治体制依据 1948 年的宪法而成，原则上采用美国式三权分立的政治体制。朝鲜战争之后，韩国经历了一系列修改宪法的政治过程，最终于 1987 年形成了确定韩国目前国家治理模式的第六共和国宪法。

尽管韩国政体选择了美国模式，但由于其国家规模与美国有着天壤之别，因此，在国家行政治理体系上与美国有着极大不同。行政治理体制的差异决定了财税体制基本特征的不同。本章的目的是在理顺韩国国家治理体系基本特征的基础上，梳理支撑韩国国家治理活动的财税体系的基本构造和功能，并在此基础上考察中央政府与地方政府之间的权责关系，以及对政府财税体制构造的影响。

8.1 国家行政管理体制

8.1.1 国家构造及行政管理区划

从国家行政管理体制上来看，韩国的国家构成由中央政府、广域自治体、地方基础自治体三级构成。图 8－1 列示了韩国国家行政区划的基本框架。除中央政府根据宪法承担国家管理、外交及国家安全责任外，根据宪法第 118 条第2项及《地方自治法》规定，韩国的地方政府又可分为由特别市、广域市、道、特别自治道构成的一级行政区划（共17个），以及由市、郡、自治区构成的二级行政区划。在二级行政区划之下，市及区以下设有洞、邑，郡以下设有邑或面的基础行政组织，洞、邑和面大致上相当于我国城市中的街道办事处。韩国的地方自治体组织主要是由广域自治体和基础自治体构成。根据韩国宪法第96条、第97条和《地方自治法》规定，地方自治体的主要职能除管理地方自治事务以外，还依据法令承接中央政府及上级地方自治体委托的国家行政事务。地方自治事务所发生的费用由地方自治体全额负担，承接上级自治体或中央政府委托事务，由上级政府或中央全额或部分支付其委托事务所需经费。地方行政首脑由居民直接选举产生，地方议会根据《公职选举法》通过选举产生。

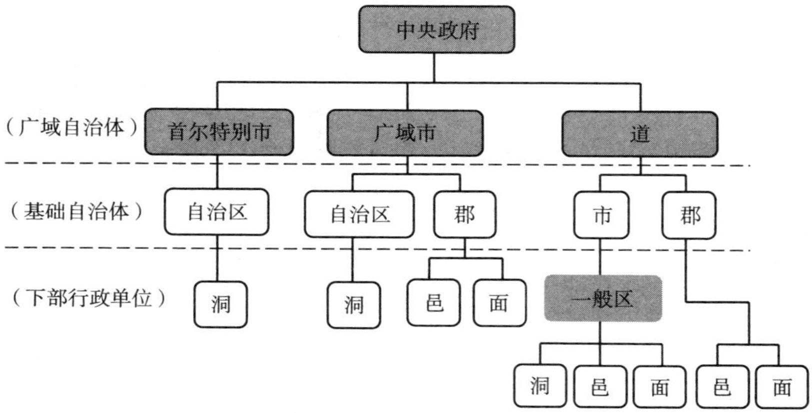

图8-1　韩国行政区划

资料来源：日本自治体国际化协会报告《韩国地方自治》。

上述国家构造的基本形态决定了政府行政体系的构成，并对相互间的责权关系划分产生重大影响。因此，在说明韩国各级政府间的财税关系前，需要对上述国家构造有一个清晰的认识。以下将分别就韩国中央政府和地方自治体财税组织的基本职能和关系加以说明。

8.1.2　国家行政管理体制

根据韩国宪法规定，中央政府行使国家行政权力。国民直接选举产生的总统为国家元首（宪法第66条第1款）的同时，还是武装部队统帅（宪法第74条）及国家行政组织的首脑（宪法第66条第4款）。总统任期为5年，不得再任（宪法第70条）。总统在征得国会同意后任命国务总理，并通过国务会议行使行政权力，国务会议总体依据总统命令统管政府行政组织。韩国中央政府行政组织机构构成如图8－2所示。

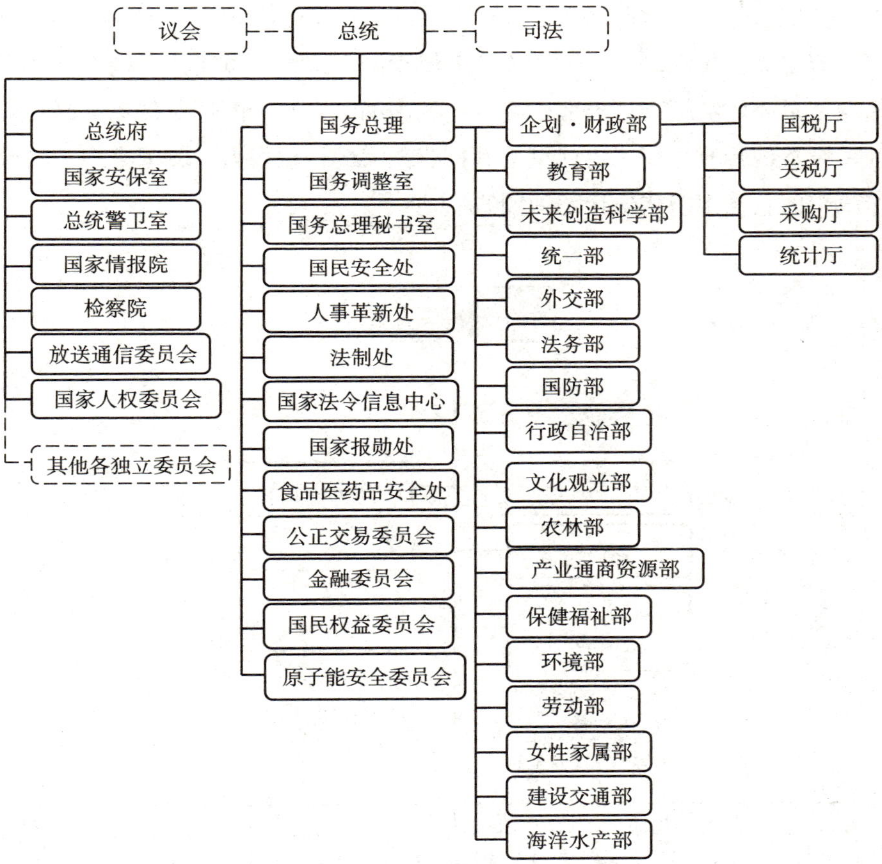

图8－2　韩国中央政府组织行政机构

资料来源：韩国政府官方网站，http：//english1. president. go. kr/government/executive-branch. php.

韩国中央政府大致上可分为三大模块及部、处、厅三种机构类型，分别为总统直属机构、国务总理直属机构和各种委员会。总统和总理直属机构共有17部、5处和16厅，承担政府财税管理职能的为企划·财政部，其下属的国税厅和关税厅负责国内税及关税的征收。需要说明的是，韩国的国税厅和关税厅为企划·财政部的外厅。所谓外厅是指代理国家行使专门或特别事务的厅级行政组织，虽然在行政关系上隶属于企划·财政部管理，但其行政首脑由总统任命。

8.2　中央财政税务行政关系

8.2.1　财政税务行政关系

国家发展及规划事务与财政事务隶属于同一组织，可能是韩国中央政府财税体制上最大的特征，这类似于将目前我国国家发展和改革委员会与财政部合二为一设置的行政组织，由此可见其拥有强大的行政权力。韩国企划·财政部组织机构的具体组织构成形态如图 8－3 所示。

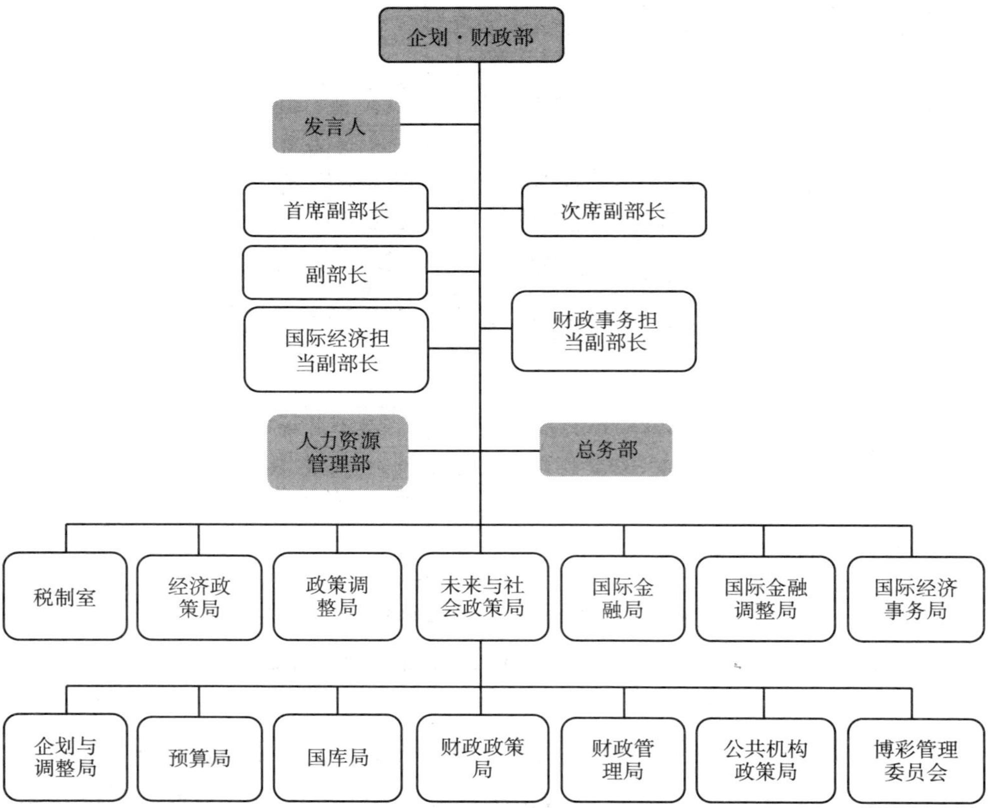

图 8－3　企划·财政部组织机构

资料来源：韩国财政部官方网站，http：//english. mosf. go. kr/.

8.2.2 韩国财税管理体制

在韩国政府企划·财政部官方网站上公布的组织结构图中并没有显示国税厅、关税厅、采购厅和统计厅的组织信息，主要原因是这些组织为部属外厅，组织形式上带有很强的业务独立性或特殊性。与国家税务相关的组织设置有税制室，负责国家税务政策和制度的设计、制定与调整。由此可以判定国税厅的使命是负责实施国家法律规定的国内税征收事务的实施操作组织①。

8.2.3 税收征管体系

韩国国税系统由国税厅总部，6 个地方国税厅（首尔、中部、大田、光州、大邱、釜山）和 107 个税务署共三个层级组成。韩国国税系统共有 20021 人，其中国税厅本部 840 人，占 3.8%，3 个直属机构 219 人，占 1.1%；6 个地方国税厅共 2173 人，占 14.5%；107 个税务署共 16238，占 80.6%。②

国税厅负责全国税收管理的组织规划、指导，制定纳税申报和税收管理的相关制度，统一建设管理信息系统，集中管理纳税人涉税情报信息。国税厅承担行政和业务管理职责，并设立了国税行政委员会和国税战略委员会，探索国税研究美国、OECD 等国家和组织的税收政策，规划韩国未来发展前景，同时实行实体化运作，如负责全国税收调查的情报监控和分析，指导地方厅共同开展对大企业的税收调查等。国税厅现设有 12 个部门，承担纳税人申报制度管理和税收分析管理的有 4 个部门，承担申报制度管理和税收分析管理部门，按照纳税人类型和税收事项分为个人税纳税局、法人税纳税局、财产税局和国际税收管理官。承担滞纳和欠税管理的是征收司法局；承担税收调查工作的是调查局；承担纳税人权益保护和服务的是纳税人维护官和所得支援局；另外还有企划调整官、电算信息管理官、审计官和运营支援科 4 个部门负责国税厅的综合规划、运营保障及审计监察等工作。国税厅本部在承担行政管理和业务管理工作的同时，直接行使实体化的工作职能。

地方厅除管理下设税务署外，还直接承担大企业（原则上为年销售收入

---

① 国税厅的名称有可能是受日本的影响，并延续历史上的称谓。

② 韩国国税厅人员构成数为 2007 年数据，数据来源：原山道崇．韓国の税務行政と税制概要[J]．日本税务大学杂志，2009（6）：160.

300亿韩元以上）和高收入个人经营者的税收分析与调查；税务署承担辖区内所有纳税人的申报受理、税款征收与退还等基础性征管工作，负责中小纳税者的调查。地方厅和税务署负责直接对纳税人进行税收管理，其中，地方厅负责大企业、源泉扣缴个人所得税、高收入个人所得税等对象税收管理工作；税务署负责除地方厅管辖范围以外纳税人的税收管理工作。地方国税厅下设9个部门（如图8－4所示），其中直接从事税源管理的部门有7个，分别是纳税人保护担当官室、纳税支援局、纳税管理局以及调查1－4局。纳税人保护担当官制度始于1999年9月1日，其职能是站在纳税者立场，处理在赋税、征收、调查过程中纳税者的权益受到侵害或可能受到侵害时发生的事件，消除纳税者的不满。纳税人保护担当官在地方国税厅及税务署各配置1名。纳税人保护担当官当发现重复调查或可能存在滥用调查权时，有权终止税务调查，或当税法适用存在误判时，有权终止课税决定及核实税务行政权限。

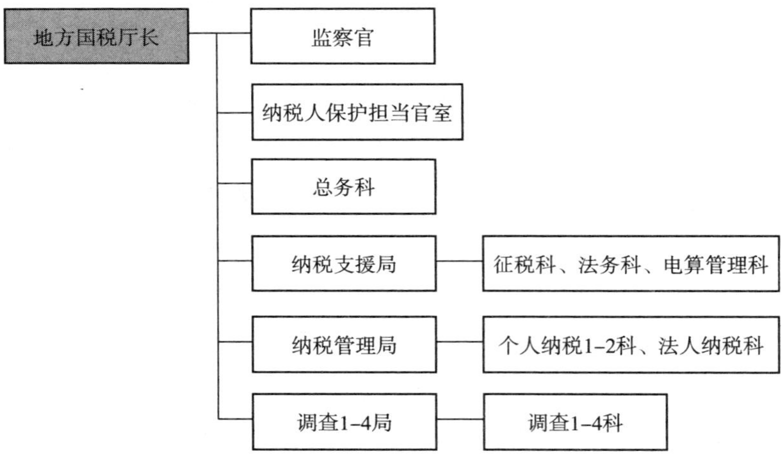

图8－4　韩国地方国税厅组织

资料来源：日本税务大学杂志，https：//www.nta.go.jp/about/organization/ntc/kenkyu/backumber/journal/11/pdf/11_08.pdf.

韩国税务公务员中的5%在国税厅本部和附属机构，21%在地方厅，74%在税务署。扁平化、实体化的机构设置有效提高了税务行政管理的效率，地方厅和税务署在机构职能和人员配置时，将重点放在税源管理上。

图8－5列示了国税厅官方网站公布的组织机构。国税厅本部组织机构是按照纳税对象特征进行组织构建，再配以法务、行政事务及信息管理而构成，如个人纳税局、法人纳税局、资产纳税局和所得税局都是按照纳税对象进行组

织构建，因此一目了然并针对性强。其他组织部门为征税服务部门或业务支援部门，负责地方国税征收的组织为地方国税厅。按照韩国行政区划，地方国税厅在全国各地设置有107个地方税务署。

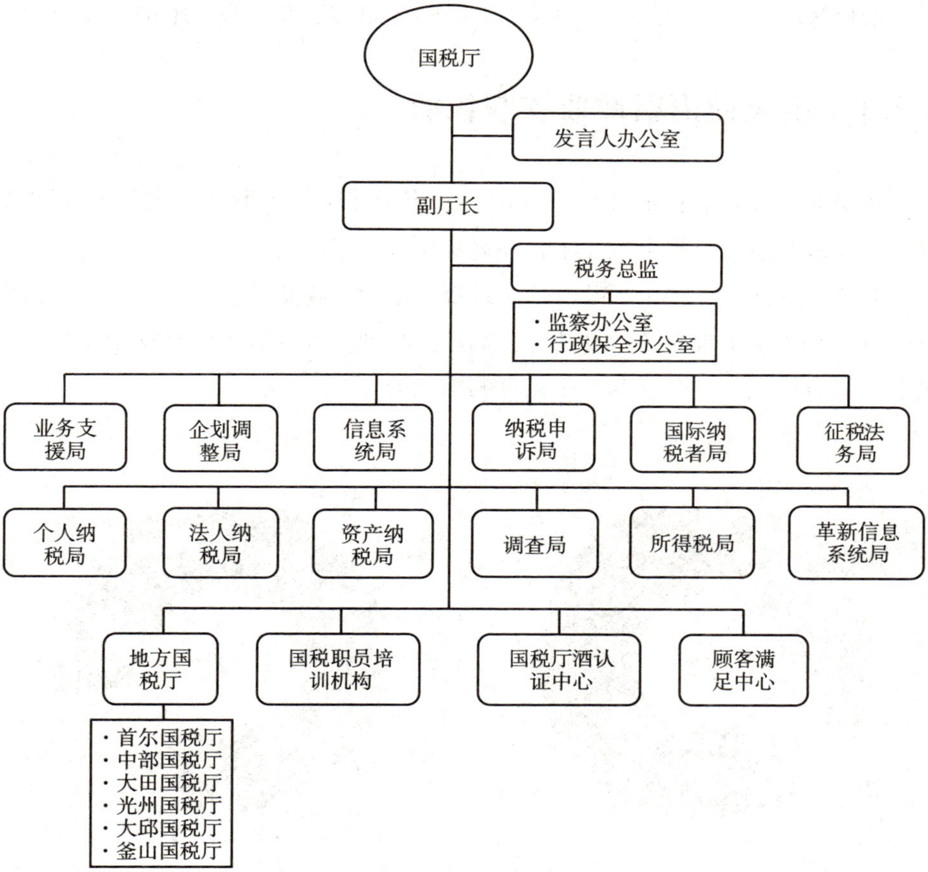

图8－5 韩国国税厅组织机构

资料来源：韩国国税厅官方网站，http：//www. nts. go. kr/eng/about/about_04. asp？top_code = A001&sub_code = AS01&ssub_code = ASA4.

需要说明的是，隶属于企划·财政部的关税厅所涉及的关税事务与国税厅税收事务相分离，社会保障费征收由其他组织实施。

8.3 中央、地方财政收支

1997年亚洲金融危机之后，受韩国短期巨额外债到期的影响，韩国政府国际支付信用剧降，经济与财政处于崩溃边缘。在国际货币基金组织（IMF）的援助与监管之下，金大中政权对韩国经济的财阀体制进行了大胆的构造改革①，分割了现代集团，解体了大宇集团。之后，经济逐渐摆脱了危机状态，先后于2001年偿还了IMF借债，2005年偿还了亚洲开发银行贷款，经济恢复平稳增长状态。尽管如此，韩国经济的财阀体制构造并没有发生根本改变。

8.3.1 中央政府财政收支与税收

接受亚洲金融危机的教训，韩国政府财政采取了严格的定额目标管制措施，避免政府财政收支出现赤字，并逐步压缩外债额度。

图8－6反映了2014年韩国政府财政一般会计收支结构。一般会计是指维持政府日常国家治理行政活动的会计制度。除此以外，韩国的会计制度与日本类似，还有特别会计制度和基金会计制度之分。

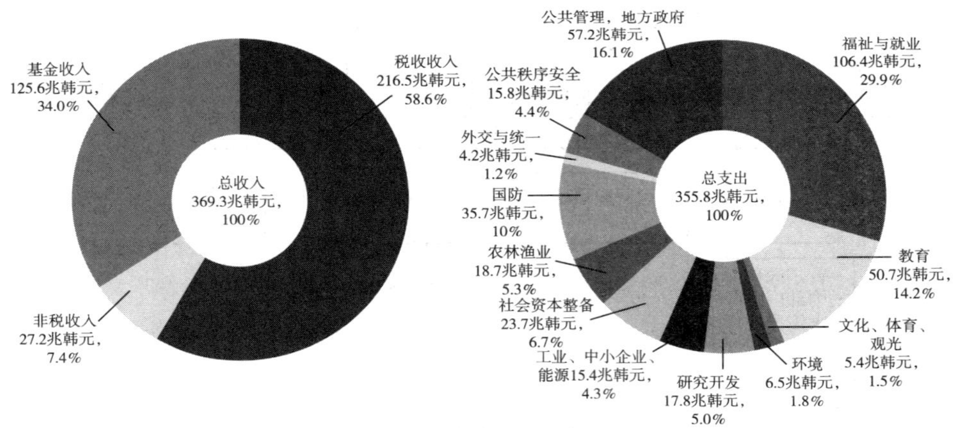

图8－6　韩国中央政府财政收支（2014年）

资料来源：韩国企划·财政部官方网站，http：//english. mosf. go. kr/.

首先，从财政收入结构来看，韩国中央政府2014年度财政收入总额为

① 朝鲜战争之后，朴正熙政权致力于发展经济，推行官民一体的经济发展政策，形成了之后的以财阀为主体的经济构造。2011年十大财阀的生产额约占国内生产总值的76.5%，其中，仅三星集团一家公司就约占其GDP的22%。尽管用生产额与GDP比较来说明韩国财阀在其国民经济中的比重并不合适，但如折合成附加价值比，十大财阀附加价值总额约占GDP的14%，因此财阀对韩国经济及政府财政的影响极其巨大。

369.3 兆韩元，其中税收收入占比为58.6%，资产收入及行政收费等占7.4%，其余为政府基金收入。其次，从财政支出来看，韩国中央政府2014年财政支出总额为355.8兆韩元，收支盈余13.5兆韩元。从支出结构上来看，中央政府最大支出在福祉与就业方面，占政府总支出的29.9%，分别为向地方自治体的转移支付16.1%，教育14.2%①，国防10%，社会资本整备6.7%，农林渔业5.3%及公共秩序安全4.4%等。其中，中央政府向地方政府的转移支付又分为一般性转移支付（地方交付金制度）、特别转移支付（地方税收转让金）和委托事务支付经费（国库补助金）。一般性转移支付和特别转移支付带有调整地方政府财政收入差异的平衡功能。

8.3.2 地方政府财政收支

地方自治体的活动由《地方自治法》进行了详细规定。《地方自治法》是以宪法第118条中涉及地方自治内容为基础原则制定的综合法。地方自治体行政除遵循该法外，还需在《财政法》及《地方公务员法》的约束下开展日常行政活动。支撑地方政府行政行为的是地方财政。

图8－7列示了2013年韩国地方自治体财政收入的基本构成内容。从整体上来看，韩国地方自治体财源的34.3%为税收，21.3%为行政收费及资产收

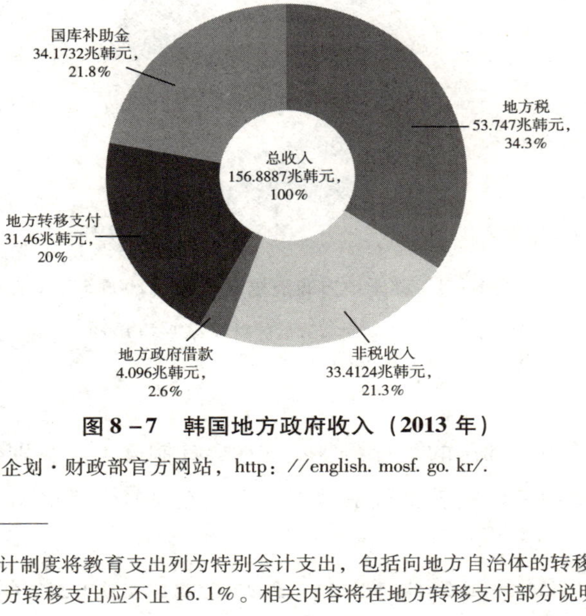

图8－7 韩国地方政府收入（2013年）

资料来源：韩国企划・财政部官方网站，http：//english. mosf. go. kr/.

① 韩国政府会计制度将教育支出列为特别会计支出，包括向地方自治体的转移支付。因此，实际上韩国中央政府的地方转移支出应不止16.1%。相关内容将在地方转移支付部分说明。

入，2.6%为政府借贷。地方自治体自有财源合计占其总收入的58.2%，其余来自中央政府转移支付。中央政府转移支付资金中国库补助金占其总收入的21.8%，中央财政一般转移支付为20%。

韩国地方自治体的上述财政构造至少说明两个基本问题：一是与绝大部分西方国家相比，韩国真正实行地方自治的时期较晚（1991年），传统的中央集权式国家治理模式的彻底转换并非易事，地方政府在国家治理事务中所扮演的角色和任务还相对较小；二是作为地方自治体自有财源的地方税比例过低，地方自治体的行政活动不得不更多地依赖于中央政府财政转移支付。

图8－8列示了地方政府财政一般会计支出构成的主要内容①。从财政支出角度来看，地方自治体一般行政管理费用仅占支出的17.63%，最大支出为社会开发费，占总支出的约44%。经济开发费也占相当高的比例，为30%。由于社会开发的主要内容为教育、文化、保健及生活环境改善、社会保障、住宅及地区社会开发等内容，该项目支出可理解为地方自治体为改善社会软硬环境的公共支出；经济开发的主要内容为农林水产开发、地域经济开发、国土资源保存开发及交通管理等内容，该项支出可理解为改善地区经济发展基础性投入。

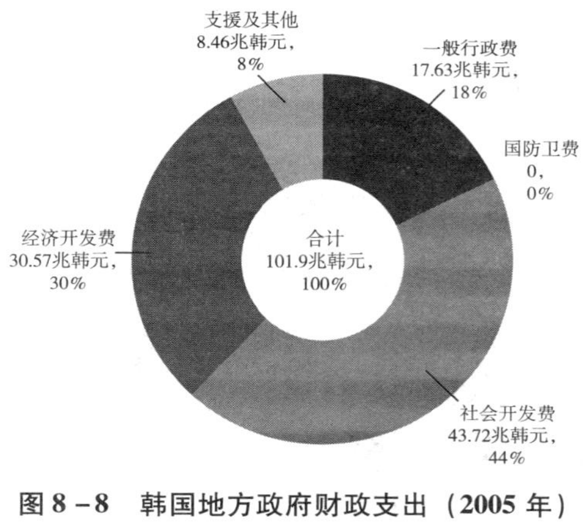

图8－8　韩国地方政府财政支出（2005年）

资料来源：日本亚洲经济研究所．经济危机以后的财政管理［EB/OL］. http：//www. ide. go. jp/japanese/publish/download/report/pdf/2007_04_24_04. pdf.

需要说明的是，韩国的教育经费收支在会计制度上为特别会计支出，公共教育经费的筹措由专门的教育税来承担，学校教育经常性经费支出等不包括在

① 由于没有找到2013年地方自治体财政支出的数据，所以在此使用2005年的统计数据。

上述支出内容中。

8.3.3 地方交付金制度

中央政府财政转移支付为地方自治体重要财源。韩国中央财政转移支付从资金类型上可区分为一般补助金、特定补助金和包括性补助金3类。一般补助金不附带任何条件，地方自治体政府可根据当地情况自律性使用，其目的是调整地区间财政收入差距及国家与地方财政收入的不均衡。一般补助金的分配采用一定公式进行计算，大致上是根据自治体财政收入不足额及收入能力和地区差异为核心要素进行分配计算；特定补助金为用于特定目的或特定领域的转移支付，其目的为地方自治体政府代理国家或上级政府事务及提高公共服务的质量的补偿性资金。根据其补偿对象特征又可分为对应补助金和非常补助金。对应补助金进一步分为定比补助金和定额补助金；非常补助金带有一般补助金和特定补助金的共同特征。其目的主要是用于教育、保健、地区开发等特定领域，保障国民均能享受到最低水准的公共服务。

韩国地方交付金的主要财源为国税。根据韩国《地方交付税法》第4条规定，为保障地方财源总额，国内税的19.24%为地方交付税额度①。其中，根据《地方交付税法》第6条规定，所得税、酒税的32%，法人税的34%，消费税的29.5%，烟税的25%等为地方交付金财源。另外，如果比较国税和地方税可以发现，中央税以收入税为主要税基，地方税以财产税为主要税基。

有关韩国政府财政转移支付制度的详细内容将不再在此做进一步考证。总体上来讲，从中央和地方政府宏观税收关系上来看，中央税收与地方税收收入比约为8:2，而从政府预算规模来看，中央政府与地方自治体政府一般会计预算之比约为7:3。上述比例体现了韩国国家治理体制并没有完全从中央集权治理模式中解脱出来，地方自治体自治程度比其他发达国家低。

8.4 中央、地方税收征管体制

8.4.1 国税与地方税税种

韩国政府财政收入的主要来源为税收，而国家与地方税收项目征收的依据

① 随着地方分权的进展，这一比例逐年提高。这一数据为现在的分成比例。

来源于韩国宪法与地方税法的具体规定。韩国宪法第 38 条规定了纳税义务，第 59 条规定了须依法征税；另外，第 117 条规定了地方自治的相关内容。韩国以上述上位法为基础，制定了有关国税征收的相关法律，主要有国税基本法、国税征收法及总统令等。地方税征收的法律或行政规定使用了大部分国税征收规定的条款，内容整理成为地方税基本法。1988 年《地方自治法》修订以后，地方分权改革急速推进，地方税制发生了很大变化。进入 21 世纪之后，原国税的教育税变更为地方教育税。为扩充地方财政财源，2001 年赛马税等变更为闲暇税，2005 年将综合土地税合并为财产税，新设综合固定资产税（国税），2009 年新设了地方所得税和地方消费税。2010 年全面修订地方税法，将原有的 16 税种整合为 11 税种。2015 年国税与地方税税种的详细内容见表 8－1。

表 8－1　　2015 年韩国国税与地方税税种

<table>
<tr><td rowspan="4">国税
（14）</td><td rowspan="3">国税</td><td>直接税</td><td>所得税、法人税、继承税及赠与税、证券交易税</td></tr>
<tr><td>间接税</td><td>增值税、消费税、酒税、印花税</td></tr>
<tr><td>目的税</td><td>关税、教育税、农渔村特别税、交通·能源·环境税、综合不动产税</td></tr>
<tr><td>关税</td><td>关税临时收入附加税</td><td></td></tr>
<tr><td rowspan="6">地方税
（11）</td><td rowspan="2">特别·广域市税</td><td>普通税</td><td>获取税、闲暇税、烟消费税、地方消费税、居住税、地方所得税、汽车税、登记许可税</td></tr>
<tr><td>目的税</td><td>地域资源设施税、地方教育税</td></tr>
<tr><td rowspan="2">道税</td><td>普通税</td><td>获取税、登记许可税、地方消费税、闲暇税</td></tr>
<tr><td>目的税</td><td>地域资源设施税、地方教育税</td></tr>
<tr><td>区税</td><td>普通税</td><td>登记许可税、财产税</td></tr>
<tr><td>市·道税</td><td>普通税</td><td>汽车税、财产税、居住税、地方所得税、烟消费税</td></tr>
</table>

资料来源：韓国における分権改革の構造と動態［EB/OL］. http：//www. repository. lib. tmu. ac. jp/dspace/bitstream/10748/6948/1/20006－055（2）－009. pdf.

8.4.2　中央与地方税务行政

有关韩国国税政策的规划、制定由企划·财政部所属的税制室具体负责，国税厅税制室及国税裁判所裁判员参与，具体执行组织为国税厅和关税厅。当然税制室的税务政策策划和制定必须是在国家法律框架下进行。而地方税务组织除企划·财政部税制室参与之外，各广域自治体、基础自治体分别拥有自己的税务组织。地方自治团体的地方税事务由中央政府的行政自治部统一管辖①，行政自治部的税务行政组织由地方税政策科、地方税运营科、地方税分析科构成，并在地方财政税制局设有地方税政官。地方税运营科承担香烟消费税、重课税、地方税政规划、保有税改善、税务指导、汽车税·居民税等事务。

广域自治体的税务组织因地区不同存在差异，但大多数自治体由其下设财务局的税政科承担税务行政。首尔特别市由财务局承担（如图 8－1 所示），财务局的具体税务事务由税制科和税务科承担。

基础自治体的税务组织有多种形态，但大致上可分为两类：一类是赋课与征收职能分开；另一类是根据不同税种设置征税职能部门，如道税和市、郡税事务分别由不同职能部门征收等。

韩国中央政府与地方政府的财政关系依赖于中央与地方间在国家治理事务上的权责划分，因此，要理解国税与地方税及税务征收组织在国家治理事务中所扮演的职责和功能，还需对中央与地方政府在国家治理事务上的权责关系作进一步的说明。

8.5 地方自治与地方财政

韩国的地方自治制度始于 1949 年公布的《地方自治法》。1961 年，朴正熙军事政变之后，韩国在经历了长期军事独裁统治的过程中，国民经济有了突飞猛进的发展。1987 年，第六共和国宪法颁布之后，受民主化潮流的影响，韩国中央政府第六次修订了《地方自治法》，并于 1988 年颁布实施。之后，经过数十次修改，形成了现在的国家与地方政府治理模式及组织构造（如图 8－1 所示）。本章仅就韩国中央与地方自治体的权责划分及财税关系进行简要说明。

自 1991 年之后，韩国开始将中央政府国家治理行政权限向地方自治体进行大规模转移。1998 年，金大中政权提出通过上述行政权限转移来促进地方

① 由于历史原因，韩国国家行政管理体系受日本行政体系的影响颇深。韩国现行的行政自治部以前称之为行政安全部，类似于日本的总务省。

自治的发展及强化国家竞争力，制定了“关于推进中央行政权限向地方转移的法律”，国家治理事务向地方转移的进程更进一步。2004 年，韩国中央政府实施地方分权特别法案，对中央政府与地方政府责权作出了进一步划分，其主要内容如下。

（1）中央与地方权限的再调整。包括中央政府行政事务及财政等中央权限向地方转移，改善与居民生活直接关联的教育自治制度，引入自治警察制度的同时，把握特别地方行政机关的实际状况，将一部分能够提高效率的事务交由地方自治体执行。

（2）强化地方财政。作为地区发展的财政扩充方案，调整国税与地方税财源，扩大地方自治体自主财源，逐渐提高交付税额度及改善国库补助金制度，调整自治体间财政收入差异等。

（3）强化地方自治行政能力。为强化地方自治体行政能力，扩大地方条例制定范围，扩充自治立法权限，保障组织及人才管理的自主性，促进地方议会活动，改善地方选举制度。另外，为保障居民监督和参与，制定《居民投票法》。

中央政府向地方自治体政府转移部分国家及地区治理事务，必然伴随财政资源再分配的问题，而作为政府财源主要来源的税收再分配及地区差异调节自然成为焦点问题。

8.6 小结

韩国近、现代发展的历史波澜壮阔。20 世纪 60 年代以后，韩国经济走上腾飞之路，七八十年代，与新加坡，中国台湾地区、香港地区被称为“亚洲四小龙”，成为亚洲经济发展的奇迹。这一发展过程在军事独裁统治的国家集权体制下得以完成。20 世纪 80 年代末，韩国政治体制开始民主化进程。在这样的历史背景下，韩国国家财税体制的基本特征为中央集权式管理模式。1991 年之后，随着中央政府行政权力向地方的转移，地方自治体与中央政府在国家治理上的权责关系发生变化，财税制度改革成为国家治理的重要课题。韩国财政、税务体制的主要特征可归纳为以下 3 个方面：

（1）国家财政采取一般会计、特别会计和基金会计制度，维持中央政府经常性国家治理行政活动的一般会计预算对国税的依赖程度在 58% 左右。地方自治体财政对地方税的依赖程度在 34% 左右。中央财政依据《地方自治法》

及《地方交付金法》等法律向地方政府实施财政转移支付。

（2）国家税收征管隶属于企划·财政部管辖下的国税厅和关税厅。国税厅和关税厅均为外厅，其首脑由总统任命，与国家行政区划相配合，国税厅基层组织遍布韩国境内，共有6个地方国税厅，107个地方税务署。同样，关税厅组织形态与国税厅类似。

（3）广域地方自治体和基础自治体均拥有各自的税收征收组织，税务行政由设置在地方财务局内的税制科执行。总揽全国地方自治体行政事务与法律指导的组织为中央政府的行政自治部。企划·财政部税制室、国税厅税制室及行政自治部地方税运营科负责指导地方自治体税收征管事务。

韩国税制体系存在的主要问题有以下三点：

一是韩国经济为出口依赖型经济结构，经济的波动极易影响国家税收。中央政府一般会计预算如何在保障收支均衡的前提下，调整国内地区收入差距，向国民提供均等的公共服务是一大难题；二是随着中央行政权向地方自治体的进一步转移，中央政府财政转移支付制度应如何调整，税制该如何应对新的权责划分，同样是中央政府面临的重大课题；三是税收征管组织中央与地方重叠，如何提高税收征管效率，降低征税成本，不仅仅是税收征管当局改革的方向，也是中央政府行政改革的重要课题。目前，韩国中央政府正在推行税收征管网络化服务，其经验与得失值得借鉴。

参考文献：

1. 韩国政府官方网站

［1］韩国总统府官方网站：http：//english. president. go. kr/.

［2］韩国企划·财政部官方网站：http：//english. mosf. go. kr/.

［3］韩国国税厅官方网站：http：//www. nts. go. kr/eng/.

［4］韩国行政自治部官方网站：http：//www. mogaha. go. kr/eng/a01/eng-Main. do.

2. 调查报告及论文

［1］原山道崇．韓国の税務行政と税制の概要［J］．日本税务大学杂志，2009（6）．

［2］金炫樹．韓日間の地方交付税制度の比較研究［EB/OL］．日本贸易振兴会亚洲经济研究所，2010.

［3］金今善．韓国における分権改革の構造と動態［EB/OL］. http：//

hdl. handle. net/10748/6948.

[4] 森法子. 韓国の地方自治制度の沿革 [EB/OL]. http://korea. clair. or. kr/down_file/115_01. pdf.

[5] MINISTRY OF STRATEGY AND FINANCE. The Budget System of Korea [EB/OL]. http://english. mosf. go. kr/upload/pdf/TheBudgetSystemofKorea. pdf#search = 'The + Budget + System + of + Korea'.

[6] 日本财团法人自治体国际化协会. 韓国の地方自治 [EB/OL]. http://www. clair. or. kr/down_file/115_00. pdf.

[7] 日本财团法人自治综合中心. 経済再生に期待される地方税のあり方に関する調査研究会報告書 [EB/OL]. http://www. jichi-sogo. jp/document.

[8] 鞠重鎬. 経済危機以降の韓国の財政管理 [EB/OL]. アジア経済研究所, 2008. http://www. ide. go. jp/Japanese/Publish/Download/Report/pdf/2007_04_24_04. pdf.

9　俄罗斯税收征管体制

1991年苏联解体，俄罗斯联邦成立。之后经过叶利钦政权时代政治上的激烈动荡，俄罗斯选择了所谓的民主政体和市场经济的道路。但由于历史、地理、文化及体制惯性等原因，同时由于普京掌握政权之后①，推行“建设强大俄罗斯”的国家战略，俄罗斯在国家政治和行政管理体制上呈现出强烈的中央集权特征。这种中央集权式国家管理体制上的特征，决定了俄罗斯国家中央及地方政府相互间的行政关系，也约束了各级政府财税组织的具体组织形态和相互关系。尽管如此，俄罗斯至今仍旧被乌克兰问题、克里米亚问题、车臣问题等缠身，苏联时代的历史遗留问题仍或多或少影响着其国家政治和体制。

要想理顺俄罗斯联邦国家中央与地方政府之间财税行政及组织关系，必须首先搞清楚俄罗斯国家机构的基本构成情况，其次是中央政府与地方政府之间的行政责权关系，只有这样才能够理解俄罗斯联邦国家及其构成体之间复杂的财税体制关系。

由于对体制变换之后俄罗斯联邦国家体制研究的资料不多，同时也因为其面临的国内和国外政治和经济环境不稳定等因素的存在，在调查和分析俄罗斯

① 1999年12月31日—2000年5月7日，普京作为代理登上总统职位，2000年5月7日—2008年5月7日通过选举连续任满两届后，转为担任总理职务，此时总统由其政治上的伙伴梅德韦杰夫担任。2012年5月7日普京重新担任俄罗斯总统，梅德韦杰夫转为担任政府总理。

联邦国家各级政府财税体制及其组织构成时，笔者能够依赖的数据来源只有两个：一个是俄罗斯政府官方网站公布的数据；另一个是国外对俄罗斯政治、法律、行政体制、经济及财税体制研究的相关资料[①]。另外，由于俄罗斯联邦与其他国家之间，在政治和行政体制上存在很大不同，在比对和分析上述资料时，笔者尽可能做到准确无误，概念性术语的描述，也尽可能贴近我国习惯性的说法。

9.1 国家行政管理体制

9.1.1 联邦国家体制

根据1993年宪法规定，俄罗斯国家体制为二元代表制国家，即联邦总统和联邦议会由国民直接选举产生、代表国家行使权力，经济上实行自由的市场经济体制[②]。在民生上保护个人产权（即实行私有制），总统由选举产生，任期6年[③]。联邦构成的基本形态分为3个层次：第一个层次为联邦构成主体，主要由共和国、州和自治管区及莫斯科和圣彼得堡两个直辖市构成。联邦构成主体大致上相当于我国的省级政府，由于合并等原因，联邦构成主体的最新数据为83个；第二个层次为各联邦主体下部的城市和地区；第三个层次为大城市下部的行政区或农村地区的乡、镇、村。俄罗斯联邦国家构成的详细情况如图9－1所示。

由于俄罗斯疆土辽阔、民族众多，且体制转换期内及之后地方政府常常无视中央政府的指挥（据说现在部分地区仍旧如此），为保证中央政府的国家治理政策能够顺畅到达地方并被执行，上述83个联邦构成体被划分为8大管区，其分别为：中部联邦管区；西伯利亚联邦管区；西北联邦管区；加里宁格勒联邦管区；伏尔加联邦管区；乌拉尔联邦管区；远东联邦管区；北高加索联邦管区。俄罗斯联邦总统在上述8个联邦管区内分别派有总统特命全权代表，负责监督区域内各联邦构成主体对联邦法律和中央政府政策的执行情况，特命全权代表只负有监督权而无行政权。俄罗斯联邦政府的上述行政区域划分，其意图

① 主要是借助于日本各界对俄罗斯联邦的各种研究和分析报告。

② 俄罗斯联邦宪法第71条～第73条。

③ 2008年宪法修订时提出的新规定。之前的总统任期为4年，且不得连任两届以上，但没有规定不可再次当选。当时普京为俄罗斯总理，梅德韦杰夫为总统。由于普京在俄罗斯国内具有极高的政治声望，宪法修订的目的被认为是为普京再次参加总统选举作出的法律准备。事实上，2012年5月以后，普京再次当选俄罗斯联邦国家总统。

不仅是为强化中央政府对地方政府行政权力的控制，更大的目的可能还在于维护俄罗斯联邦国家的统一和稳定，这可以从特命全权代表几乎均为军队高层人士这一现象得以推测。但不管怎么说，上述中央政府对地方政府管控，还决定了地方政府的财税收支状况。

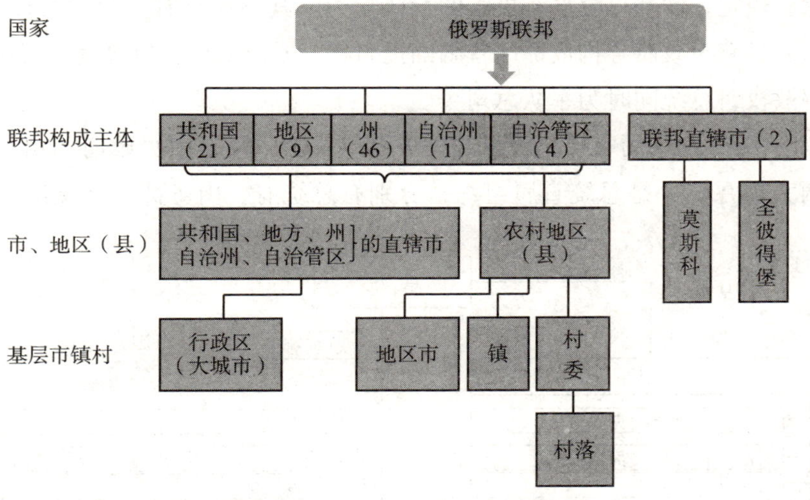

图 9－1　俄罗斯联邦行政区划概略

资料来源：参照俄罗斯政府官方和日本民间网站制作而成。图中各行政单位数为 2008 年 3 月之后的数据。http：//dvor. jp/okrug. htm。

9.1.2　中央政府、联邦构成主体及地方自治体关系

一方面，从上述 83 个联邦构成主体与联邦中央政府的关系上看，虽然各联邦构成主体均设置有政府，但各构成主体政府是联邦政府的一部分，是代为行使联邦权力的地方行政权力机构。联邦构成体政府的首脑一般为总统提名后经过联邦构成体议会认可。另一方面，作为联邦构成主体内行政区分的市、镇、村等，根据《联邦法》第 131 号《关于俄罗斯联邦地方自治体组织的一般原则》（2003 年 10 月 6 日）规定，所谓地方自治体组织是指由居民直接选举或由地方自治体组织首脑任命的、拥有被赋予解决地方问题决定权的组织（《联邦法》第 2 条）。另外，《联邦法》还规定联邦政府及联邦构成体政府对地方自治体行使法律及其他监督（《联邦法》第 5 条、第 6 条）。也就是说，俄罗斯联邦虽然在形式上有着其他发达国家同样的地方自治体形式，但联邦中央政府及其上级政府对地方自治体存在着极强的行政控制权，而且这种控制权

还通过政府间的财政转移支付得以强化。

9.1.3 中央政府的行政构造

俄罗斯联邦中央政府的集权统治模式具体体现在其行政组织构造上。按照联邦宪法规定，联邦总统享有极大的行政权力。其不仅具有对政府总理①的提名权，还具有对政府各构成部门首脑的提名权，同时对议会决议具有否决权及议会解散权，总统同时为军队总司令。

从图 9－2 归纳的联邦政府组织构成可以看出，联邦中央政府的组织构成分成两大体系：一是总统直属组织，分别有总统府、内务部、外交部、国防

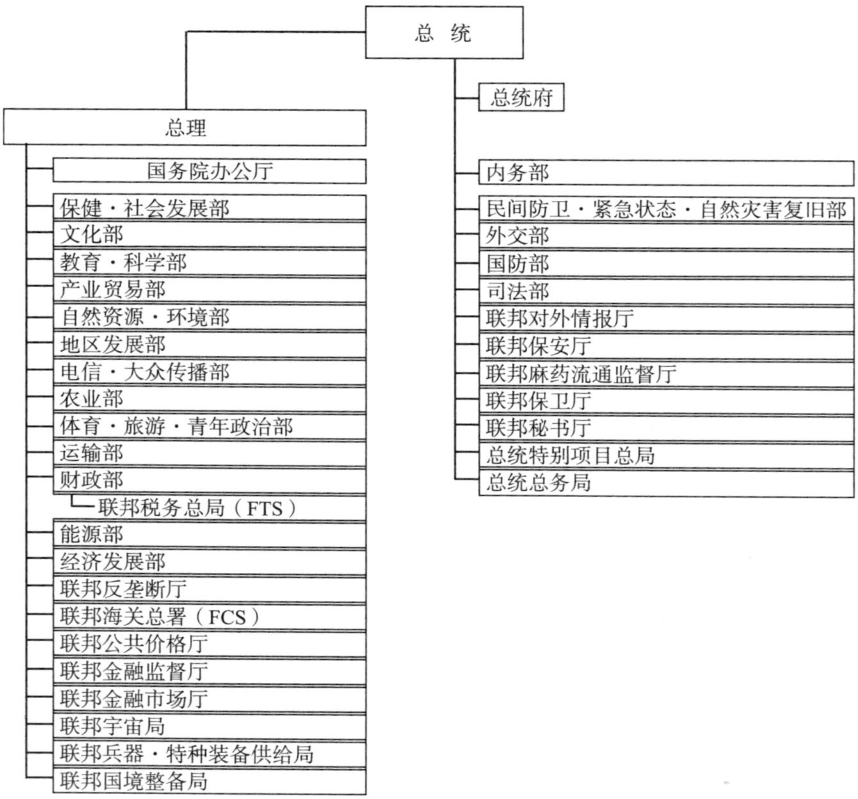

图 9－2　俄罗斯联邦中央政府行政体制

资料来源：俄罗斯联邦中央政府官方网站，http：//mir－network. com/rsfsr. htm.

① 总理的提法是遵循我国的传统习惯说法，实际上俄罗斯的正式名称为政府管理委员会或部长委员会议长。

部、司法部及民间防卫·紧急事态·自然灾害复旧部构成，即有关国家最重要的司法、军事及外交权均掌握在总统手中。另外，内务部有归属于自己的部队，负责处理国内危机事务及保护总统安全；二是总理所管主要为国内政府经常性事务。由图 9－2 可以看出，隶属于总理行政管辖的部有 13 个，同时还有直接归属与总理管辖的厅、局。特别值得注意的是，联邦海关总署直接归属于总理领导，不像有些国家归财政部管辖，其原因是由于俄罗斯联邦国家财政收入主要来源于其丰富的石油和自然资源。但联邦税务局隶属于财政部。

9.2　联邦政府财政税务行政关系

俄罗斯联邦财政收入中除极小部分来自政府拥有的公共资产使用费之外，几乎绝大部分来自税收，因此，税收征管机构便成为政府行政机构中极为重要的组成部分。俄罗斯联邦的税收征管原则上由两个不同隶属关系的组织机构实施，一个是联邦中央政府财政部下属的联邦税务总局；另一个是直接隶属于国务院的联邦海关总署（如图 9－2 所示）。俄罗斯联邦税收及税率由《联邦租税法典》规定，各级政府只负有实施权。以下分别就上述两个组织的基本构成进行简要说明。

9.2.1　联邦税务总局组织机构及权责

联邦税务总局作为隶属于联邦财政部的外局，是拥有相对独立职能的半独立组织。其主要任务是根据宪法及《联邦租税法典》的规定，实施联邦境内税收征管事务。从图 9－3 中联邦税务总局的组织结构来看，除联邦税务总局本部内设有 5 个职能局之外，地区税务总署在联邦境内具体负责实施税费征收任务。对应于联邦 8 个行政管区的划分，联邦税务总局共设有 9 个征税行政分支组织机构（加上莫斯科特区）；同时，对应上述 9 个联邦行政区税务局，还设有 9 个巨额纳税者监督局；地区税务总署下设的分支机构负责对 83 个联邦构成主体境内实施税收征管任务。地区税务总署以下根据联邦行政区划划分，分别设置城市区域税务署（104 个）、城市税务署（112 个）、区域税务署（19 个）以及众多的地区机构（673 个）。另外，联邦税务总局本部还设有负责全国范围征税数据处理的集中数据处理局、调节地区间征税差异的地区间转移定价局，以及负责地区征税业务实施的地区税务监督局。

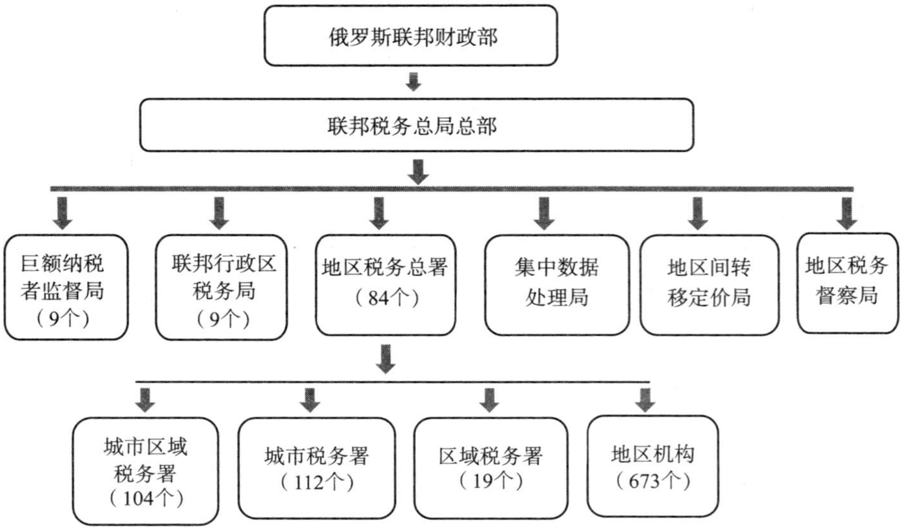

图9－3　俄罗斯联邦税务总局组织机构

资料来源：俄罗斯联邦税务总局官方网站，http：//www.nalog.ru/eng/fts/headquarters/.

从整体组织分布的构成上来看，联邦税务总局是遍布俄罗斯联邦行政区域内的、极为庞大的行政组织。非常遗憾的是，笔者无法从联邦税务总局的官方网站中找到其组织的具体人员构成总数。联邦税务总局提示的只是本部管理班子成员的构成情况。

需要说明的是，联邦税务总局是一个覆盖全俄罗斯疆域的巨大行政组织，继承了苏联政权时期的组织惯性，其负责征收的税费包括社会保障费（原为社会统一税）。另外，俄罗斯地区性或村镇税的征收也由联邦税务总局的地方分支机构实施，联邦中央与构成体及地区与村镇之间的财政关系主要采用税费分成的关系，这种关系的基础是各级政府间的协议，相关内容将在联邦政府地方自治中加以说明。

9.2.2　联邦海关总署组织机构及权责

与联邦税务总局并行的征税机构是俄罗斯联邦海关总署，但海关总署直属联邦国务院管辖，主要原因可能是联邦财政收入主要依赖于其境内丰富的石油资源出口，而石油资源出口不仅涉及国家整体利益，还关联国家发展整体战略。

从俄罗斯联邦海关总署官方网站提供的信息来看，海关总署的组织构成分为两大部分：第一部分是总部职能局（共有21个）；第二部分是与八大行政管区对应共设置有8个地区理事会。与联邦税务总局一样，联邦海关总署同样是遍布俄罗斯疆域内的巨大行政组织。遗憾的是笔者无法从联邦海关总署官方网页上获取更多的信息，无法详细了解海关总署在各地区的详细分布及组织成员构成情况。

联邦海关总署的主要权责是对进出俄罗斯国境的物品及服务依法征税，其仅具有执行权，无立法权，其所征收的关税税款及跨境物品税直接上缴国库。俄罗斯联邦海关总署组织机构的详细情况如图9－4所示。

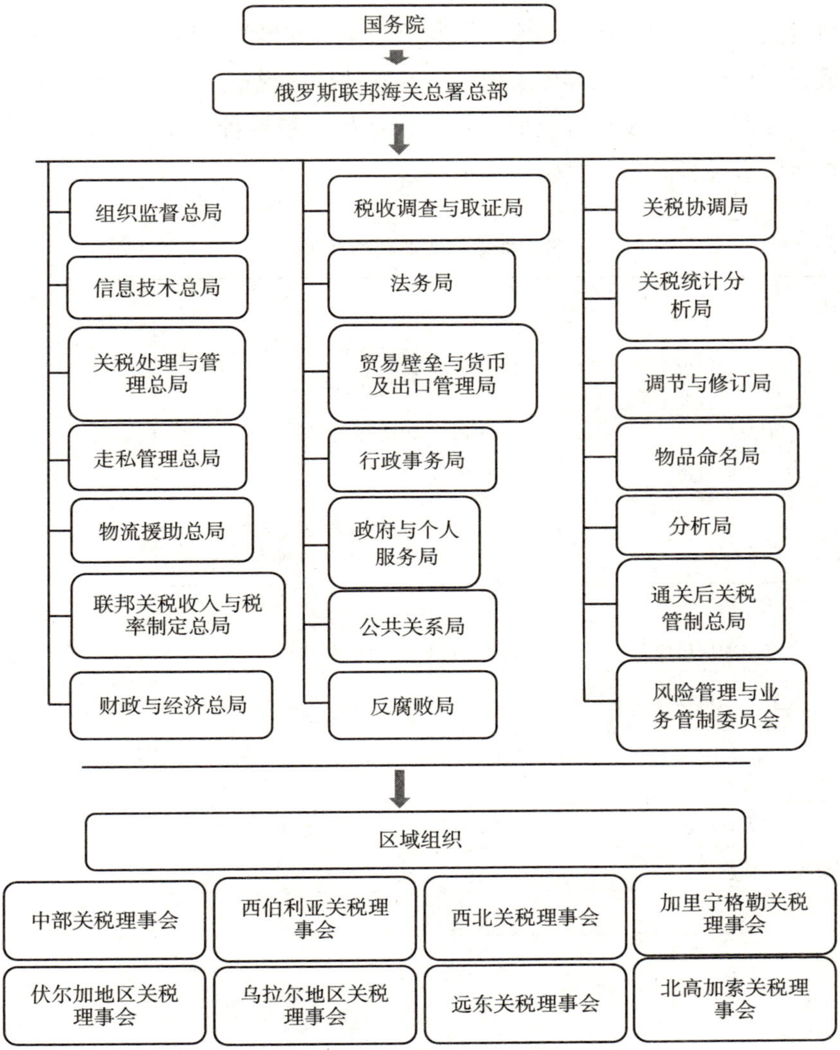

图9－4 俄罗斯联邦海关总署组织机构

资料来源：根据俄罗斯海关总署官方网站做成。http：//eng. customs. ru/index. php？option = com_content&view = article&id = 64&Itemid = 1840.

9.3 中央、地方政府财政收支

9.3.1 联邦政府财政收支

根据俄罗斯国税基本法规定①，最新的俄罗斯联邦的税收共计有 13 个税种及一项基金收费，各税种名称、基本税率及内容详见表 9－1。根据联邦税法法典规定，联邦税收构成与俄罗斯联邦国家行政区划相匹配，联邦国家税制共分成三个层面：一是联邦中央税；二是联邦地区税；三是城镇税。联邦税制由联邦法律制定，涉及地方政府的地区税或地方税税种，地方政府无权决定，但有权决定该税种是否在其辖区内征收。

表 9－1　　俄罗斯联邦主要税种及税率

类别	名称	税率	备注	法律
中央税	附加价值税（增值税）	18%	医疗仪器及服务、教育与银行服务免征	国税基本法
	消费税	3%	2015 年始征	
	个人所得税	13%		
	企业利润税	20%	其中：2% 为联邦收入；18% 为地方收入	
	物品税			
	水资源使用税			
	野生动植物等生物资源使用税			
	印花税			
区域税	法人资产税	2.20%	最大	
	运输税			
	博彩税			

① 俄罗斯联邦税法法典共有两部，分别于 1999 年 1 月 1 日和 2001 年 1 月 1 日实行。俄罗斯联邦国税基本法又称俄罗斯联邦租税法典。其中，有关税种及社会保障性收费的规定在第一部中有详细条款加以规定。

续表

类别	名称	税率	备注	法律
城镇税	土地税			国税 基本法
	个人资产税			
强制性社会保障费	社会保障费 其中：退休基金 22% 社会保险基金 2.9% 强制医疗保险基金 5.1%	30%	统一社会税：2001 年 1 月—2010 年 1 月。后废除，改为社会保障费，由雇用者缴纳	联邦法第 212 – FZ 号《关于俄罗斯联邦退休金基金、社会保险基金、强制医疗保障基金的保险费》

资料来源：根据俄罗斯联邦税务总署官方网站及其他资料汇总而成。http：//www. nalog. yu/eng/taxation_in_russia/.

另外，需要说明的是，构成联邦政府主要收入的社会保险费在 2010 年 1 月之前名称为社会统一税，之后改为社会保险费，由雇用方承担全部费用。由于该项目为政府强制性收费，并且全额纳入进国家社会保险基金账户，不列入政府财政经常性支出范畴，因此，在此不再进行详细说明。

俄罗斯政府的主要财政收入来源于税收，图 9 – 5 反映了其主要收入构成内容及比例。2013 年俄罗斯政府一般财政收入为 244427 亿卢布，主要来源构成为关税 21.4%，社会保险费 18.9%，增值税 15.1%，矿物资源采掘税 11.1%，法人所得税 8.8%，以上 5 个税种收入占政府总财政收入的 75.3%。如果将各税种收入与自然资源相关联，会发现俄罗斯政府财政一半以上的收入依靠自然资源的生产和销售获取，这一特征在联邦中央政府年度收入构成上表现得更为突出。2013 年联邦中央政府的财政收入为 13199 亿卢布，财政收入主要来源于输出关税、矿物资源采掘税和增值税三大税种（占总收入的 85.3%）。由于俄罗斯的主要输出品为石油及天然气制品，而以上三大税种又相互关联，因此对政府财政收入的贡献度极大。一些学者指出，俄罗斯联邦政府上述财政收入的构造受国际经济局势变动的影响极大，一旦国际原油期货市场有任何风吹草动，立即会对其国内经济产生重大影响。同时政府财政收支的不稳定，进一步会影响到其国内的施政。

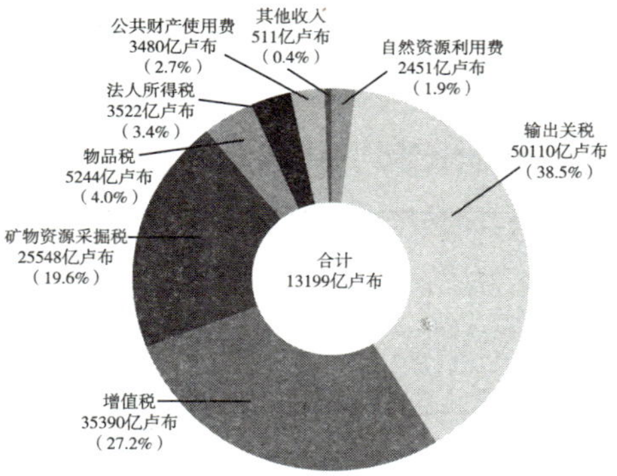

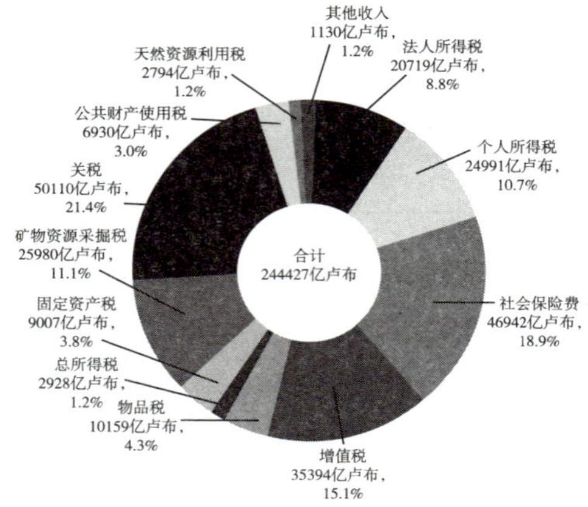

图 9-5-1　俄罗斯联邦中央政府财政收入构成（2013 年）　**图 9-5-2　俄罗斯政府一般财政收入（2013 年）**

资料来源：俄罗斯联邦统计局官方网站，http：//www. gks. ru/wps/wcm/connect/rosstat _ main/rosstat/en/figures/finanes/.

从财政支出层面上来看，2013 年俄罗斯政府一般财政总额为 252909 亿卢布，支出收支间存在小规模的财政赤字，如图 9-6 所示。从支出内容的构成上来看，最主要的支出为社会文化事业，占政府总支出的 58%；其次是国防和国内安全支出，该两项支出约占政府总支出的 17%；用于国民经济基础建设的支出约占政府总支出的 13%；政府行政机关维持性经费支出约占财政总

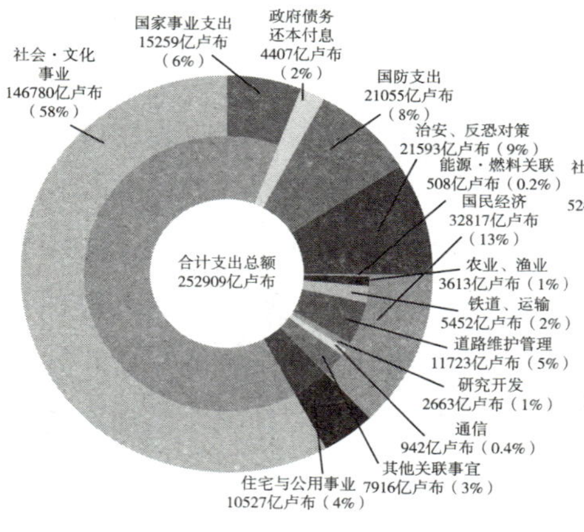

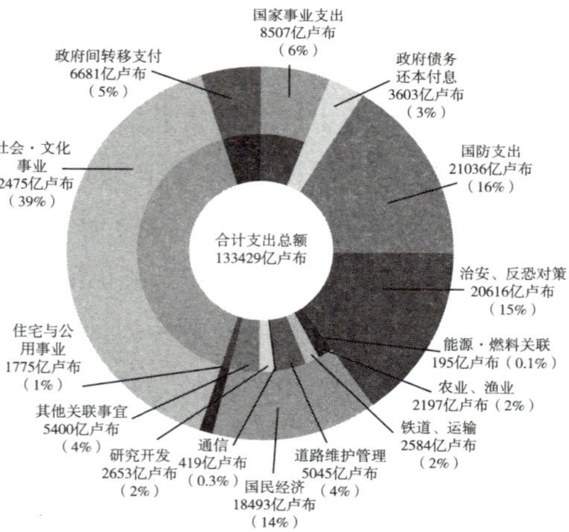

图 9-6-1　俄罗斯政府一般财政支出（2013 年）　**图 9-6-2　俄罗斯联邦中央政府财政支出（2013 年）**

资料来源：俄罗斯联邦统计局官方网站，http：//www. gks. ru/wps/wcm/connect/rosstat _ main/rosstat/en/figures/finance/.

支出的6%。联邦中央政府财政支出与联邦政府总支出呈现出同样的特征，但总体上国防和国内治安财政支出的比例大幅上升，社会文化事业支出比例相对下降。联邦中央政府国防及国内治安支出比例过高的原因可能是因为车臣问题及克里米亚问题。另外，联邦中央政府向地方自治体政府的转移支付约占联邦中央政府总支出的5%。

总体上来看，俄罗斯政府财政收支状况相对均衡。2013年预算虽然存在着小规模的财政赤字，但之前由于国际油价保持在较高水准，依赖于石油资源输出的收入，联邦财政持续维持政府财政收支盈余。近年来，由于国际油价大幅下滑，严重影响到过度依赖于资源输出的联邦政府财政整体收入水平，联邦政府不得不试图扩充财源。如经过几年时间的激烈争论，联邦总统普京最终决定在2015年开始征收消费税，尽管采纳的基准税率仅为3%，但显示出联邦政府试图摆脱资源依赖型财政收入构造的尝试。

9.3.2 联邦中央财政的地方财政转移支付

俄罗斯联邦中央政府财政向地方政府财政的转移支付根据经费使用目的大致上分为一般性财政转移支付和特殊性财政转移支付两大类。一般性财政转移支付的目的是调整和平衡联邦构成主体政府间财政收入的差异，为此联邦中央政府特设置了联邦构成主体财政支援联邦基金（以下简称FFPR）①。特殊性财政转移支付又分为联邦中央行政委托事务性转移支付及特定政策项目财政转移支付。另外，还有以社会保障基金为财源的预算外补助金。

实际上FFPR的财政转移支付占联邦总转移支付的绝大部分。从2012年的数据来看，联邦政府向地方政府总财政转移支付金额中，61.1%为一般财政性转移支付，其中90%以上来源于FFPR，约占总转移支付的56.5%。另外，比例比较高的是地方政府接受中央政府委托行政事务的委托经费，约占总转移支付的32.9%。

需要特别指出的是，由于联邦构成主体政府间自然资源分布及经济发展程度存在很大差异，地方政府及地方自治体财政收入存在的差异极大，而宪法规定中央联邦政府与地方政府的权责关系依赖于相互间缔结的协定，因此，地方

---

① FFPR为Fund for Financial Support of the Regions的简称。该部分内容选自：竹本亨.ロシアの財政調整制度——連邦構成主体自制支援連邦基金について［EB/OL］. http://www.tezukayama-u.ac.jp/social/institute/business_economics/pdf/dis02.pdf.

政府与联邦中央不仅仅存在着政治上的博弈关系，而且联邦构成体以下政府在接受中央财政转移支付上同样存在着极大差异。上述中央与地方的财政关系是否为意图性地巩固联邦中央政府的权力而设置不得而知，但事实上是起到了强化中央政府行政权力的作用。

9.4 中央、地方税收征管体制

俄罗斯联邦的地方治理及地方自治牵扯两个基本问题：一个是地方政府行政权力的划分问题；另一个是维持行政权力所需要的资源如何获取或如何配置的问题。上述第一个问题反映了俄罗斯联邦各级政府间的权限划分，第二个问题反映了俄罗斯联邦中央政府与地方政府间的财政关系。各级政府的权责划分如下所述。

9.4.1 俄罗斯联邦中央政府与地方政府行政权划分

俄罗斯为联邦制国家，中央政府和地方政府共同构成国家机构，其行政权限的划分依靠两者之间缔结的协定完成。虽然针对不同地方政府与中央政府之间的协定内容不同，但俄罗斯宪法第5条对不同层级政府间权限区分条约及各公共领域管理协定的缔结作出了明确规定。

9.4.1.1 联邦政府专权事务

（1）俄罗斯联邦宪法及法律的制定及修订，其遵守情况的监督；

（2）俄罗斯联邦体制的维持与领土维护；

（3）个人与市民权利及自由的监督保障，俄罗斯联邦国籍管理，少数民族权利的监督与保护；

（4）立法、执法、司法各权力机关制度的制定，上述组织化和活动规定、国家权力联邦机关的创设；

（5）联邦国家财产及管理；

（6）关于俄罗斯联邦内的国家、经济、环境、社会、文化、民族领域的联邦政策与联邦基本项目的制定；

（7）有关统一市场的法律建设，外币、信用、关税管理，金融政策，价格政策的基础，包括联邦银行在内的联邦经济活动的管理；

（8）联邦预算编制、联邦税与征税管理，促进地方发展的联邦资金运作；

（9）联邦能源政策、原子能发电政策、联邦交通、通信、信息与邮政、宇宙开发；

（10）俄罗斯联邦对外政策与国际关系、俄罗斯联邦的国际协定、战争与和平等问题；

（11）俄罗斯联邦对外经济活动；

（12）国防安全、国防产业、有关武器与军事技术及军事资产买卖的规定；

（13）有关国境线、领海、领空排他性经济水域和大陆架地位及保卫的规定；

（14）船舶政策、检视局、刑事政策、民事诉讼、调停政策；

（15）与联邦法的抵触规定；

（16）气象业务；

（17）国家勋章。

9.4.1.2 中央政府与地方政府的共同权限

（1）对俄罗斯宪法与法律、地方、州、拥有联邦意义的市、自治州、自治区的宪章、法律及其他法令是否符合联邦宪法与法律的审议；

（2）个人与市民权利与自由的保障，少数民族权利的保障，法律、法秩序、社会安全的保障，国境地带安全保障；

（3）土地、地下资源、水资源、其他天然资源的所有、利用、处分等问题；

（4）国有财产的分割；

（5）天然资源的利用、环境保全、特定自然保护区域、历史性文化性纪念碑的保存；

（6）保育、教育、科学、文化、体育、运动等问题；

（7）保健问题调整，家族、母子家庭、父子家庭的保护，包括社会保障在内的社会保护政策；

（8）有关防止离婚、自然灾害、传染性疾病扩大措施的实现；

（9）有关俄罗斯联邦税制及征税一般原则的制定；

（10）行政法、行政诉讼、劳动法、民法、居民法、土地法、水资源法、森林法、地下资源法、环境保护法；

（11）司法及法律机关的干部人事、律师活动；

（12）少数民族风俗与传统的保护；

（13）国家权力机关与地方自治体一般原则的制定；

（14）俄罗斯联邦构成主体的国际关系与对外经济关系的调整、俄罗斯联邦国际协定的实施。

9.4.1.3 地方政府的专权事项

根据俄罗斯宪法第 73 条规定，除上述联邦政府专权事项及关于俄罗斯联邦与联邦构成主体共同权限以外，俄罗斯联邦构成主体拥有全部的国家权限。以下是地方政府拥有的一般权限事项。

（1）联邦构成主体宪章与法律的制定及修订；

（2）联邦构成主体的地位与区域变更的同意；

（3）有关联邦构成主体国家权力机关编制的制定和手续；

（4）针对联邦构成主体国家权力国际关组织化与活动的法律规制；

（5）由俄罗斯联邦转让的联邦构成主体的国家财产；

（6）联邦构成主体的预算和税金、征税；

（7）联邦构成主体所有的国营企业、设施、团体；

（8）联邦构成主体的发展计划；

（9）联邦构成主体行政区划的制定；

（10）联邦构成主体的国家公务员；

（11）联邦主体的勋章。

以上相关各级政府权责的宪法条款内容，仅仅是框架性的原则规定，虽然在一定程度上保障了各联邦构成主体的国家权限，但实际上中央政府与地方政府间的权责划分并不清晰，在具体执行或操作时往往政治上的各种利害关系纠缠在其中，不断出现各种问题。

9.4.2 联邦政府与地方政府的财政关系

之前的内容已经说明了俄罗斯联邦中央政府的财政收入主要依赖于与自然资源生产和贸易活动相关的税收。

中央财政与地方政府的财政关系根据俄罗斯《联邦国税基本法》（俄罗斯

税法共有两部，第一部1999年1月施行；第二部2001年1月施行）和《关于俄罗斯共和国预算与预算执行基本法》的规定，采用税收分割的做法，即采取联邦中央政府征收的各税种及关税税额与地方政府按一定比例分配的做法。由于俄罗斯联邦成立之后，联邦构成主体与中央政府之间的政治关系处于不稳定状态，俄罗斯联邦中央政府不得不采取措施进行安抚，同时还不得不采取强有力措施维持联邦的统一。因此，上述财源分割政策也进行了不断调整。表9－2和表9－3反映了不同年度俄罗斯中央政府与地方政府间财源分配的关系。与此相比较，表9－1中列示的现行税种反映出联邦政府对以前年度的税收进行了梳理和规范。但即使如此，仍然可以看出地方自治体财源中来自上级政府税收分成的比例相当低，地方自治政府财政不得不更多地依赖于上级政府或联邦政府的财政转移支付。

表9－2　　1994—2001年各税种分配比例

税种	实施年	联邦保留比例	联邦构成体政府分配比例
关税	1994—2001	100%	0
增值税	1994—1999	75%	25%
	1999—2000	85%	15%
物品税1	1994—2001	50%	50%
物品税2	1994—2001	0	100%
所得税	1994、1997—1998，2001	0	100%
	1995—1996	10%	90%
	1999—2000	15%	85%
法人税	1994—2001	37%	63%

资料来源：長谷直哉．ロシア連邦における財政連邦主義［EB/OL］. http：//www. econ. hit－u. ac. jp/～zaisei62/resume－pdf/hase－n－FP. pdf.

表9－3　　2005年以前的税种及税额分配比例

税种	区分	分配比例		
		联邦	联邦构成主体	地方自治体
关税	联邦	100%	—	—
增值税		100%	—	—
天然资源使用费（石油、天然气、煤炭等）		80%	20%	—

续表

税种	区分	分配比例		
		联邦	联邦构成主体	地方自治体
天然资源使用费（一般矿物）	联邦	—	100%	—
天然资源使用费（其他矿物）		40%	60%	—
天然资源使用费（大陆架采掘物）		100%	—	—
物品税 1（燃料税关连、汽车）		100%	—	—
物品税 2（酒税关连）		50%	50%	—
物品税 3（其他）		—	100%	—
所得税		—	50%	50%
继承税		—	100%	—
法人税		31%	61%	8%
运输税	地区	—	100%	—
销售税		—	40%	60%
环境保全费		—	50%	50%
博彩税		—	80%	20%

资料来源：長谷直哉．ロシア連邦における財政連邦主義［EB/OL］. http：//www. econ. hit - u. ac. jp/ ~ zaisei62/resume - pdf/hase - n - FP. pdf.

9.4.3 地方自治政府的组织结构案例

为验证俄罗斯联邦税收行政体制采取的是中央集权式的管理模式，本章选择位于俄罗斯联邦远东管区的中等城市海参崴作为观察对象，通过观察其政府组织构成和职能中是否存在地方税征收部门，来确定俄罗斯联邦税收及关税由中央政府同意管辖和征收的推断。

图 9 - 7 反映了海参威政府（地方自治体组织）组织构成的详细内容。在海参崴市政府的所有职能部门中，并没有负责地方税征收的部门构成。与市财政相关的职能部门中，财政部是负责政府预算的部门，市有财产部是负责海参崴市自有资产运营与管理的职能部门，其收入纳入市财政；福祉部负责市民的基本社会福利管理。

实际上，笔者通过对其他地方自治体政府组织构成的观察，也没有发现政府组织中存在着征税职能部门，但俄罗斯宪法第 5 条规定，作为地方专权事务，地方自治体拥有征收地方税的权力。实际上，由于《联邦租税法典》中规

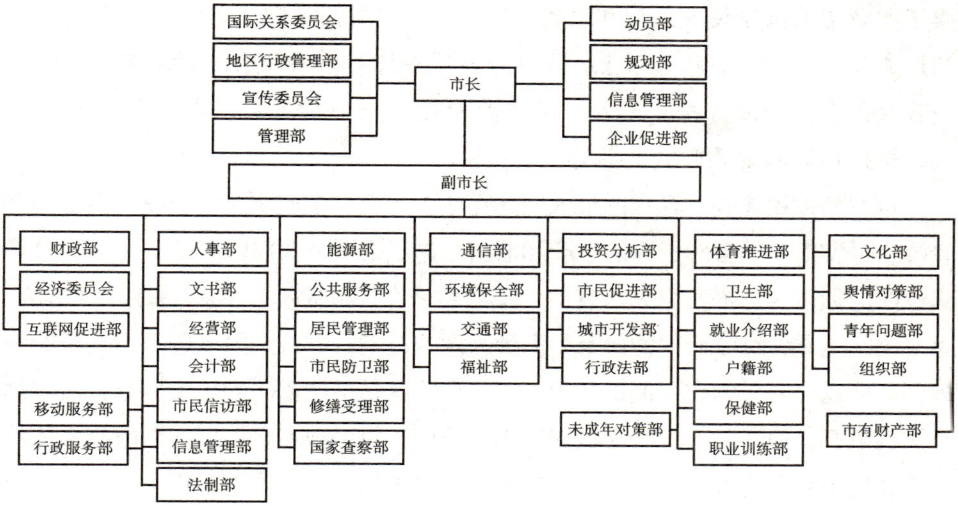

图 9－7　海参崴市政府组织机构

资料来源：日本自治体国际协会．ロシアの地方都市における自治制度［EB/OL］. http：//www. clair. or. jp/j/forum/series/pdf/j20. pdf.

定的地方自治体税收（见表 9－1）主要是土地税和个人资产税，这部分税收由地方政府中的财政部门征收，其他与中央政府分成会税种由联邦税务总局组织的地方分支机构征收。地方财政部门有专门的税收职员，行使地方税征收的权限。

9.5　小结

俄罗斯联邦自 1991 年成立以来，经历了政治上的动乱和国家再建的动荡过程。1993 年之后，通过制定联邦新宪法和各种法律，联邦国家体制得以确立。虽然在这一过程中发生了车臣内战及克里米亚之争，但在俄罗斯国内丰富自然资源的支撑下，联邦整体的政治、经济环境逐渐趋于稳定。

由于历史及文化上的原因，俄罗斯联邦国家采用共和体制，在中央政府以下有 83 个联邦构成主体，各联邦构成主体以下为市、镇、村地方自治体。联邦构成主体政府为联邦政府的组成部分，共同构成政府组织体，联邦构成主体政府首脑有总统指名后参加选举产生。

联邦政府财政收入主要来源于税收，少部分来源于政府财产收入。联邦政府通过制定法律确定国家或地区及地方自治体的税种和税率。征税的实施由隶属于财政部的国家税务总局和隶属于国务院的联邦海关总署负责。在中央政府和地方政府之间的财政关系上，由联邦构成主体与中央政府间缔结协定，确定税收及税率的分成方法。另外，中央政府还通过设立地区间财政收入调整基金，平衡地区间财政收入的差异。

俄罗斯财税体制上存在的最大问题有3个：第一个问题是以税收为核心的财政收入过度依赖于自然资源的生产和输出，造成俄罗斯政府财源单一，一旦自然资源的国际市场价格发生大幅波动，将会对俄罗斯联邦财政收入造成巨大影响；第二个问题是各级政府间的协定受多种因素的影响，财政调整基金是否真正能够起到平衡地区差异的作用值得怀疑；第三个问题是虽然宪法规定了地方自治体具有课税赋权，但实际上税法立法权为中央政府所控，地方自治体的财政收入依赖联邦补助金和上级政府的财政转移支付，无内生性创收财源的根本动机。

俄罗斯联邦中央政府组织构成详细情况如附图1所示。

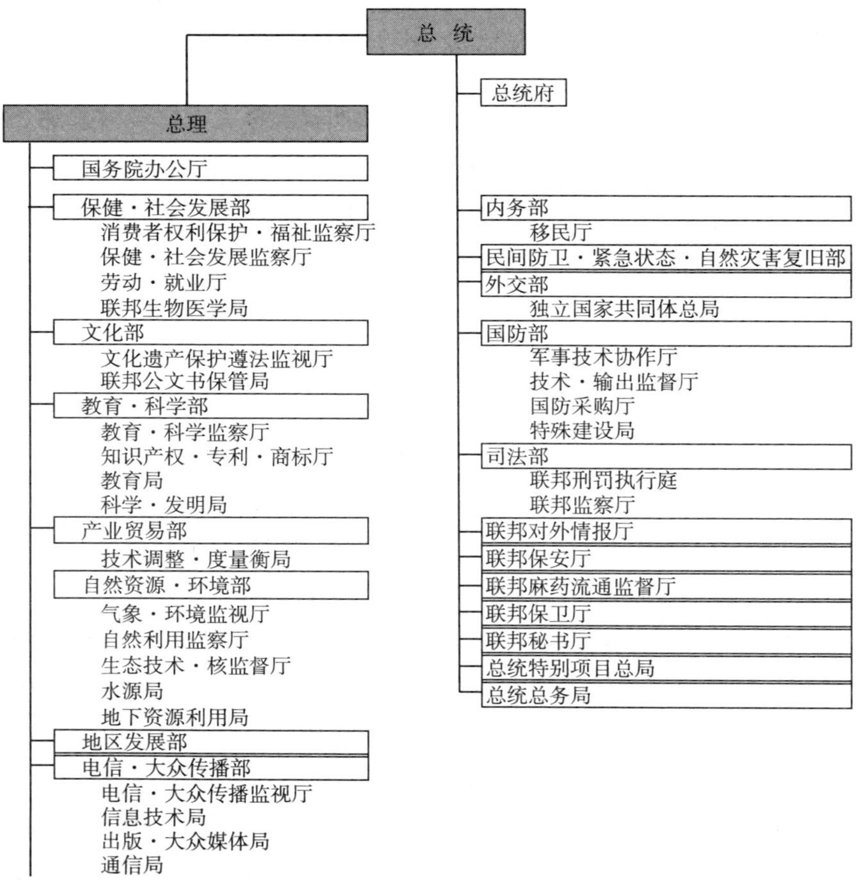

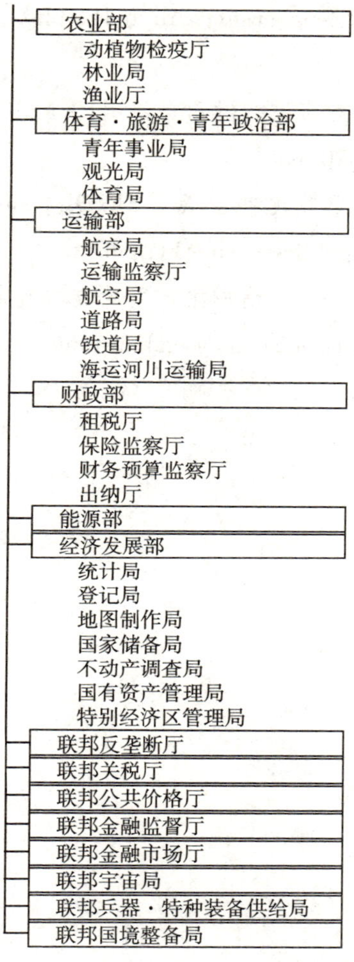

附图1　俄罗斯联邦中央政府行政组组织结构

资料来源：俄罗斯联邦官方网站，http：//mir－network.com/rsfsr.htm.

参考文献：

1. 俄罗斯政府官方网站

［1］俄罗斯联邦政府官网：http：//government.ru/en/.

［2］俄罗斯联邦财政部官网：http：//old.minfin.ru/en/.

［3］俄罗斯联邦统计局官网：http：//www.gks.ru/wps/wcm/connect/rosstat_main/rosstat/en/.

［4］俄罗斯联邦税务总局官网：http：//www.nalog.ru/eng/taxation_in_russia/.

［5］俄罗斯联邦海关总署官网：http：//eng. customs. ru/index. php.

2. 调查报告及论文

［1］自治体国际化协会．ロシアの地方都市における自治制度［EB/OL］. http：//www. clair. or. jp/j/forum/series/pdf/j20. pdf.

［2］長谷直哉．ロシア連邦における財政連邦主義［EB/OL］. http：//www. econ. hit－u. ac. jp/～zaisei62/resume－pdf/hase－n－FP. pdf.

［3］竹本亨．ロシアの財政調整制度——連邦構成主体財政支援連邦基金について［EB/OL］. https：//www. tezukagama_u. ac. jp/social/institute/business_economics/pdf/dis02. pdf.

10 印度税收征管体制

印度宪法序言宣示印度为主权、社会主义、世俗的民主共和国。印度的政体是议会内阁制，在中央与地方的关系上实行带有单一制色彩的联邦制，与中国有着鲜明的、同时耐人寻味的相似与差异。相同之处表现在二者都有庞大的人口数目和广袤的国土，同为亚洲迅速崛起的发展中国家，且在中央与地方关系上属于典型的单一制或单一制倾向明显。差异则包括：印度走的是典型的西方道路，中国则坚持走社会主义道路；印度民族成分比中国更加复杂，语言繁多（仅宪法承认的语言就有 22 种），全民信奉多种宗教，这一情况还被不断演化、渗透印度社会方方面面的种姓制度进一步复杂化，导致宗教/种姓矛盾成为政治生活中的重要议题；印度比中国更注重高科技产业的发展却相对忽视基础设施建设。在某种意义上印度与中国是互补的，这种视角使得对印度的研究显得很有意义。

10.1 国家行政管理体制

10.1.1 国家行政管理区划

印度在中央与地方关系上实行有单一制色彩的联邦制，行政区划的第一级是邦和中央直辖区，其中邦为联邦成员。印度官方认为其有 29 个州和 7 个中央直辖区，其中或存在与周边国家的领土争议地区（如图 10－1 所示）。

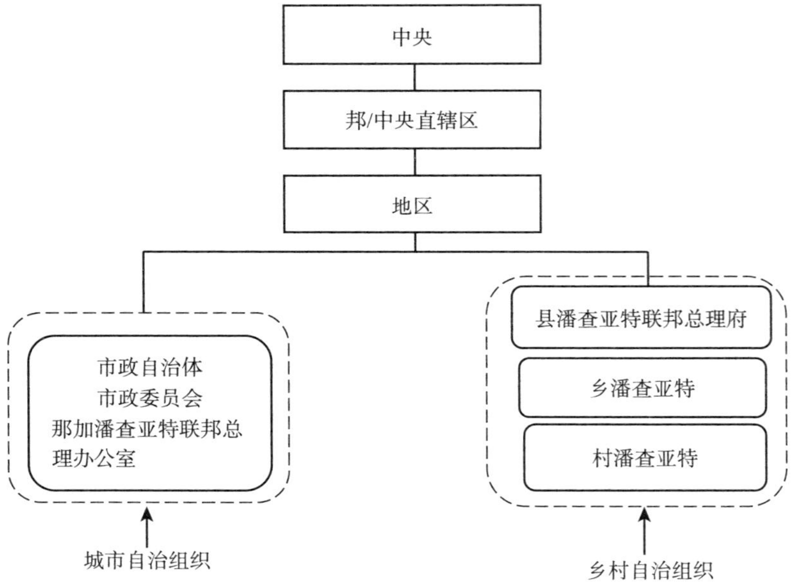

图 10－1　印度政府层次和地方自治机构

邦和中央直辖区被进一步划分为地区，写作本文时全印度共有 675 个地区。地区最重要的行政长官叫作地区收税官，承担诸如公共安全、土地收入、规划、灾害应对及纠纷解决等重要职能，地区收税官制度始于近 200 年前英国殖民时期且持续至今。1993 年生效的宪法第 73、74 修正案规定了城市和乡村的自治组织，地方治理的主要场所由此转移到了农村的潘查亚特和城市自治体。对地方自治组织详细介绍将在“10.4.4　地方自治与地方财政”进行。

10.1.2　政府组织方式

本节主要描述印度中央政府的组织方式，邦政府组织与联邦类似。

印度宪法第五篇规定联邦权力分配：总统为国家元首，立法、行政和司法权分别由议会、部长理事会和法院享有（如图 10－2 所示）。

议会是国家最高立法机关，由总统，人民院和联邦院组成。人民院代表人民，议员由各邦选民从其选区直接选出，不超过 530 人；联邦院代表印度联邦，其中 12 人由总统提名，邦和中央直辖区代表不超过 238 人。两院的权力可概括为对政府的监督权、立法权和财政权。同一般议会制的国家一样，印度的人民院在财政权方面比联邦院有更大的权力，具体表现为以下两个方面：

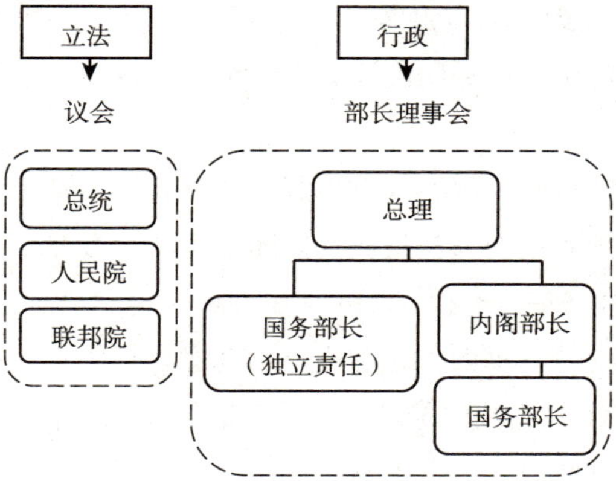

图 10－2　印度中央政府权力配置

资料来源：印度宪法第五篇，内阁秘书网站 2015 年 3 月 5 日部长会议名单［EB/OL］. http：//www. cabsec. nic. in/showpdf. php？type = council_cabinet_cabinetministers.

（1）宪法第 110 条第 1 款定义了财政法案，财政法案包括关于任何税收的课征、废止、豁免、变更或调整的法案。财政法案应经总统建议在人民院提出，但减税或取消税的法案无须总统建议。

（2）中央政府每年的预算和拨款请求由总统交两院讨论，人民院表决。宪法第 112 条第 3 款列举了预算开支，包括总统、副总统和其他重要官员的薪水以及法院的行政开支等，预算开支可以只讨论而不表决，其他开支须以拨款请求的形式提交人民院，人民院可否决、同意或减少，但不得增加拨款。人民院同意拨款后需通过相应拨款法案。

印度有一套垂直司法系统，司法机关由联邦最高法院、邦高等法院及地方法院组成。①

最高法院对联邦与邦的争议、邦际争议有初审管辖权，对高等法院涉及解释宪法的实质法律问题的判决/宣告/最终命令的上诉有上诉管辖权，向总统提供有重大影响的法律/事实问题的咨询。

高等法院在全国共有 18 个，监督其辖区内所有法庭，其管辖权不局限于一个邦，其权力范围可被联邦和邦的立法机构修改。高等法院一般只有上诉管辖权，孟买、加尔各答和钦奈等大城市的高等法院还有初审管辖权。

总统是名义上的国家元首，也是议会的组成部分，任期 5 年，可连任，享

① 对印度司法机关的介绍参考印度驻华大使馆网站司法页，http：//www. indianembassy. org. cn/Chinese/DynamicContentChinese. aspx？MenuId = 66&SubMenuId = 66.

有联邦国防军最高统帅权等权力，印度政府的一切行政行为须以总统之名做出。总统由总统选举团选举产生，选举团由议会两院中的当选议员及各邦立法会议议员中的当选议员构成。

同加拿大、澳大利亚等实行威斯敏斯特政治制度的英联邦国家一样，印度实际的最高行政机关是由总理和内阁部长组成的内阁，而这一点并无宪法明文规定，宪法文本只规定了部长理事会（Council of Ministers）："设以总理为首的部长理事会，以赞襄总统、便其垂询，总统应遵照其建议行使其职权。部长理事会集体对人民院负责。"（《宪法》第74条）总理由总统任命人民院多数党的领袖担任，部长由总统据总理的建议任命。部长须是议会任一院的议员，或在6个月内被选为议员。若无政党获过半数席位或政府不受议会过半数信任而垮台，总统也可任命其认为合适的人任临时总理。总理没有明确任期和退休年龄，其任期将在其受人民院信任期间持续。

部长理事会由总理、内阁部长、国务部长（独立责任）和国务部长组成。内阁部长是其负责部门的首要负责人；国务部长协助与自己同部门的内阁部长工作，级别低于内阁部长；国务部长（独立责任）也是部门的首要负责人，级别在内阁部长与国务部长之间。包括总理在内的部长总数不得超过人民院的15%。

每位部长负责一个或多个政府部门（或其他事务部门组合）的事务。各部门一般设一位官员（通常是公务员），称印度政府秘书，负责向部长提出政策和一般行政方面的建议，由总理管理的内阁秘书处则协调最高层的决策。①

部门设司等下级机构分管具体事务。每个司设一位印度政府秘书为司的行政负责人，确保该司的工作恰当开展。司可进一步分为由特别秘书/增设秘书/共同秘书领导的翼，翼之下还可再分二、三层行政组织，一般最低的层次是科，其工作明确而具体。②

2015年3月5日，部长会议中有内阁部长26人，国务部长（独立责任）13人，国务部长25人。其时共有53个部门，其中16个是独立责任部门，还有2个不附属于部门的独立司，即原子能和航空航天，由总理直接负责。总理还负责人事、公共投诉与养老金部，以及未交其他部长分管的国家事务。具体部门设置列于图10-3中，凸显了财税职能部门。

① 本段参考印度驻华大使馆网站行政页，http://www.indianembassy.org.cn/Chinese/DynamicContentChinese.aspx? MenuId=66&SubMenuId=64.

② 《第二届行政改革委员会第十三次报告》第三章，http://arc.gov.in/13threport.pdf.

图 10－3　印度 55 个中央政府部门一览（2015 年 3 月 5 日）

资料来源：1. 同图 10－2。

2. 财政部 2014—2015 年报［EB/OL］. http：//finmin. nic. in/reports/annualreport. asp.

财政部下设5个司：经济事务司、开支司、收入司、投资缩减司和金融服务司，各司职权如下①：

（1）经济事务司负责管理外汇、用于经济发展的外国援助、国内金融（货币，证券市场等）、预算事宜和印度经济公务员，就对国家经济管理有影响的事宜提出建议，制定信贷/财政/货币政策。

（2）开支司监督中央政府的公共财务管理系统，负责与邦财政有关的事务，主要活动包括对重大开支项目的事前评估（包括计划与非计划开支），处理大部分中央向邦转移的财政资源，准备中央政府账户，管理中央政府人事管理中的财务方面，执行财政委员会（研究中央向邦的转移支付）和中央薪酬委员会（研究中央政府雇员的薪酬事宜）的建议，监督中央部门的开支管理，协助中央部门优化公共支出成效（包括参与控制公共服务成本，组织结构重组），协调一切与财政部整体有关的事宜。

（3）收入司执掌税务行政，其职权除了中央直接税和间接税的相关法律法规的执法，还有与各邦协调商品与服务税的改革事宜，管控鸦片生产、处理及其产品。

（4）投资缩减司于1999年12月作为一个独立司成立，2001年被升格为投资缩减部，2004年5月成为财政部下属的一个司，负责中央政府在公共部门的投资缩减事宜。

（5）金融服务司负责公共部门银行与金融机构的政策事宜，包括前述机构的功能，负责人的任命，立法事宜，国籍借贷关系，央行行长任命，政策性银行事务，农业金融合作社，合作银行，地区性农村银行，农村信贷，金融服务包容性，保险业，公有部门保险公司绩效，养老金改革。

10.2 中央财政税务行政关系

执掌印度中央政府税收征管的部门是财政部下的收入司。收入司由收入秘书领导，通过直接税中央局（Central Board of Direct Taxes，CBDT）及消费税和关税中央局（Central Board of Excise and Customs，CBEC）管控中央税。CBDT征管直接税，CBEC征管关税、中央消费税、服务税和其他间接税。

---

① 对财政部各司的职权介绍参考：财政部2014—2015年报［EB/OL］. http：//finmin. nic. in/reports/annualreport. asp；财政部网站部门分工介绍［EB/OL］. http：//finmin. nic. in/allocation_business/index. asp.

本章对 CBEC 和 CBDT 的介绍主要参考税务行政改革委员会第一份报告（2014年)①，关于 CBEC 派出机构的信息则参考了该部门公开的派出机构信息。②

10.2.1 CBDT 与 CBEC 的总部结构

从图 10－4 与图 10－5 的组织结构可以看出，CBDT 与 CBEC 各由一个主席领导，外加数个成员，这些成员依职权同时是印度政府的特别秘书。共同秘书、共同专员、理事、副秘书、下级秘书、科员、助理等协助主席和成员的日常工作。

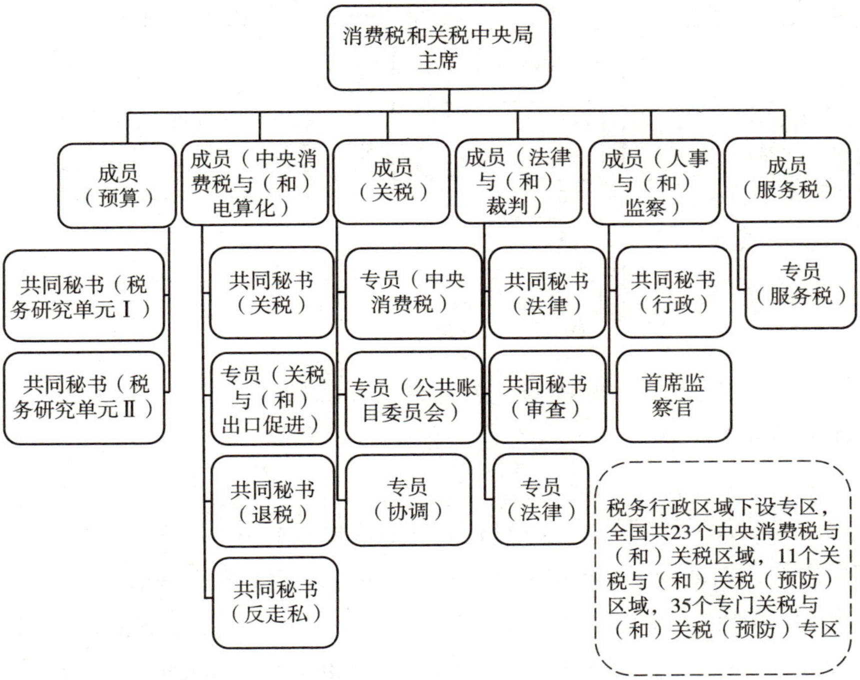

图 10－4　消费税和关税中央局组织结构

资料来源：税务行政改革委员会第一份报告（2014 年）［EB/OL］. http：//finmin. nic. in/the_ministry/dept_revenue/tarc_report. asp.

---

① 税务行政改革委员会报告一览网页，http：//finmin. nic. in/the_ministry/dept_revenue/tarc_report. asp.

② CBEC 公开的派出机构信息网页，http：//www. cbec. gov. in/htdocs－cbec/info－act/customs/customs.

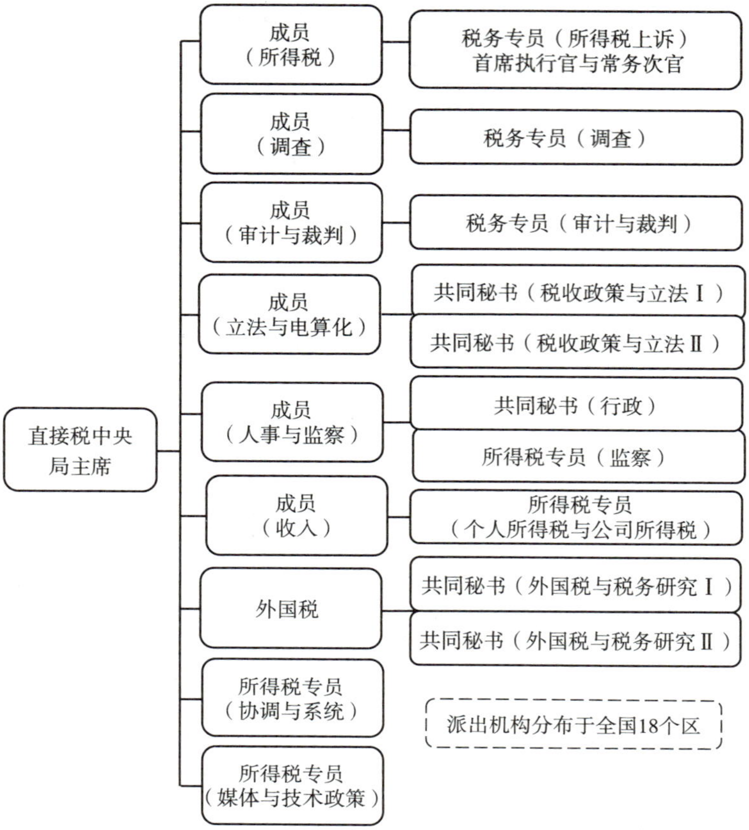

图 10－5　直接税中央局组织结构

资料来源：同图 10－4。

两个局及其下属部门虽然在结构和办事流程上不同，但在行政功能需求上有相似之处，如宣传、电算化或系统、人力资源管理、后勤等，这些功能由名为理事会的附属办事机构实现，没有在图 10－5 中列示。诸如检查、审计、组织与管理、监察和恢复等理事会执行的是监督和报告编写职能，总部以此监督考评派出机构的工作；系统、打印、出版和公共关系、检修、基础设施等理事会则支持派出部门的工作。两个局对各自理事会的分工有所不同。

10. 2. 2　CBDT 与 CBEC 的派出机构

CEBT 和 CEBC 的派出机构由首席专员领导，派出机构的主要工作是核定该区域的应纳税额和追缴税款，上诉也是一项重要业务。税务行政中除了地理区域的分割，还有税种的分割：如在大城市一般把公司和其他纳税人分开对待，对于需要更多精力和技术的公司所得税，通常会增设一个副专员/助理所得税专员；工资也常被分作一项单独的业务；关税、中央消费税和服务税虽然都由 CEBC 负责，它们的征管在行政上也是分开的。

10.2.2.1 CBEC 的派出机构

CBEC 按区域（zones）设立派出机构，区域被进一步划分为专区（Commissionerates）。全国共 23 个中央消费税与关税区域，11 个关税与关税（预防）区域。各区域由一个首席专员级别的官员领导，下设两个或更多专区。首席专员的主要职责是监督其所属专区和专员（上诉）的工作，通常有一个增设专员、20 个正式任命 B 级公务员、20 个非正式任命 B 级公务员和其他部门职员协助首席专员的日常工作。

全国共有 35 个专门的关税与关税（预防）专区，它们执行《1962 年关税法》和相关法律，包括关税征管、其划定区域内的强制执行。它们还监视沿海和内陆边境以预防走私活动，受到后勤理事会下属的海事与电信部门的协助。

全国共有 93 个中央消费税与关税专区，各专区由一个中央消费税专员领导，在区内征收中央消费税、关税，执行反走私工作。前述专区一般还征管区内的中央服务税，除了在 6 个大城市的 7 个专区：在大城市德里、孟买、加尔各答、钦奈、艾哈迈达巴德以及班加罗尔，有 7 个服务税专区专门征管服务税，这些服务税专区也由相应的中央消费税首席专员监管。

另外，全国共有 67 个中央消费税和关税专员（上诉），另有 4 个分布于孟买、钦奈、德里和班加罗尔的专员（裁判），裁定有全印度影响力的或数额巨大的中央消费税和关税案件。

10.2.2.2 CBDT 的派出机构

CBDT 将全国分成 18 个地区，每个地区由主要首席所得税专员领导（Principal Chief Income Tax Commissioner），下设首席专员和主要专员。所得税首席专员是分布在全国各处派出机构职位最高的公职人员，负责相应区域的监督、控制和行政管理，受到所得税专员的协助。几乎每个区都有税务办公室。

所得税专员（审计）抽查派出机构的工作，确保核税正确率。受理上诉的第一级机构是所得税专员（上诉），所得税上诉裁判所是第二级上诉机构，政府部门和纳税人都在此注册案件。所得税专员机构在每个裁判所设部门代表，在诉讼中代表税务部门。

CBDT 有 3 个理事会也设立派出机构：所得税理事长（调查），所得税理事长（豁免），所得税理事长（国际税收）。所得税理事长（调查）负责相应区域的调查机制、遏制逃税、查找黑钱；国际税收和转移定价所得税理事会处理非居民税务和国外汇款预扣，在工作量不大的地区，转移定价理事会通常并入所得税理事会（国际税收）。

10.2.3　税务改革委员会对中央税征管的部分建议

税务改革委员会对 CEBT 和 CEBC 的行政设置提出了以下批评：

（1）CEBT 和 CEBC 在法律上并不是单独的部门，而是收入司的组成部分，尽管它们并不是后者的部门（department）或附属机构（attached or subordinate office），更不是自治组织或公共事业。根据《1961 年印度政府（业务分配）规定》规定，收入司管辖有关 CBDT 和 CBEC 的一切事项，但实际上收入司并无权监督或控制这两个局及它们的属机构，也没有征收直接税/间接税的行政权力，也不负责印度税收公务员、所得税、关税和中央消费税的行政管理，其与税法相关的职权仅限于回答议会的质询。

（2）领导收入部的收入秘书从印度行政公务员中选拔，他/她一般很有能力，但欠缺国家税务行政的经验或背景，一切提交财政部部长的税务政策或行政事宜最终却要经其签字。对财政的最终控制权落入相对外行的收入秘书或收入部，而非有专门工作经验的 CBDT 和 CBEC，这甚至导致了消极的工作态度。

税务改革委员会就中央税收征管机构提出的建议包括：用管理委员会替代收入秘书，管理委员会的主席由 CBDT 和 CBEC 的主席轮流担任，委员会还可吸收非政府部门的成员，监督和协调两个部的工作；合并 CBDT 和 CBEC，可先从大企业服务和一些共同行政职能做起，以节约资源、提高效率。

10.3　中央、邦政府财政收支

印度宪法第 112 条要求中央预算单列营业账户，所以印度政府的财务报表作了营业账户和资本账户的区分。

印度制订5年计划，在预算支出上相应地做了计划支出与非计划支出的区分[①]：计划开支包括中央5年计划所列开支，分为中央计划支出和中央对邦/直辖区计划的拨款；非计划支出覆盖所有非计划府支出，有的是义务性的，如利息、养老金、对邦和中央直辖区的法定转移，有的是国家运作所必需的，如国防、内部安全、外交和征税。

强行区分计划支出和非计划支出有一定问题，如无法从预算看出依职能划分的政府支出。第十四届财政委员会提到："各邦希望取消计划和非计划的区分，因为这样可避免扭曲，把更多精力放在资产保有上，从而导致更好的支出管理。"[②] 扭曲指多数邦认为中央在估计邦的自有营业收入和非计划营业支出时，预设高自有营业收入增长率和低营业支出增长率，导致低估非计划营业账户赤字。[③] 印度总审计长也同意取消对计划和非计划的区分。[④]

印度的财政年度始于4月1日，终于次年3月31日，每个年度的预算提供下一期的估计、当期的修正估计和上一期经审计的所谓实际数据，故本章参考2015—2016年度预算，呈示2013—2014年度的实际数据。

10.3.1 中央收支构成

营业收入由税入、非税营业收入和来自外部机构的捐助组成。非税营业收入主要来自政府提供公共服务和经营公有企业。资本收入由债务收入、非债务收入组成，债务收入意味着未来的偿债义务；非债务收入来自投资缩减或应收账款回收等，会减少实际/潜在资产。

由图10-6可知，印度中央政府总收入的60%来自税收收入，税收收入以直接税为多（占总收入的34%），对税入贡献最多的税种是公司所得税（占总收入的21%）。非税收入占中央政府总收入的40%，其中债务收入最多（占

① 对计划与非计划支出的说明参考：2012—2013年支出预算卷一（第二部分）[EB/OL]. http://www.indiabudget.nic.in/budget2012-2013/ub2012-13/eb/po.pdf.

② 第14届财政委员会报告卷一 17.5 [EB/OL]. http://www.finmin.nic.in/14fincomm/14thFinanceCommission.htm.

③ 第14届财政委员会报告卷一 7.4 [EB/OL]. http://www.finmin.nic.in/14fincomm/14thFinanceCommission.htm.

④ 第14届财政委员会报告卷一 17.11 [EB/OL]. http://www.finmin.nic.in/14fincomm/14thFinanceCommission.htm.

总收入的27%）。图10－6的债务收入是偿还债务后的净值，据印度总审计长报告①，2103—2014年印度中央政府总债务收入占总收入的比例为63.64%，这说明印度中央政府的债务压力极大。

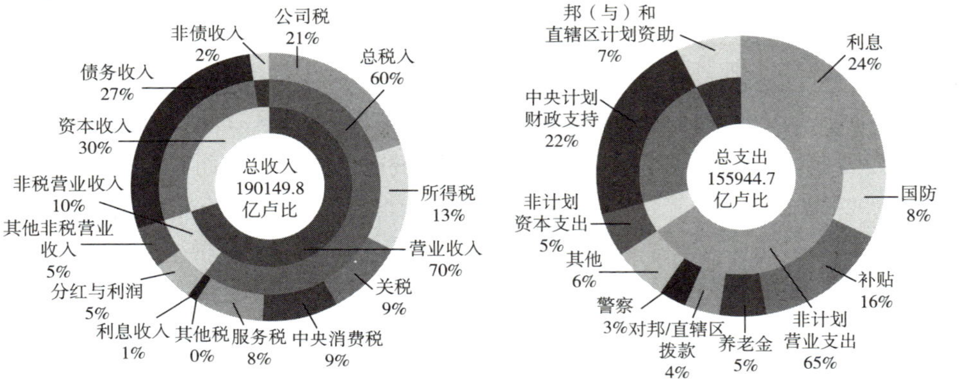

图10－6　2013—2014年印度中央政府收支构成（非净收入）

注：1. 净收入为155944.7亿卢比，是用总收入中减去宪法规定的中央应转移给邦的税金、对国家灾害应对基金（NDRF）的国家灾害意外税（NCCD）转移以及对现金账户的调整（draw－down of cash balance）得到。应减去的前两项是应转移的税款，占总税入的28%；计算净收入时应减去的部分占总收入的18%。

2. 其他非税营业收入包括外部援助，直辖区非税营业收入和原数据中的其他非营业收入项目（中央政府提供的财政、一般社会及经济服务收入）。公司税即公司所得税，所得税指个人所得税与合伙所得税。

3. 债务收入已抵销了债务偿还。

资料来源：1. 印度2015—2016年预算概览之收入［EB/OL］. http：//indiabudget. nic. in/ub2015－16/bag/bag2. pdf.

2. 印度2015—2016年预算概览之支出［EB/OL］. http：//indiabudget. nic. in/ub2015－16/bag/bag3. pdf.

营业支出用于政府的正常运营，包括维修费、利息支付、补贴和转移和捐助。资本支出包括为获得资产而作的支付、股份资本投资和贷款。在计划/非计划、营业/资本账户的划分下，非计划营业支出是主要的支出类型（占总支出65%），非计划营业支出中支出最多的3个项目是利息、补贴和国防。

印度总审计长关于2013—2014年中央政府账户的报告②提供了更多中央政府收支信息，不过其中许多数字与财政部预算网站提供的2015—2016年预算

① *Report of the CAG onUnion Government Accounts* 2013－2014［EB/OL］. http：//saiindia. gov. in/english/home/Our_Products/Audit_Report/Government_Wise/union_audit/recent_reports/union_financial1/2015/Report_1/1of2015. pdf.

② 同上。

数据[①]不一致，仅作参考。

图 10－7 显示出国防、交通和铁路 3 个部门占据了中央政府资本支出的大部分（64%）。营业支出中的捐助是一个政府对另一个政府、实体、机构或个人的资助，形式是现金或实物。中央政府对邦政府、潘查亚特机构和其他组织提供捐助，邦政府也对大学、医院、合营机构等提供捐助。捐助被用于日常运营、提供服务、创造资本资产。印度政府的捐助以计划捐助为主，2009—2010 年计划捐助一直约占捐助总数的 80%。注册团体（政府自治体）接受了大部分计划捐助（46%），但 CAG 一般无法审计这些机构，因为根据《1971 年 CAG 审计》规定，CAG 审计主要由政府资助的组织的必要条件是政府资助不少于其总支出的 75%，这就要求相关政府部门向 CAG 提供受资助机构的年度账，但目前印度政府没相应的制度安排，因此限制了对前述机构的审计，这反映出印度财政中公共经济责任制度的不健全。

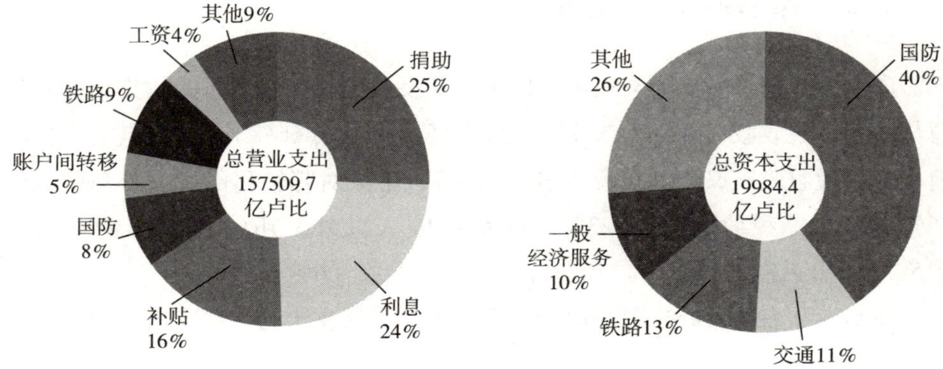

图 10－7　2013—2014 年印度中央政府营业支出、资本支出构成

资料来源：印度总审计长 2013—2014 年报告［EB/OL］. http：//saiindia. gov. in/english/home/Our_Products/Audit _ Report/Government _ Wise/union _ audit/recent _ reports/union _ financial1/2013/Report _ 1/1of2015. pdf.

营业支出中的补贴包括经济利益（如税收减免和返还）或金融资助（现金拨款或优惠贷款），政府提供补贴使某物的市场价低于成本价。补贴分明补和暗补，明补是显示在预算中的补贴，暗补是通过提供受补贴的公共服务实现的补贴。图 10－8 右图列示了 2013—2014 年印度中央政府的明补构成。

① 财政部 2015—2016 年预算网站，http：//indiabudget. nic. in/index. asp.

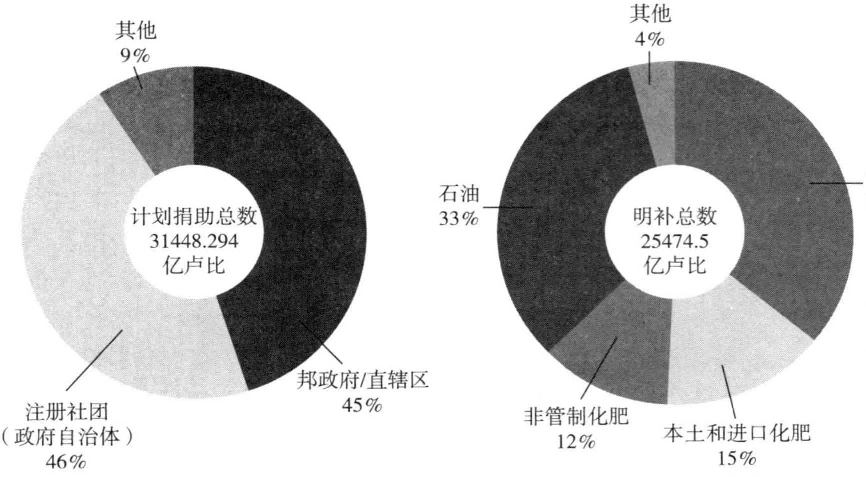

图 10－8　2013—2014 年印度中央政府计划捐助、明补构成

资料来源：同图 10－7。

10.3.2　邦财政收支构成

印度各邦经济发展差异巨大，图 10－9 反映的是各邦加总的收支情况。从总体上看，税收收入在邦收入中的比重并不是很大（66%），这一点与中央政府一样。税收收入又以间接税为多（54%），中央对邦转移的税占邦总收入的16%，占邦总税收收入的 23%。除税收收入以外，邦的收入由资本收入（15%），中央捐助（13%）和非税营业收入构成（6%）。

图 10－9 右图反映出邦政府营业账户的非发展支出与发展支出分别占总支

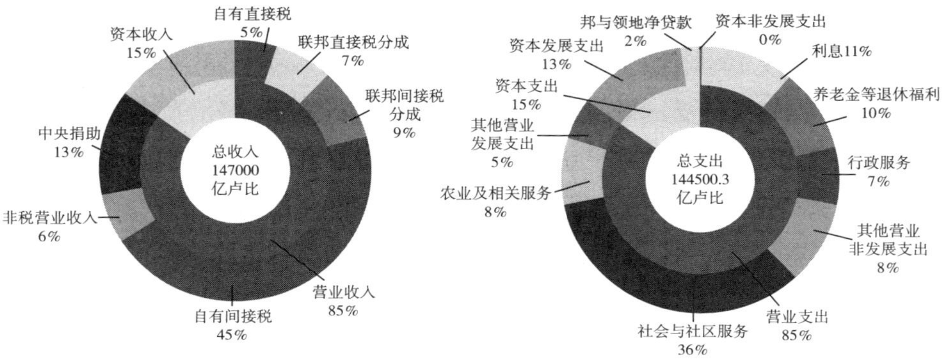

图 10－9　2012—2013 年印度邦政府收支构成

注：利息、养老金等退休福利、行政服务和其他营业非发展支出共同构成营业非发展支出（36%），其他营业支出为营业发展支出（49%）。

资料来源：印度财政部经济事务司 2014—2015 年印度公共财政统计，http：//finmin. nic. in/reports/IPFStat201415.

出的36%和49%。邦政府的营业发展支出主要用于社会与社区服务（36%）和农业及相关服务（8%）。占总支出15%的资本支出账户的大部分是发展性支出（13%）。

10.3.3 联邦对省/领地和地方政府转移支付

第十四届财政委员会在确定中央税分配方式时要考虑六个因素：宪法规定与意图，理解财政委员会采取的方式，连续性，整体财政关系再平衡的要求，预期宏观经济环境，中央和邦政府对宏观经济的看法。

10.3.3.1 垂直分配

中央对邦的转移支付由四个部分组成：税收下放、非计划拨款、计划拨款、中央赞助方案（包括绕过邦政府，直接给执行机构的拨款）。在2009—2010年度至2014—2015年度，中央政府转移支出占其总营业收入的52%（预算估计），税收下放占总转移的46.8%。

中央赞助方案指中央和邦共建一些有全国意义的项目。多数邦希望减少中央赞助方案的数量与拨款额，增加税收下放在总转移中的份额，因为邦若不能贡献规定的份额就得不到中央赞助，邦在中央赞助方案的设计中也没有话语权，这导致了一些执行上的困难。

财政委员会认为税收下放应该构成转移支付的主体，因为它是基于公式的，有助于联邦财政的健全。但在税收下放不能满足一些邦的需求时，那些邦应得到确定而公平的捐助。财政委员会建议在2015—2020年将中央和邦共享税中邦的分成比重提到42%，2015—2016年中央预算也采纳了该建议。

10.3.3.2 水平分配

至于中央与邦分享的税收在邦之间的水平分配，财政委员会考虑了以下几个因素：人口、收入与财政能力、距离、面积、社会与经济落后状况、基础设施建设程度。财政委员会的权责要求其考虑的人口因素是1971年人口及此后的人口变化，对各因素的其他假设如下：

（1）面积越大的地区行政成本会越高，不过成本升高的边际速度随面积递减；

（2）森林覆盖虽然会带来生态上的好处，但也产生了不能将其用于其他经济活动的机会成本，因此森林覆盖被视为财政不利因素；

（3）各届财政委员会关于收入距离的解释没有成规，第十四届财政委员会用可比较的2010—2011年、2012—2013年3年邦内生产总值平均代表收入，认为收入距离是与收入最高邦的收入差。因为人均收入前2名的果阿和锡金都是小邦，为减少扭曲便以人均收入第三的哈里亚纳邦为基准（表10－1）。

表10－1　　第十四届财政委员会建议的水平分配准则与权重

准则	权重（%）
人口	17.5
人口变化	10
收入距离	50
面积	15
森林覆盖	7.5

资料来源：第十四届财政委员会报告卷一表8.1。

10.3.4　中央对地方自治组织的拨款

第十四届财政委员会建议中央对地方自治组织的拨款分为基本拨款和绩效拨款，对农村的拨款应直接给直接负责提供基础服务的潘查亚特大会，由邦给其他层次的潘查亚特拨款，对三种城市自治组织都可拨款，拨款分配由邦财政委员会决定给出的公式确定，申请绩效拨款的地方自治组织须提交过去2年内经审计的会计账目作为支持。为保证拨款及时到位，每年应在6月和8月将拨款全部发放，迟放的拨款应同利息一起发放。

10.4　中央、地方税收征管体制

10.4.1　邦/中央直辖区治理

10.4.1.1　邦与中央直辖区政府组织方式

邦政府组织体系与联邦政府类似，立法、行政、司法权分别由邦立法会议、邦部长理事会和法院享有。总统任命邦长，任期5年，其在辖区内与总统在全国的职责相同。邦长是邦的名义首脑，但真正的行政权力掌握于邦首席部长和首席部长主持的部长理事会、邦部长理事会对邦立法会议集体负责。

总统在直辖区和德理国家首都辖区任命总督，任期5年，其在辖区内与总统在全国的职责相同。德理和直辖区有一定治理自治权，拥有立法会议和部长理事会。其他中央直辖区没有这些自治权，它们与联邦政府的关系是单一制的。

10.4.1.2 中央与邦事权划分

印度宪法《第十一篇联邦与邦关系》“第一章立法关系”规定了联邦与邦在立法权限划分上的基本原则，即联邦与邦立法权明确列举，未列举的剩余权归联邦，联邦立法高于邦立法，联邦国会在特定条件下可就属于邦立法事项进行立法。[①] 宪法附表7列举了联邦立法事项、邦立法事项和共享立法事项（表10－2）。

表10－2　　印度中央政府与邦政府立法权划分

中央立法事项	共管事项	邦立法事项
国防，原子能，武器与弹药	刑法，刑事诉讼法	公共秩序
外交，通商代表	婚姻与离婚	警察
国际条约，引渡，宣战与议和	农用地以外的财产转移	司法行为
联邦公务，选举，议会特权	合同，破产	教育
邦际贸易，国际贸易	支付不能	农业
航空，邮政与通信，铁路，航海	民事诉讼	水资源
中央银行，铸币，外债	经济社会计划	土地
公司的设立及规制	劳动计划	森林
银行券，汇票，保险业，股票交易	社会保障	渔业
矿物资源规制与开发	劳动福利	邦内贸易
鸦片等特许产业规制	物价控制	地方选举
人口调查，公民权利	工厂	地方议员特权

① 张震，等．外国宪法［M］．北京：中国人民大学出版社，2014.

续表

中央立法事项	共管事项	邦立法事项
最高法院，高等法院部分事项	电力等	州公务等
公务员的组织、构成等		
其他		

资料来源：総務省大臣官房企画課．インドの行政（表2-1）［EB/OL］．http：//www.soumu.go.jp/main_content/000085174.pdf.

10.4.2 中央、邦财政关系

10.4.2.1 国家主要税种在各级政府间的分配（见表10-3）

表10-3　　印度主要税种在各级政府间的分配

中央	邦	地方
所得税（非农业所得）	农业所得税	财产税
财富税	销售税	入市税（城市）
关税	土地税	公共设施使用费
中央消费税	奢华税	其他税
服务税	娱乐税	
其他税	其他税	

注：其他中央税包括证券交易税、员工福利税、银行现金交易税，邦的其他税包括职业税、印花税。
资料来源：印度驻华大使馆税收体系介绍，http：//www.indianembassy.org.cn/TaxationSystemInIndia-Chinese.aspx.

（1）对中央税的说明

中央征收服务税采取消极清单方式：对列在消极清单上的服务不征收服务税，对其他所有服务都要征收，除非有特别的豁免。

中央消费税是对商品生产征收的税。生产是指研发出一种具有全新称谓、特点、用途及适销性的物品，包括包装和标签等。

根据宪法第271条规定，议会可为了中央的目的在各种税的基础上收附加费，如在公司所得税的基础上加收2%教育捐，对所得在85万卢比以上的个人的个人所得税加收10%附加费。附加费归入印度统一基金而不与邦分享。

中央负责不设立法大会的中央直辖区的全部税务行政，包括一般归属于邦的税。

（2）对邦税的说明

邦的销售税由两部分组成：中央销售税，邦销售税/增值税。中央销售税是对邦际贸易征收的税，虽然叫作中央销售税，但由各邦征收并保有税款。邦销售税则是对邦内销售活动征收的税，一些邦把邦销售税改为增值税。根据收入司2014—2015年报可知，印度正在进行税收改革，除了各邦销售税将改为增值税，中央销售税也会逐渐取消，最终在全国征收中央和邦的两级商品服务税。

奢华税是对旅馆房间等征收的税。

娱乐税的征税对象是电影、戏院、赌场、电视等娱乐服务。

（3）对地方税的说明

入市税是城市自治机构对进入该市的商品收的税。

10.4.2.2 宪法对征税权与税收归属的分配

根据宪法第280条规定，每5年成立一届财政委员会，其职权包括建议中央与邦分享的税款的分配比例；第268条~第275条在中央和地方间分配的一些税目的征缴权及税款归属如下：

（1）中央职权表中所列印花税、医药及卫生设备的消费税由各邦征收且归属各邦；

（2）服务税由中央征管，但由中央和邦共享；

（3）除报纸外的邦际货物贸易销售税和邦际货物委付税由中央征缴，但应归属邦；

（4）除了前述的税和附加费，其他中央职权表中的税都由中央征收，听取财政委员会的建议后在中央和邦间进行分配；

（5）议会可为了中央的目的在任何税的基础上收附加费，附加费属于中央；

（6）议会可向需要的邦提供财政捐助，还可以向邦提供为发展表列部落和表列种姓[①]的特别捐助，财政委员应就中央对邦的捐助提出建议。

---

① 指宪法附表中列出的部落和种姓，他们因为种姓制度而成为弱势群体，在印度的法律和政策中受到特别优待。

10.4.3 邦税务行政

印度各地的地理、文化、经济差异巨大，本节只简单介绍喀拉拉邦的税务行政，权作参考，对其他邦的税务行政还需具体研究。

喀拉拉邦位于印度西南角，占据全印度 1.2% 的面积和 3% 的人口，拥有印度最高的识字率（94%）和较均衡的男女比例（1.084），有狭长的海岸线，重要的产业部门是旅游业和渔业，主要的税务征管部门是商业税部和土地收入部。①

土地收入部负责邦内一切土地相关事宜，如文件保存、保护公有土地、土地征收、征收土地税，还负责赈灾与再安置。其办事方式也是把辖区分割成小片，每层采用专员，副专员之类的层级机构。②

喀拉拉商税部征管该邦的销售税、奢华税和农业收入税，是对该邦收入贡献很大的部门（或超 80%），其业务主管人员是商业税部专员，下设共同专员、副专员、视查助理专员和销售税税务员（如图 10－10 所示）。在地区层

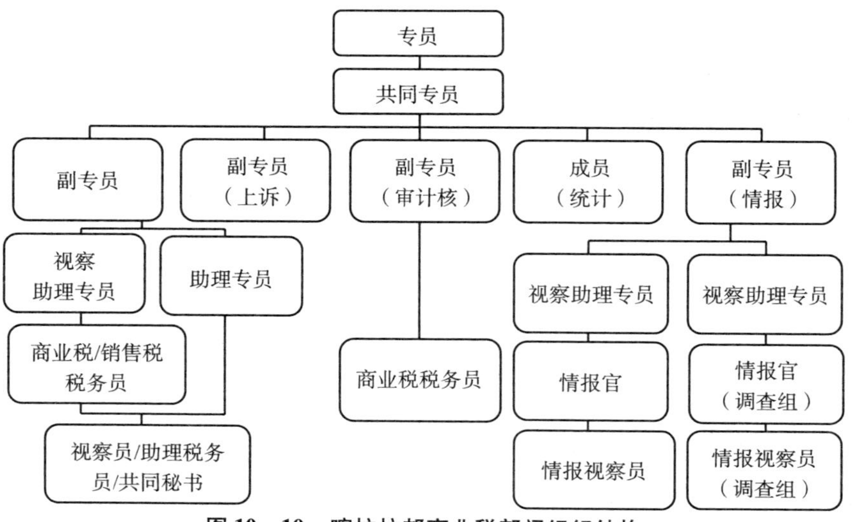

图 10－10　喀拉拉邦商业税部门组织结构

资料来源：喀拉拉邦商业税部门网页，http：//www. revenue. kerala. gov. in/index. php? option = com_content&view = article&id = 58&Itemid = 58.

① 喀拉拉政府电子服务门户网站之喀拉拉概览，http：//eservices. kerala. gov. in/about－kerala.

② 喀拉拉邦土地收入部网站，http：//www. revenue. kerala. gov. in/index. php? option = com_content&view = article&id = 58&Itemid = 58.

面有 35 个副专员，各地区又分为数个子区域，在各分部共有 126 个视查助理专员，商业税办事处是最小的行政单位。该部门设有裁判所和上诉机构，控制着 44 个永久检查站。①

商业税部的主要工作是经销商登记，核定并收缴销售税和农业所得税，追缴拖欠税款，预防、侦查逃税，处理上诉和复核申请。营业额巨大的核税工作由特别区域的助理专员处理，其他的则由普通区域的商业税税务员处理，对工作合约的核定由每个区副专员下属的税务员处理，因为工作合同也可成为销售税/增值税的征税对象，所以需评估工作合约。

10.4.4 地方自治与地方财政

10.4.4.1 地方治理组织

（1）地区收税官

独立前的印度经济以农业为主，地区收税官是土地收入的行政长官，在刑法上享有广泛权力，是英国在地区的代表，为辖区内居民的福祉负责，能够做“任何事和每件事”。

独立后的一段时期内，收税官仍然是地区的政府首脑，负责多种政府职能，包括基础服务提供、土地收入行政、乡村开发计划执行、灾害应对、维护法律与秩序、收消费税和交通费，邦政府在地方层面的活动都要与地区收税官合作，收税官对邦政府公共服务在各地区实现有重要影响。

后来，邦政府在地方的部门与邦政府的垂直联系更加紧密，外加宪法修正案规定了城市和乡村的地方自治机构，地区收税官的角色不再像过去那样全能，然而行政改革委员会认为该职务还会继续存在，负责地区层面的人力资源提升、基建、增加社会边缘群体的经济机会、灾难应对等任务，同时成为部门间的协调者和促进者。今天的地区收税官由所属邦的政府从印度行政公务员中确定。②

（2）农村自治机构

2011 年人口普查结果显示，印度的农村人口接近人口总数的 69%，所以

---

① JAYA JACOB M，2013，*effectiveness of tax administration in Commercial Taxes Department in Kerala*，Mahatma Gandhi University，KOTTAYAM. http：//shodhganga. inflibnet. ac. in/handle/10603/24420.

② 对地区收税官的介绍参考第二届行政改革委员会第十五份报告《邦和地区行政》第三章，http：//arc. gov. in/15threport. pdf.

印度的农村自治问题相当重要。

根据1993年生效的宪法第73修正案规定，邦和中央直辖区应在农村设立自治组织，称潘查亚特，其在印地语中意为“五人长老会”，是印度古代的农村自治机构。现代潘查亚特是农村的民选自治机构，任期5年，可就地方的经济发展和社会公正促进制订计划，并实施前述计划。邦政府可赋予其征税的权力，对其拨款。其层级由高到低分县（district）、乡（intermediate）、村（village）三级。人口不足200万的邦可不设乡潘查亚特，村级潘查亚特并不是在每个村都设立，可以数个村设立一个村潘查亚特。2008年印度潘查亚特及民选代表数见表10－4。

表10－4　　　　2008年印度潘查亚特及民选代表数

层次	潘查亚特数	选民代表数
村	232855	2645880
乡	6094	156557
县	633	15581

资料来源：印度2015年统计年鉴［EB/OL］. http：//mospi. nic. in/Mospi_New/upload/SYB2015/CH－42－LOCAL%20BODIES/Table－42. 4. xls.

邦长针对每届潘查亚特设立邦财政委员会，该委员会就潘查亚特的财政健全问题向邦长提出建议，包括邦税在邦与潘查亚特间的分配、对潘查亚特在税费征管方面的赋权以及对潘查亚特的拨款等。潘查亚特的选举由邦选举委员会运作。

县潘查亚特在多数邦是规划和协调机关，村潘查亚特负责村落范围内的乡村管理和发展，乡潘查亚特是二者的纽带，负责组织乡村开发计划的实施。[①]

（3）城市自治机构

1993年生效的宪法第74修正案，即印度宪法第九篇A规定，邦和中央直辖区应在城市设立自治组织。在大城市、小城市和由乡村向城市转化的地区分别设立市政自治体（Municipal Corporation）、市政委员会（Municipal Council）和那加潘查亚特（Nagar Panchayat）。宪法对城市自治机构的规定与农村潘查亚特类似。

①　张震，等. 外国宪法［M］. 北京：中国人民大学出版社，2014：251.

10.4.4.2 地方税收组织

各地方自治组织的征税权限不尽相同，这取决于邦政府的权力下放程度。在安得拉邦只有村潘查亚特全体会议（Gram Panchayat）有权征税，阿鲁纳恰尔邦的潘查亚特机构不能征税，阿萨姆邦的潘查亚特机构可以征税但不能强制执行，果阿邦的潘查亚特则能征收 11 种税。

由于各地自治组织的征税权限不同，各地地方税收的有无与多寡差异巨大。地方自治组织无权征税的地方自然没有地方层面的税收组织，而经济发达、人口众多的大城市则有较齐备的地方税收征管组织。

以孟买市政自治体为例，该地区主要的地方税征管部门名为估价与征收部（Assessment and Collection Department），该部门征收的税目包括财产税和入市税，这两项税收收入约占孟买市政收入的 60%。估价与征收部下有分部（branch）、区域（zone）、行政区（administrative ward）与个别科（individual section）三层行政组织（如图 10－11 所示）。

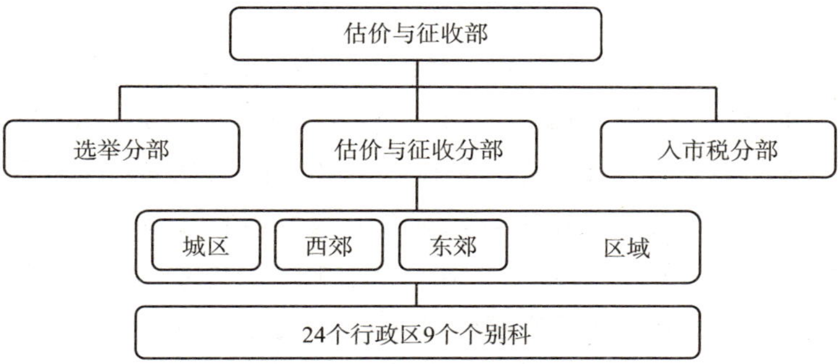

图 10－11　孟买市政自治体地方税收征管组织

资料来源：孟买市政自治体估价与征收部信息公开网页第二章，http：//portal. mcgm. gov. in/irj/go/km/docs/documents/MCGM%20Department%20List/Assessment%20And%20Collection/RTI%20Manuals/Assessment_Collection_RTI_E_02. pdf.

估价与征收部 3 个最主要的分部是估价与征收分部、选举分部与入市税分部，分部都受估价员与征收员领导，其中征收分部和选举分部由共同估价员与征收员（财产税）直接领导，入市税分部由共同估价员与征收员（入市税）直接领导。

估价与征收分部分为 3 个区域：城区、西郊与东郊，各区域的负责人是副估价员与征收员，区域办公室层面有机构、开支、现金/账户、法律、转移、戏院税、调查、打字等科室。

行政区共有 24 个，该层面的负责人是助理估价员与征收员。每个行政区分为两个科：户外与户内。区域主管人（Ward Superintendent）是户外科的负责人，管理副主管人、助理主管人、区域巡查员、收款员等进行户外工作的职员。区域助理估价与征收员（Assistant Assessor & Collector ofthe Ward）是户内科的负责人，管理主办文员、文员和打字员等。

在行政区之外，还有监察，计算机，政府、港口信托与铁路，轮胎税，上诉，戏院税，邦建筑税，维修税，新税 9 个个别科。①

关于地方政府的财政可信数据难以获得。因为意识到普查的不可行，第十四届财政委员会试图获取抽样数据，但还是由于各邦数据质量参差不齐而失败。② 不过一般认为印度地方政府的财政收入很少：第二届行政改革委员会的报告中提到 2001 年美国地方政府的收入占所有政府收入的 15%，这个数字在印度是 3%。③

10.5 小结

印度位于南亚次大陆，和中国一样在人口和国土面积方面都是大国，属于发展中国家，不同于中国的是，印度在摆脱殖民统治后选择了西方的民主政治道路，农业人口占多数，其民族、文化情况比中国更为复杂。

印度在中央与地方的关系上采取有单一制色彩的联邦制，联邦成员称为邦，邦/中央直辖区被进一步划分为区。宪法规定了农村和城市地方自治组织的样态，农村自治组织名为潘查亚特，最多存在县、乡、村三级，城市自治组织则根据城市化程度可采取 3 种存在形式。印度共有中央、邦/中央直辖区和地方三级政府（虽然农村潘查亚特有多个层级，但它们都属于地方政府，对地方政府则不再划分层级）。

中央的税收征管将直接税和间接税分开，由财政部收入司下设的直接税中

---

① 孟买估价与征收部信息公开网页第二章，http：//portal. mcgm. gov. in/irj/go/km/docs/documents/MCGM%20Department%20List/Assessment%20And%20Collection/RTI%20Manuals/Assessment_Collection_RTI_E_02. pdf.

② 第十四届财政委员会报告卷一［EB/OL］. http：//finmin. nic. in/14fincomm/14thFinanceCommission. htm.

③ 第二届财政委员会第六次报告前言［EB/OL］. http：//arc. gov. in/.

央局和消费税和关税中央局完成。这种根据税种分割税务行政的做法导致了机构与人员的重叠和低效率，税务行政改革委员会建议对目前的税务行政组织做大的调整与整合。各邦也有自己的税收征管机关，地方组织的税收权力没有统一范式，取决于各地区的权力下放情况。

中央政府和邦政府的税收收入占总收入的比重并不高（中央 2013—2014 年为 60%，邦 2012—2013 年为 66%），而税收收入都以间接税为主，关税水平较高（占中央政府总收入的 9%）。中央政府对邦的转移构成了邦政府收入的重要来源（中央捐助占 13%，税收分成占 16%）。宪法对中央对地方的税收转移作出了法律与制度上的规定，每 5 年成立一届财政委员会就税收分配方案给出建议。目前还没有可信的地方政府财政统计数据，不过普遍认为印度地方政府收入很少。

虽然印度行政远非善政，说其官员腐败、行政效率低下等问题很严重或许也不为过，但对其税收征管体制的研究还是有以下一些值得学习借鉴的地方。

（1）信息公开是健康行政过程的前提。《2005 年信息权利法案》对政府机构的信息公开做了规定，应公开的信息包括政府组织的构成与职责，本章介绍的消费税和关税中央局的派出机构信息就是依据该法而应公开的。财政委员会和税务行政改革委员会的报告也可从网络自由下载，那些报告除了政策建议，还包括委员会的组成、职责范围、调研方法和过程、得出政策建议的理由等内容。诚然，公开政府信息本身不能保证带来善治的结果，但它是善治的必要前提。

（2）考虑利害关系人的意见，尽量使政策制定成为一个协商、合作过程的实现。财政委员会为了给出税收在政府间的垂直和纵向分配建议，会基于数据、听取各邦的意见，并把这些过程反映在公布的最终报告中。参与税务改革委员会调研过程的利害相关方则有税务行政部门的干部、普通职员以及寻常的纳税人。同样，这种做法不能保证令人满意的政策效果，但笔者相信它是制定出好政策的必要条件。

（3）行政体制的设计应以高效率为目的，具体在税务行政上表现为应减少可能降低效率的税种、行政机构的分割；而对于重点税务领域，如大型企业，则应分配专门行政资源，以实现高质高效的行政。

参考文献：

1. 印度政府组织网站

[1] 印度驻华大使馆网站：http：//www. indianembassy. org. cn/Chinese/

Default. aspx.

［2］印度政府名录：http：//goidirectory. nic. in/district. php.

［3］财政部网站：http：//finmin. nic. in/.

［4］印度预算网站：http：//indiabudget. nic. in/index. asp.

［5］收入司网站：http：//dor. gov. in/.

［6］消费税与关税中央局网站：http：//www. cbec. gov. in/.

［7］潘查亚特部网站：http：//www. panchayat. gov. in/.

［8］喀拉拉土地收入部网站：http：//www. revenue. kerala. gov. in/.

［9］喀拉拉政府电子服务门户网站：http：//eservices. kerala. gov. in/.

［10］孟买城市自治机构网站：portal. mcgm. gov. in.

2. 论文

［1］JAYA JACOB M. *effectiveness of tax administration in Commercial Taxes Department in Kerala*，Mahatma Gandhi University，KOTTAYAM. http：//shodhganga. inflibnet. ac. in/handle/10603/24420.

［2］総務省大臣官房企画課．インドの行政［EB/OL］. http：//www. soumu. go. jp/main_content/000085174. pdf.

3. 教材

张震，等．外国宪法［M］. 北京：中国人民大学出版社，2014.

4. 印度政府组织出版物

［1］内阁秘书网站2015年3月5日部长会议名单［EB/OL］. http：//www. cabsec. nic. in/showpdf. php？type = council_cabinet_cabinetministers.

［2］潘查亚特部网站各邦对潘查亚特的权力下放情况（2012年）［EB/OL］. http：//www. panchayat. gov. in/documents/401/84079/Status_of_Devolution. pdf.

［3］财政部年报［EB/OL］. http：//finmin. nic. in/reports/annualreport. asp.

［4］第二届行政改革委员会报告［EB/OL］. http：//arc. gov. in/.

［5］税务行政改革委员会报告［EB/OL］. http：//finmin. nic. in/the_ministry/dept_revenue/tarc_report. asp.

［6］第十四届财政委员会报告［EB/OL］. http：//finmin. nic. in/14fincomm/14thFinanceCommission. htm.

［7］印度2015年统计年鉴［EB/OL］. http：//mospi. nic. in/Mospi_New/upload/SYB2015/index1. html.

[8] 印度中央政府 2015—2016 年支出预算卷一 [EB/OL]. http://indiabudget.nic.in/vol1.asp.

[9] 印度中央政府 2012—2013 年支出预算卷一 [EB/OL]. http://www.indiabudget.nic.in/budget2012-2013/ub2012-13/eb/po.pdf.

[10] 印度总审计长关于 2013—2014 年中央政府账户的报告 [EB/OL]. http://saiindia.gov.in/english/home/Our_Products/Audit_Report/Government_Wise/union_audit/recent_reports/union_financial1/2015/Report_1/1of2015.pdf.

11 中国税收征管体制

中国现行税收征管体制建立在 1994 年分税制的基础上，其基本制度包括：一是将税收分为中央税、地方税和中央与地方共享税，其中中央税收入归中央，地方税收入归地方，中央与地方共享税收入按不同税种在中央与地方按比例分享；二是税收立法权高度集中，无论是中央税、中央与地方共享税还是地方税，立法权皆归中央，由中央统一立法，地方无税收立法权；三是分别由财政部、国家税务总局、海关总署行使征税权力，财政部系统主要行使税收政策、税收战略制定权，海关系统主要行使关税和海关代征税征收权、管理权，国家税务总局系统主要行使除关税和海关代征税以外的税收的征收权、管理权；四是依据事权和财力匹配原则，由中央对地方通过税收返还、一般转移支付和专项转移支付等方式来平衡地方财力，促进区域间财政平衡，以及基本公共服务均等化。

11.1 国家行政管理体制

11.1.1 国家行政管理体制

行政管理体制是指政府系统内部行政权力划分制度。从国家层面看，是指行政机关与立法、司法机关的权力的划分，包括横向和纵向两个层面。横向包括全国人民代表大会、国务院、最高人民法院、最高人民检察院之间的关系，纵向包括中央政府和地方各级政府之间的关系。

11.1.1.1 中央政府

中央政府的最高权力机构是全国人民代表大会，它的常设机关是全国人民代表大会常务委员会，全国人民代表大会和全国人民代表大会常务委员会行使国家立法权。国务院是最高国家权力机关的执行机关，是最高国家行政机关，由总理、副总理、国务委员、各部部长、各委员会主任、审计长、秘书长组成。国务院实行总理负责制，国务院组成部门除办公厅外，还设有外交部、国防部、国家发展和改革委员会、教育部、科学技术部、工业和信息化部、国家民族事务委员会、公安部、国家安全部、民政部、司法部、财政部、人力资源和社会保障部、自然资源部、生态环境部、住房和城乡建设部、交通运输部、水利部、农业农村部、商务部、文化和旅游部、国家卫生健康委员会、退役军人事务部、应急管理部、中国人民银行、审计署26个部委。国务院直属特设机构为国务院国有资产监督管理委员会。国务院直属机构设有海关总署、国家税务总局、国家市场监督管理总局、国家广播电视总局、国家体育总局、国家统计局、国家国际发展合作署、国家医疗保障局、国务院参事室、国家机关事务管理局。同时，设有国务院办事机构2个，国务院直属事业单位9个，如图11－1所示。

11.1.1.2 地方政府

地方政府是地方各级国家权力机关的执行机关，是地方各级国家行政机关。而地方政府行政组织构架分为4个层级，分别是省、自治区、直辖市一级，设区的市一级（下辖区一级，一般还下辖县及不设区的市），县、区及不设区的市一级，乡镇一级（区政府会向街道设派出机关，即街道办事处）。截至2018年2月，全国共有省级行政区划单位34个（其中：直辖市4个、省23个、自治区5个、特别行政区2个），地级行政区划单位334个（其中：地级市294个、地区7个、自治州30个、盟3个），县级行政区划单位2876个（其中：市辖区987个、县级市363个、县1355个、自治县117个、旗49个、自治旗3个、特区1个、林区1个），乡级行政区划单位39862个（其中：区公所2个、镇20883个、乡9731个、苏木152个、民族乡988个、民族苏木1个、街道8105个）。

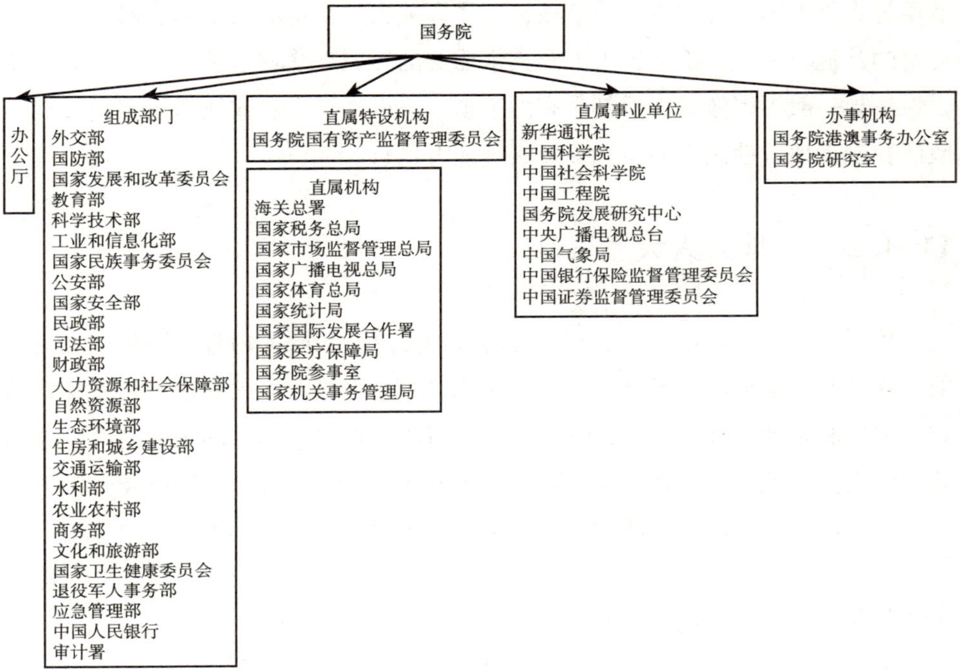

图 11－1 国务院下属机构设置

11.1.2 国家立法体制

中国是一个单一制国家，国家本身是一个统一的整体，但是为了便于管理，将领土划分成若干行政区域，并据以建立起地方政府。在中央与地方立法权限划分上采取的既不是集权模式，也不是分权模式，而是集权的分权模式，即是在中央对立法集中统一领导的前提下，适当赋予地方一定立法权，作为中央立法补充。其特点是以中央集权为主，以地方分权为次，地方的立法权限远远不如中央，而且地方立法权的行使要较多地受制于中央。

11.1.2.1 全国人大立法

全国人民代表大会及其常务委员会的专属立法权应包括以下几方面内容：一是有关国家主权方面的事项；二是有关公民基本权利和义务方面的事项；三是有关国家的基本政治制度方面的事项；四是有关国家的基本经济制度方面的事项；五是有关国家的基本行政管理的制度；六是有关语言、文字、历法、度量衡等需要由国家统一规范的事项；七是有关宪法规定应由基本法律或者法律规定的其他事项。对于全国人大及其常委会的专属立法权事项，行政法规和地方性法规一般不得涉足，但其中有的事项，可以通过宪法或法律规定以授权行政法规或者地方性法规的方式负责实施或者执行。

11.1.2.2 地方人大立法

按照中国宪法和组织法的有关规定，地方立法权限的内容范围是比较宽泛的，除了有权就经济、教育、科学、文化、卫生、民政、民族这些比较确定的重大事项制定地方性法规外，政治的重大事项也在地方立法的权限之内，包括政权建设类、政法类和社会权益类。改革开放以来，地方立法所涉及的范围已经相当广泛。随着改革开放的步伐加快，地方立法的范围必将进一步扩大。

11.1.2.3 人大授权立法

立法体制不但涉及中央与地方，也涉及权力机关立法和行政机关立法，前者是人大立法，后者是国务院立法。在权力机关与行政机关的立法权限划分上，《中华人民共和国宪法》规定了国务院享有制定行政法规的权力，这就是行政立法权，而这种行政立法权是由全国人大或其常委会对国务院以特别授权形式赋予的立法职权，为授权立法权。人大授权立法的基本特征：一是国务院制定行政法规的权力是由全国人大以宪法形式授予的；二是制定行政法规要以宪法和法律为依据且不得与之相抵触；三是全国人大常委会有权撤销同宪法、法律相抵触的行政法规。2015 年 3 月 15 日，第十二届全国人民代表大会第三次会议通过的《关于修改〈中华人民共和国立法法〉的决定》，对授权立法作以下限制：一是授权决定应当明确授权的目的、事项、范围、期限以及被授权机关实施授权决定应当遵循的原则；二是授权期限不得超过 5 年；三是授权立法事项，经过实践检验，制定法律的条件成熟时，由全国人民代表大会及其常务委员会及时制定法律。法律制定后，相应立法事项的授权终止。

11.1.3 税收立法体制

在中国现行税制体系中，18 个税种中有企业所得税、个人所得税、车船税、船舶吨税、烟叶税、环境保护税6个税种是全国人大及其常委会立法的，其他12个税种为国务院以条例形式制定的行政法规。因此，中国现行税收立法主要采取人大授权立法。中国税收授权立法源自1985年全国人大的授权决定，授权国务院对于有关经济体制改革和对外开放方面的问题，必要时可以根据宪法，在同有关法律和全国人大及其常委会的有关决定的基本原则不相抵触的前提下，制定暂行的规定或者条例，颁布实施，并报全国人大常委会备案。经过实践检验，条件成熟时由全国人大或者全国人大常委会制定法律。①

中国税收授权立法有一定的历史原因，在经济转型之际，税制变化较快，如果每一项税收都经由正常立法程序制定，无法满足社会发展需要。因此，税收的授权立法实际上发挥了授权立法的灵活性，对于中国特定时期的税法体系完善和经济体制改革起到了推动作用。同时，由于税收是一项专业性很强的活动，通过立法机关的立法可能无法满足税收的专业化的要求，因此授权立法在一定程度上来说是必要的。

但税收授权立法的问题也是显而易见的。2015年3月15日，第十二届全国人民代表大会第三次会议通过的《关于修改〈中华人民共和国立法法〉的决定》明确规定，税种的设立、税率的确定和税收征收管理等税收基本制度属于制定法律而不是授权立法内容。全国人大也提出在2020年前全面完成税收立法，将全部税收暂行条例上升为法律或者废止，届时将收回1985年的授权立法决定。但在立法完成和授权收回前，为避免出现税收权力真空，现行人大授权及其立法依然有效。

11.2 中央财政税务行政关系

税收征管体制是指规定相关政府机构之间税收征收管理权限划分及其征管机构设置的一系列制度。依法享有税收征管权的国家机构包括财政、税务和海关三大机构，税收征管体制的核心内容是在相关政府征税机构之间进行税收征管权的分割与配置，税收征管权的分配也包括横向分配与纵向分配两个方面。税收征管权的横向分配更强调同级之间不同类别的税收征管机关在所主管的税种上的划分。税收征管权的纵向分配更强调相同类别的不同级次的税收征管机

---

① 万其刚．要加快我国财税法制化进程［J］．中国发展观察，2013（9）．

关在所主管的税种及相应的税收收入上的划分。

11.2.1 税收征管机构职能划分

税收征管权的横向分配是指税收征管权在同级的税收征管机关之间的分割与配置，具体表现为财政、税务和海关各自职权划分以及征收管理权限。中国现行税务机构在中央层面主要涉及 3 个部门，即财政部、国家税务总局、海关总署。其中，财政部为国务院组成部门，而国家税务总局、海关总署为国务院直属机构，3 个部门互相独立，同时隶属于国务院。

11.2.1.1 财政部职能

财政部是中国负责财务的国务院组成部门，其职能主要有 14 项，其中与税收征收管理相关的职能主要有以下 4 项：

（1）拟订财税发展战略、规划、政策和改革方案并组织实施，分析预测宏观经济形势，参与制定各项宏观经济政策，提出运用财税政策实施宏观调控和综合平衡社会财力的建议，拟订中央与地方、国家与企业的分配政策，完善鼓励公益事业发展的财税政策。

（2）负责组织起草税收法律、行政法规草案及其实施细则和税收政策调整方案，参加涉外税收谈判，签订涉外税收协议、协定草案，制定国际税收协议和协定范本，研究提出关税和进口税收政策，拟订关税谈判方案，参加有关关税谈判，研究提出征收特别关税的建议，承担国务院关税税则委员会的具体工作。

（3）拟订和执行政府国内债务管理的制度和政策，编制国债余额限额计划，依法制定地方政府性债务管理制度和办法，防范财政风险。负责统一管理政府外债，制定基本管理制度。代表中国政府参加有关的国际财经组织，开展财税领域的国际交流与合作。

（4）监督检查财税法规、政策的执行情况，反映财政收支管理中的重大问题，负责管理财政监察专员办事处。[①]

① 《国务院办公厅关于印发〈财政部主要职责内设机构和人员编制规定〉的通知》（国办发〔2008〕65 号）。

11.2.1.2 国家税务总局职能

（1）具体起草税收法律法规草案及实施细则并提出税收政策建议，与财政部共同上报和下发，制定贯彻落实的措施。负责对税收法律法规执行过程中的征管和一般性税政问题进行解释，事后向财政部备案。

（2）承担组织实施中央税、共享税及法律法规规定的基金（费）的征收管理责任，力争税款应收尽收。

（3）参与研究宏观经济政策、中央与地方的税权划分并提出完善分税制的建议，研究税负总水平并提出运用税收手段进行宏观调控的建议。

（4）负责组织实施税收征收管理体制改革，起草税收征收管理法律法规草案并制定实施细则，制定和监督执行税收业务、征收管理的规章制度，监督检查税收法律法规、政策的贯彻执行，指导和监督地方税务工作。

（5）负责规划和组织实施纳税服务体系建设，制定纳税服务管理制度，规范纳税服务行为，制定和监督执行纳税人权益保障制度，保护纳税人合法权益，履行提供便捷、优质、高效纳税服务的义务，组织实施税收宣传，拟订注册税务师管理政策并监督实施。

（6）组织实施对纳税人进行分类管理和专业化服务，组织实施对大型企业的纳税服务和税源管理。

（7）负责编报税收收入中长期规划和年度计划，开展税源调查，加强税收收入的分析预测，组织办理税收减免等具体事项。

（8）负责制定税收管理信息化制度，拟订税收管理信息化建设中长期规划，组织实施金税工程建设。

（9）开展税收领域的国际交流与合作，参加国家（地区）间税收关系谈判，草签和执行有关的协议、协定。

（10）办理进出口商品的税收及出口退税业务。

（11）对省级和省级以下税务机构实行以国家税务总局为主与省（区、市）人民政府双重领导管理。

（12）承办国务院交办的其他事项。①

---

① 《国务院办公厅关于印发国家税务总局主要职责内设机构和人员编制规定的通知》（国办发〔2008〕87号）。

11.2.1.3 海关总署职能

海关是国家的进出境监督管理机关，在组织机构上分为3个层次：第一层次是海关总署；第二层次是广东分署，天津、上海2个特派员办事处，41个直属海关；第三层次是各直属海关下辖的562个隶属海关机构。海关实行垂直领导体制。其基本任务是出入境监管、征税、打私、统计，对外承担税收征管、通关监管、保税监管、进出口统计、海关稽查、知识产权海关保护、打击走私、口岸管理等主要职责。其机构职责主要有如下4项：

（1）拟订海关工作的重大政策，起草相关法律法规草案，制定部门规章，参与拟订与海关工作相关的进出口、税收、外汇等政策。

（2）承担进出口关税及其他税费征收管理的责任，拟订征管制度，制定进出口商品分类目录并组织实施和解释，组织拟订进出口商品原产地规则并依法负责有关的组织实施工作，牵头开展多双边原产地规则对外谈判，依法执行反倾销和反补贴措施、保障措施及其他关税措施。

（3）负责关税立法调研和起草工作，开展关税税政调研工作，对关税法律法规执法问题做出具体工作解释。

（4）垂直管理全国海关。①

11.2.1.4 三大税务机构职能划分

上述财政部、国家税务总局、海关三大机构在行使税收职能时既相对独立，又存在相互交叉。

（1）财政部与国家税务总局职能交叉。财政部承担与税收有关职能主要体现在：一是拟订发展战略、规划、政策和改革方案并组织实施，提出运用财税政策实施宏观调控和综合平衡社会财力的建议，拟订中央与地方、国家与企业的分配政策，完善鼓励公益事业发展的财税政策；二是负责组织起草税收法律、行政法规草案及实施细则和税收政策调整方案，参加涉外税收谈判，签订涉外税收协议、协定草案，制定国际税收协议和协定范本。两者分工主要是：财政部负责提出税收立法建议，与国家税务总局等部门提出税种增减、税目税

① 《国务院办公厅关于印发海关总署主要职责内设机构和人员编制规定的通知》（国办发〔2008〕86号）。

率调整、减免税等建议。财政部负责组织起草税收法律、行政法规草案及实施细则和税收政策调整方案，国家税务总局具体起草税收法律、行政法规草案及实施细则并提出税收政策建议，上述事项由财政部组织审议后与国家税务总局共同上报和下发。国家税务总局负责对税收法律、行政法规执行过程中的征管和一般性税政问题进行解释，事后向财政部备案。

（2）财政部与海关总署职能交叉。财政部承担与关税有关的职能，主要体现在：研究提出关税和进口税收政策，拟订关税谈判方案，参加有关关税谈判，研究提出征收特别关税的建议，承担国务院关税税则委员会的具体工作。

11.2.2 中央税务行政机构设置

在国务院下属的财政部、国家税务总局和海关总署三大机构，其内部与税务征管有关部门和机构设置如图 11 －2 所示。

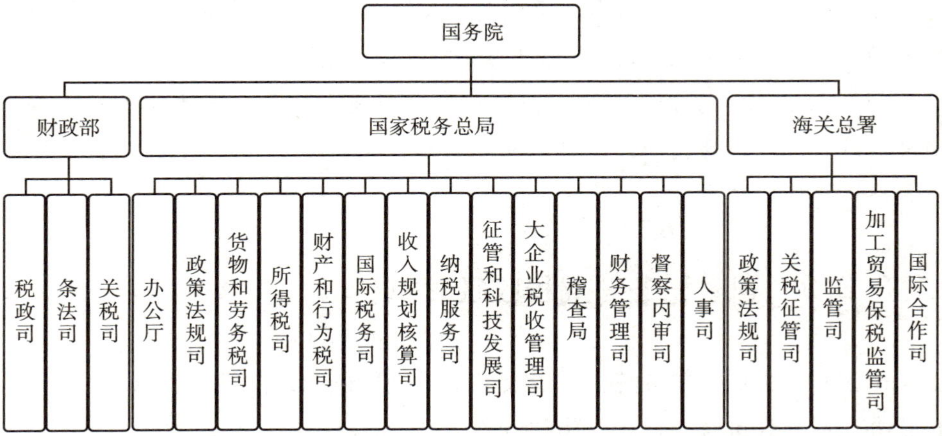

图 11 －2　国务院下属政府部门与税务征管有关机构设置

11.2.2.1　财政部税收征管有关机构①

财政部设有 21 个内设机构，分别为办公厅、综合司、条法司、税政司、关税司（国务院关税税则委员会办公室）、预算司、国库司、国防司、行政政法司、教科文司、经济建设司、农业司、社会保障司、企业司、金融司、国际

① 《国务院办公厅关于印发〈财政部主要职责内设机构和人员编制规定〉的通知》（国办发〔2008〕65 号）。

司（港澳台办公室）、对外财经交流办公室、会计司、监督检查局、国家农业综合开发办公室和人事教育司。其中与税务征管有关司为：

（1）税政司。研究提出税种增减、税目税率调整、减免税等建议；组织起草税收法律、行政法规草案及其实施细则；研究提出税收政策调整方案；承担涉外税收谈判和签订涉外税收协议；协定草案的有关工作；拟订国际税收协议和协定范本；开展税源调查分析。2014 年，财政部对税政司的税收政策、制度和管理功能定位进行了调整，税政司的职能得到了加强。此次调整中，财政部将综合司承担的行政事业性收费、政府性基金等非税收入管理职责划转税政司，统一税收与非税收入管理；石油特别收益金管理职能也被划入税政司。财政部还将为税政司适当增加编制、接收安排人员。调整后的税政司主要职能是研究国内和涉外税收政策，拟订实施方案；提出税制改革税种增减、税目税率调整、减免税、出口退税等重大事项的建议等。

（2）关税司（国务院关税税则委员会办公室）。研究提出关税和进口税收政策建议；拟订关税谈判方案，承担有关关税谈判工作；研究提出征收特别关税的建议；承办国务院关税税则委员会的具体工作。

（3）条法司。起草有关法律、行政法规草案和规章；承担机关有关规范性文件的合法性审核工作；承办国家赔偿费用管理工作；承担有关行政复议、行政应诉工作。

11.2.2.2　国家税务总局税收征管机构[①]

国家税务总局是国务院主管税收工作的直属机构，内设机构（正司局级）包括办公厅、政策法规司、货物和劳务税司、所得税司、财产和行为税司、国际税务司、收入规划核算司、纳税服务司、征管和科技发展司、大企业税收管理司、稽查局、财务管理司、督察内审司、人事司等。其中，业务司局主要职能如下：

（1）政策法规司。起草税收法律法规草案、部门规章及规范性文件；研究提出税制改革建议；拟订税收业务的规章制度；研究、承办涉及世贸组织有关税收事项；承办重大税收案件的审理和行政处罚工作；承担机关有关规范性文件的合法性审核工作；承办税务行政复议、行政应讼工作。

---

① 根据国家税务总局官网整理。

（2）货物和劳务税司。组织实施增值税、消费税、营业税、车辆购置税等（不含海关代征的）征收管理工作，拟订具体的征收管理政策和办法；对有关法律法规在执行中的一般性问题进行解释和处理；组织实施出口退税管理工作。

（3）所得税司。组织实施企业所得税、个人所得税和法律法规规定的基金（费）等征收管理工作，拟订具体的征收管理政策和办法；对有关法律法规在执行中的一般性问题进行解释和处理。

（4）财产和行为税司。组织实施财产与行为各税种及教育费附加等税收业务管理，拟订具体的征收管理政策和办法；对有关法律法规在执行中的一般性问题进行解释和处理；指导财产与行为各税种及教育费附加的征管业务。

（5）国际税务司。研究拟订国家（地区）间反避税措施，组织实施反避税调查；参加国家（地区）间税收协议、协定谈判，承办草签和执行有关协议、协定等工作；承办与国际机构、国家（地区）间税务机关的合作与交流业务；管理总局机关和税务系统外事工作。

（6）收入规划核算司。编制税收收入中长期规划，编制年度税收任务、出口退税指标；参与起草税款征缴退库制度，监督检查税款缴、退库情况；承办税收收入的分析、预测和重点税源监控管理工作；拟订税收收入规划和税收会计、统计等相关制度；管理税收数据；组织实施税收统计工作。

（7）纳税服务司。组织实施纳税服务体系建设；拟订纳税服务工作规范和操作规程；组织协调、实施纳税辅导、咨询服务、税收法律救济等工作，受理纳税人投诉；组织实施税收信用体系建设；指导税收争议的调解；起草注册税务师管理政策，并监督实施。

（8）征管和科技发展司。起草综合性税收征管规范性文件；拟订税收征收管理的长期规划和综合性方案；管理税收发票和票证；拟订和组织实施税收管理信息化的总体规划和实施方案，承办税收管理信息化建设中业务需求整合和流程优化的综合管理工作。

（9）大企业税收管理司。承担大企业税收风险分析、税收经济分析和税源监控工作职责；指导税务系统大企业税收风险应对工作；组织开展大企业个性化纳税服务；指导海洋石油税收管理业务。

（10）稽查局。起草税务稽查法律法规草案、部门规章及规范性文件；办理重大税收案件的立案和调查的有关事项并提出处理意见；指导、协调税务系统的稽查工作。

11.2.2.3 海关税收征管机构

海关总署内设机构包括办公厅、国家口岸管理办公室、政策法规司、研究室、关税征管司、监管司、加工贸易及保税监管司、综合统计司、稽查司、缉私局（全国打击走私综合治理办公室）、科技发展司、国际合作司（港澳台办公室）、财务司、关务保障司、人事教育司和督察内审司等。其中，业务司局主要职能为：

（1）政策法规司。起草相关法律法规草案和部门规章；承担有关规范性文件的合法性审核工作；组织实施知识产权海关保护工作；承担海关标准化工作；承办有关行政复议和行政应诉工作。

（2）关税征管司。承担关税税政和立法的有关工作；参与研究进出口税收政策、税则税率的调整及相关的对外谈判；拟订进出口关税及其他税费征管规定并组织实施；承办进出口商品分类目录、原产地规则的有关工作；承担多双边原产地规则对外谈判工作；组织实施国家关税和进口环节税减免；组织实施反倾销和反补贴措施、保障措施及其他关税措施。

（3）监管司。拟订进出境运输工具、货物、物品的海关监管制度并组织实施；拟订国家禁止或限制进出境货物、物品的海关监管制度并组织实施；承担海关反恐、维稳、防扩散等工作。

（4）加工贸易及保税监管司。拟订加工贸易和保税物流等海关监管制度并组织实施；牵头拟订海关特殊监管区、海关保税监管场所的发展规划、监管制度并组织实施，承担海关特殊监管区的审核、报批和验收工作。

（5）国际合作司（港澳台办公室）。拟订海关国际合作制度并组织实施；组织开展与外国（地区）海关、国际组织及机构的交流与合作，协调相关协议的谈判、签订及实施；指导海关境外常驻机构的业务工作；承担涉及港澳台的海关交流与合作事务；承担有关外事工作。

11.3 中央、地方财政收支

我国自 1994 年起实行分税制的财政管理体制。分税制是指在合理划分各级政府事权范围的基础上，主要按税收来划分各级政府的预算收入，各级预算相对独立，负有明确的平衡责任，各级次间和地区间的差别通过转移支付制度进行调节。

11.3.1 中央与地方财政事权划分

11.3.1.1 中央财政事权

坚持基本公共服务的普惠性、保基本、均等化方向，加强中央在保障国家安全、维护全国统一市场、体现社会公平正义、推动区域协调发展等方面的财政事权，强化中央财政事权履行责任。将国防、外交、国家安全、出入境管理、国防公路、国界河湖治理、全国性重大传染病防治、全国性大通道、全国性战略性自然资源使用和保护等基本公共服务确定为中央的财政事权。

11.3.1.2 地方财政事权

加强地方政府公共服务、社会管理等职责。将直接面向基层、量大面广、与当地居民密切相关、由地方提供更方便有效的基本公共服务确定为地方的财政事权，赋予地方政府充分自主权，依法保障地方的财政事权履行，更好地满足地方基本公共服务需求。将社会治安、市政交通、农村公路、城乡社区事务等受益范围地域性强、信息较为复杂且主要与当地居民密切相关的基本公共服务确定为地方的财政事权。

11.3.1.3 中央与地方共同财政事权

考虑到我国人口和民族众多、幅员辽阔、发展不平衡的国情和经济社会发展的阶段性要求，需要更多发挥中央在保障公民基本权利、提供基本公共服务方面的作用，因此，应保有比成熟市场经济国家相对多一些的中央与地方共同财政事权。将义务教育、高等教育、科技研发、公共文化、基本养老保险、基本医疗和公共卫生、城乡居民基本医疗保险、就业、粮食安全、跨省（区、市）重大基础设施项目建设和环境保护与治理等体现中央战略意图、跨省（区、市）且具有地域管理信息优势的基本公共服务确定为中央与地方共同财政事权，并明确各承担主体的职责。

11.3.2　中央与地方支出责任划分

11.3.2.1　中央的财政事权由中央承担支出责任

属于中央的财政事权，应当由中央财政安排经费，中央各职能部门和直属机构不得要求地方安排配套资金。中央的财政事权如委托地方行使，要通过中央专项转移支付安排相应经费。

11.3.2.2　地方的财政事权由地方承担支出责任

属于地方的财政事权原则上由地方通过自有财力安排。对地方政府履行财政事权、落实支出责任存在的收支缺口，除部分资本性支出通过依法发行政府性债券等方式安排外，主要通过上级政府给予的一般性转移支付弥补。地方的财政事权如委托中央机构行使，地方政府应负担相应经费。

11.3.2.3　中央与地方共同财政事权区分情况划分支出责任

根据基本公共服务的属性，体现国民待遇和公民权利，涉及全国统一市场和要素自由流动的财政事权，如基本养老保险、基本公共卫生服务、义务教育等，可以研究制定全国统一标准，并由中央与地方按比例或以中央为主承担支出责任；对受益范围较广、信息相对复杂的财政事权，如跨省（区、市）重大基础设施项目建设、环境保护与治理、公共文化等，根据财政事权外溢程度，由中央和地方按比例或中央给予适当补助方式承担支出责任；对中央和地方有各自机构承担相应职责的财政事权，如科技研发、高等教育等，中央和地方各自承担相应支出责任；对中央承担监督管理、出台规划、制定标准等职责，地方承担具体执行等职责的财政事权，中央与地方各自承担相应支出责任。

11.3.3　中央与地方收入划分

根据事权、财权和财力结合原则，按税种划分中央与地方收入。将维护国家权益、实施宏观调控所必需的税种划分为中央税；将同经济发展直接相关的主要税种划分为中央与地方共享税；将适合地方征管的税种划分为地方税，充实地方税税种，增加地方税收入。

（1）中央固定收入包括关税、消费税、船舶吨税、海关代征进口消费税和增值税、车辆购置税，以及国有邮政企业、铁路运输企业、中国工商银行、中国农业银行、中国银行、国家开发银行、中国农业发展银行、中国进出口银行、中国投资、中国建设银行、中国建银投资、中国石油、中国石油化工、海洋石油天然气、中国长江电力等企业缴纳的企业所得税（包括滞纳金、罚款）等。

（2）地方固定收入包括城镇土地使用税、耕地占用税、土地增值税、房产税、车船税、契税、烟叶税、环境保护税。

（3）中央与地方共享收入包括增值税、企业所得税、个人所得税、资源税和证券交易税。其中，增值税中央和地方 50∶50 分享；企业所得税除归中央以外的部分，中央和地方 60∶40 分享；个人所得税，中央和地方 60∶40 分享；资源税中的海洋石油资源税归中央，其他资源税归地方资源税；印花税中的证券交易印花税收入为中央收入，其他印花税收入为地方收入；城市维护建设税各银行总行、各保险总公司集中缴纳的部分为中央收入，其余部分为地方收入。

11.3.4 中央对地方转移支付

中央对地方转移支付是指中央政府为实现特定的经济和社会发展目标无偿给予地方政府，由接受转移支付的政府按照中央政府规定的用途安排使用的预算资金。中国的财政转移支付制度是在 1994 年分税制的基础上建立起来的，由一般性转移支付、专项转移支付和税收返还三部分构成。

11.3.4.1 一般性转移支付

一般性转移支付又称体制性转移支付，是指上级政府根据依法核定的下级政府标准财政需要额与财政支出额的差量以及各地区间在人口、资源、贫富等方面存在的差别因素将其财政资金转作下级政府财政收入的一种补助形式。一般性转移支付是政府间财政关系的重要组成部分，目的是缩小地区间财力差距，实现地区间基本公共服务能力均等化。此类转移支付不规定具体用途，由接受拨款的政府自主安排使用。我国一般性转移支付从 1995 年起实施，支付资金按照公平、公正，循序渐进和适当照顾老少边穷地区的原则，主要参照各地标准财政收入和标准财政支出的差额及可用于转移支付的资金数量等客观因素，按统一公式计算确定。

11.3.4.2 专项转移支付

预算资金来源包括一般公共预算、政府性基金预算和国有资本经营预算。按照事权和支出责任划分，专项转移支付分为委托类、共担类、引导类、救济类和应急类。委托类专项是指按照事权和支出责任划分属于中央事权，中央委托地方实施而相应设立的专项转移支付。共担类专项是指按照事权和支出责任划分属于中央与地方共同事权，中央将应分担部分委托地方实施而设立的专项转移支付。引导类专项是指按照事权和支出责任划分属于地方事权，中央为鼓励和引导地方按照中央的政策意图办理事务而设立的专项转移支付。救济类专项是指按照事权和支出责任划分属于地方事权，中央为帮助地方应对因自然灾害等发生的增支而设立的专项转移支付。应急类专项是指按照事权和支出责任划分属于地方事权，中央为帮助地方应对和处理影响区域大、影响面广的突发事件而设立的专项转移支付。

11.3.4.3 税收返还

中央的税收返还制度就其性质而言是一种转移支付，以 1993 年为基期年核定。按照 1993 年地方实际收入以及税制改革后中央和地方收入划分情况，合理确定 1993 年中央从地方净上划的收入数额，并以此作为中央对地方税收返还基数，保证 1993 年地方既得财力。1994 年以后，税收返还额在 1993 年基数上逐年递增，递增率按全国增值税和消费税增长率的 1∶0.3 系数确定，即全国增值税和消费税每增长 1%，中央财政对地方的税收返还增长 0.3%。

2002 年所得税分享改革后，除铁路运输、国家邮政、中国工商银行、中国农业银行、中国银行、中国建设银行、国家开发银行、中国农业发展银行、中国进出口银行、海洋石油天然气、中国石油、中国石油石化工企业缴纳的企业所得税全部属中央收入外，其余企业所得税和全部的个人所得税实行中央与地方分享，分享比例 2002 年为 50∶50，2003 年以来为 60∶40。2004 年，我国实行出口退税机制改革，出口退税由中央财政全额负担改为中央和地方分担。

财政部根据改革前各地出口退税情况，核定各地出口退税基数，基数内退税全部由中央负担，超基数部分中央和地方按分享比例分担。2005 年，分担比例由中央和地方原按 75∶25 改为按 92. 5∶7. 5 比例分担。2015 年起改为全部由中央承担。

自 2016 年 5 月 1 日起，全面推开营业税改征增值税后，增值税收入全部纳入中央与地方共享范围，由中央和地方按照“五五比例分享”，对于分成比例的变化带来了中央预算收入增加部分，以 2014 年为基数，将中央从地方上划收入通过税收返还方式给地方，确保既有财力不变。发布的《国务院关于实行中央对地方增值税定额返还的通知》（国发〔2016〕71 号），提出从 2016 年起，调整中央对地方原体制增值税返还办法，由 1994 年实行分税制财政体制改革时确定的增值税返还，改为以 2015 年为基数实行定额返还，对增值税增长或下降地区不再实行增量返还或者扣减。返还基数的具体数额，由财政部核定。

11. 3. 5　中央与地方财政收支

2017 年，全国一般公共预算收入 172593 亿元。其中，税收收入 144370 亿元，占一般公共预算收入的 83. 65%；非税收入 28223 亿元，占一般公共预算收入的 16. 35%。全国一般公共预算支出 203085 亿元，财政结转结余及调入资金 10041 亿元，补充中央预算稳定调节基金 3348 亿元，支出大于收入的差额 23800 亿元，见表 11 – 1。

表 11 – 1　　2017 年中国财政收支　　单位：亿元、%

项目	收入	比重	项目	支出	比重
一、税收收入	144370	83. 65	一、一般公共服务支出	16510	8. 13
国内增值税	56378	39. 05	二、外交支出	522	0. 26
国内消费税	10225	7. 08	三、国防支出	10432	5. 14
进口货物增值税	15285	10. 59	四、公共安全支出	12461	6. 14
进口货物消费税	686	0. 48	五、教育支出	30153	14. 85
出口货物退增值税	– 13855	– 9. 6	六、科学技术支出	7267	3. 58
出口货物退消费税	– 15	– 0. 01	七、文化体育与传媒支出	3392	1. 67

续表

项目	收入	比重	项目	支出	比重
企业所得税	32117	22.25	八、社会保障和就业支出	24612	12.12
个人所得税	11966	8.29	九、医疗卫生与计划生育支出	14451	7.12
资源税	1353	0.94	十、节能环保支出	5617	2.77
城市维护建设税	4362	3.02	十一、城乡社区支出	20585	10.14
房产税	2604	1.8	十二、农林水支出	19089	9.4
印花税	2206	1.53	十三、交通运输支出	10674	5.26
其中：证券交易印花税	1069	0.74	十四、资源勘探信息等支出	5034	2.48
城镇土地使用税	2361	1.64	十五、商业服务业等支出	1569	0.77
土地增值税	4911	3.4	十六、金融支出	1148	0.57
车船税	774	0.54	十七、援助其他地区支出	399	0.2
船舶吨税	50	0.03	十八、国土海洋气象等支出	2304	1.13
车辆购置税	3281	2.27	十九、住房保障支出	6552	3.23
关税	2998	2.08	二十、粮油物资储备支出	2251	1.11
耕地占用税	1652	1.14	廿一、其他支出	1729	0.85
契税	4910	3.40	廿二、债务付息支出	6273	3.09
烟叶税	116	0.08	廿三、债务发行费用支出	60	0.03
其他税收收入	4	0			0
二、非税收入	28223	16.35			
全国一般公共预算收入	172593	100	全国一般公共预算支出	203085	100
财政使用结转结余及调入资金	10041		补充中央预算稳定调节基金	3348	
支出大于收入的差额	23800				

资料来源：中华人民共和国财政部网站。

2017 年，全国一般公共预算收入 172593 亿元，其中，中央和地方按 53∶47 分享；税收收入 144370 亿元，中央和地方按 52.43∶47.57 分享。非税收入 28223 亿元，中央和地方按 19.23∶80.77 分享。全国一般公共预算支出 203085 亿元，其中，中央和地方支出分别为 19.23∶80.77，见表 11－2。中央对地方税收返还和转移支付 65052 亿元，税收返还 8023 亿元，占 12.33%；转移支付 57029 亿元，占 87.67%。转移支付中，一般转移支付 35146 亿元，占比

61.62%；专项转移支付21883亿元，占38.37；地方上解－1543亿元，占比－2.37%，见表11－3。

表11－2　2017年中国地方财政收支占全国财政收支比重　单位：亿元、%

项目	收入	地方收入比重	项目	支出	地方支出比重
一、税收收入	144370	47.57	一、一般公共服务支出	16510	92.3
国内增值税	56378	50.04	二、外交支出	522	0.4
国内消费税	10225	0	三、国防支出	10432	1.97
进口货物增值税	15285	0	四、公共安全支出	12461	85.16
进口货物消费税	686	0	五、教育支出	30153	94.87
出口货物退增值税	－13855	0	六、科学技术支出	7267	61.1
出口货物退消费税	－15	0	七、文化体育与传媒支出	3392	92.01
企业所得税	32117	36.41	八、社会保障和就业支出	24612	95.93
个人所得税	11966	39.99	九、医疗卫生与计划生育支出	14451	99.25
资源税	1353	96.86	十、节能环保支出	5617	93.76
城市维护建设税	4362	96.38	十一、城乡社区支出	20585	99.89
房产税	2604	100	十二、农林水支出	19089	96.29
印花税	2206	51.58	十三、交通运输支出	10674	89.17
其中：证券交易印花税	1069	0	十四、资源勘探信息等支出	5034	92.57
城镇土地使用税	2361	99.98	十五、商业服务业等支出	1569	96.86
土地增值税	4911	100	十六、金融支出	1148	25.68
车船税	774	99.95	十七、援助其他地区支出	399	100
船舶吨税	50	0	十八、国土海洋气象等支出	2304	87.06
车辆购置税	3281	0	十九、住房保障支出	6552	93.59
关税	2998	0	二十、粮油物资储备支出	2251	29.02
耕地占用税	1652	99.99	廿一、其他支出	1729	65.89
契税	4910	100	廿二、债务付息支出	6273	39.78
烟叶税	116	99.76	廿三、债务发行费用支出	60	40.47
其他税收收入	4	2.25			
二、非税收入	28223	80.77			
全国一般公共预算收入	172593	53	全国一般公共预算支出	203085	85.3

资料来源：中华人民共和国财政部网站。

表 11-3　　2017 年中央对地方税收返还、转移支付　　单位：亿元、%

项目	支出	比重
一、中央对地方转移支付	57029	87.67
（一）一般性转移支付	35146	61.62
（二）专项转移支付	21883	38.37
二、中央对地方税收返还	8023	12.33
增值税返还	6114	9.4
消费税返还	1011	1.55
所得税基数返还	910	1.4
成品油税费改革税收返还	1531	2.35
地方上解	-1543	-2.37
中央对地方税收返还和转移支付	65052	100

资料来源：中华人民共和国财政部网站。

11.4　中央、地方税收征管体制

税收征管体制是指不同级次的税收征管机关之间税收征管权的分割与配置，其内容包括税务机构的设置，以及不同层级税务机构税收征收管理权限划分和行政隶属关系，核心是确定中央和地方不同层级税务管理主体拥有征收管理权限。

11.4.1　税务系统行政体制

在税收征管权的纵向分配上，国家税务总局，省、市、县和基层税务机关，负责有不同的税收征管职能，从总体上说，国家、省、市、县税务机关是管理机关，主要职责是税收征管的组织和政策的管理；基层分局直接负责税收征管，主要是税户管理和征收入库。税务系统实行国家税务总局为主、与省（自治区、直辖市）政府双重领导的管理体制。

税务系统实行以税务总局为主、与省（自治区、直辖市）政府双重领导的管理体制，建立健全职责清晰、运行顺畅、保障有力的制度机制，在干部管理、机构编制管理、业务和收入管理、构建税收共治格局。

11.4.2 税务局机构设置

税务机构设有税务局、税务分局、税务所和税务局稽查局，按照行政级次、行政（经济）区划或隶属关系命名税务机关名称并明确其职责。各级税务局为全职能局，按照省（自治区、直辖市），副省级城市，地区（市、盟、州）以及直辖市的区、副省级市的区，县（旗），县级市、地级市城区的行政区划设置，地级以上城市的区也可按经济区划设置。税务分局、税务所为非全职能局（所），是上级税务机关的派出机构，可按行政区划设置，也可按经济区划设置。较大县的城区、管辖5个以上乡镇（街道）可设置税务分局，管辖4个以下乡镇（街道）的机构称税务所。各级税务局稽查局是各级税务局依法对外设置的直属机构。地级市的城区如有需要，可以设置稽查局，城区稽查局视不同情况既可按行政区划设置，也可跨区设置，由所属区税务局管理，业务上接受上级税务局稽查局的指导。

11.4.3 税收管理机构改革

11.4.3.1 1994年税务机构由合一到分立改革

1994年，中国实行了分税制财政体制，将税收按收入归属分为中央税、地方税和中央与地方共享税。顺应中央和地方税收收入划分要求，为保障中央在税收征管上的权力和利益，同时调动地方政府在税收征管上的积极性，提高税收征管效率，在地方层面将税务机构分设为国家税务局和地方税务局两大系统，中央税由国税负责征管（除由海关代征的进口环节增值税、消费税外），地方税由地税负责征管，共享税主要由国税征管、一部分由国税与地税分别针对不同的纳税人征收。在行政关系上：国税系统实行由中央到地方的垂直领导，地税系统实行省以下垂直领导的管理体制，税收征管执法主体和权限完全独立。伴随着1994年分税制改革，国税、地税两套机构分设以来，中国开始进入税收分级管理时代。经过20多年运行，分级管理模式在确保中央财政收入、增强中央宏观调控能力、促进地方经济的稳步发展等方面均起了非常重要的作用。

11.4.3.2　2016 年税务机构由分立到合作改革

1994 年的分税制改革以及相配套的国税与地税机构分设改革虽然作用明显，但随着经济向纵深发展，全面深化改革推进，分税制存在的背景条件变化，传统的国税与地税机构互相独立的局面已难以适应新形势的需要，深化税收征管体制改革的呼声高起，改革势在必行。但如何改革，存在不同主张和看法。2015 年 12 月，中央办公厅、国务院办公厅联合下发了《深化国税、地税征管体制改革方案》（中办发〔2015〕56 号，以下简称《方案》）。《方案》认为，虽然我国自 1994 年实行分税制改革以来建立的分设国税与地税两套机构的征管体制取得了显著成效，为调动中央和地方两个积极性、建立和完善社会主义市场经济体制发挥了重要作用，但与经济社会发展、推进国家治理体系和治理能力现代化的要求相比，税收征管体制存在职责不够清晰、执法不够统一、办税不够便利、管理不够科学、组织不够完善、环境不够优化等问题，必须加以改革完善。但《方案》同时认为，税收征管体制方面的问题，主要根源不在于机构分设，而在于管理体制和机制没有相应跟上。因此，《方案》提出合作不合并的深化改革思路，以降低征纳成本，提高征管效率，增强税法遵从度和纳税人满意度，确保税收职能作用有效发挥，促进经济健康发展和社会公平正义为改革目标。《方案》依据依法治税、便民办税、科学效能、协同共治、有序推进改革的原则，从理顺征管职责划分、创新纳税服务机制、转变征收管理方式、深度参与国际合作、优化税务组织体系、构建税收共治格局六大方面提出了 31 条具体改革措施。

11.4.3.3　2018 年税务机构由合作向合并改革

2018 年 3 月 17 日，第十三届全国人民代表大会第一次会议表决通过了关于国务院机构改革方案的决定。国务院机构改革着眼于转变政府职能，坚决破除制约使市场在资源配置中起决定性作用、更好地发挥政府作用的体制机制弊端，围绕推动高质量发展，建设现代化经济体系，加强和完善政府经济调节、市场监管、社会管理、公共服务、生态环境保护职能，结合新的时代条件和实践要求，着力推进重点领域和关键环节的机构职能优化和调整，构建起职责明确、依法行政的政府治理体系，提高政府执行力，建设人民满意的服务型政府。国务院机构改革从精简机构出发，对国务院组成部门和其他机构进行了较大幅的调整，减少了8个正部级机构和7个副部级机构；根据经济社会发展的新要求，增加了3个部委和3个国务院直属机构。国务院机构改革方案提出改革国税、地税征管体制，将省级和省级以下国税、地税机构合并，具体承担所辖区域内各项税收、非税收入征管等职责。国税、地税机构合并后，实行以国家税务总局为主，与省（区、市）人民政府双重领导管理体制。国税与地税机构合并改革，有利于适应深化税制改革要求，理顺税收征管体制，提升税收治理能力。

2018年7月20，中共中央办公厅、国务院办公厅印发了《国税地税征管体制改革方案》。改革方案强调，通过改革逐步构建起优化高效统一的税收征管体系，为纳税人和缴费人提供更加优质高效便利服务，提高税法遵从度和社会满意度，提高征管效率，降低征纳成本，增强税费治理能力，确保税收职能作用充分发挥，夯实国家治理的重要基础。改革方案提出统一领导、分级管理、整体设计、分步实施，采取先挂牌再落实“三定”规定，先合并国税地税机构再接收社会保险费和非税收入征管职责，先把省（区、市以及计划单列市）税务局改革做稳妥再扎实推进市（地、州、盟）税务局、县（市、区、旗）税务局改革的步骤，逐项重点工作、逐个时间节点抓好落实，确保2018年年底前完成各项改革任务。改革方案明确国税地税机构合并后实行以税务总局为主、与省（自治区、直辖市）政府双重领导的管理体制，并着眼建立健全职责清晰、运行顺畅、保障有力的制度机制。

11.5 小结

11.5.1 税收立法体制

中国是一个单一制国家，在中央与地方立法权限划分上采取的是集权的分权模式，是在中央对立法集中统一领导的前提下，适当赋予地方以一定立法职权，作为中央立法补充。中国现行税收立法主要采取全国人民代表大会授权立法。2015年3月15日，第十二届全国人民代表大会第三次会议通过的《全国人民代表大会关于修改〈中华人民共和国立法法〉的决定》明确规定，税种的设立、税率的确定和税收征收管理等税收基本制度属于制定法律而不是授权立法内容。全国人大也提出在2020年前全面完成税收立法，将全部税收暂行条例上升为法律或者废止，届时将收回 1985 年的授权立法决定。

11. 5. 2　税收征管体制

税收征管体制是指规定相关政府机构之间税收征收管理权限划分及其征管机构设置的一系列制度，核心内容是在相关政府征税机构之间进行税收征管权的分割与配置，税收征管权的分配亦包括横向分配与纵向分配两个方面。税收征管权的横向分配是指税收征管权在同级的税收征管机关之间的分割与配置，具体表现为财政、税务和海关各自职权划分以及征收管理权限。中国现行税务机构在中央层面主要涉及三个部门，即财政部、国家税务总局、海关总署。其中，财政部为国务院组成部门，而国家税务总局、海关总署为国务院直属机构，三个部门互相独立，同时隶属于国务院。上述财政部、国家税务总局、海关三大机构在行使税收职能时既相对独立，又存在相互交叉。

11. 5. 3　分税制财政体制

中国自 1994 年起实行分税制的财政管理体制，主要涉及中央与地方财政事权划分、中央与地方支出责任划分、中央与地方收入划分和中央对地方转移支付。现行分税制财政体制根据事权、财权和财力结合原则，按税种划分中央与地方收入。将维护国家权益、实施宏观调控所必需的税种划分为中央税；将同经济发展直接相关的主要税种划分为中央与地方共享税；将适合地方征管的税种划分为地方税，充实地方税税种，增加地方税收入。中央对地方专项转移支付是指中央政府为实现特定的经济和社会发展目标无偿给予地方政府，由接受转移支付的政府按照中央政府规定的用途安排使用的预算资金。中国的财政转移支付制度是在 1994 年分税制的基础上建立起来的，由税收返还、一般性转移支付和专项转移支付三部分构成。从中央与地方财政收支情况看，2015 年，全国一般公共预算收入中央和地方按 45. 49 : 54. 51 分享；税收收入中央和地方按 49. 84 : 50. 16 分享；非税收入中央和地方按 25. 62 : 74. 38 分享。全国一般公共预算支出中央和地方支出分别为 14. 52 : 85. 48。中央对地方税收返还和转移支付中税收返还占 9. 11%；转移支付占 90. 89%。转移支付中一般转移支付占 56. 82%；专项转移支付占 43. 18%。

11.5.4 在税收征管权的纵向分配上，国家税务总局、省、市、县和基层税务机关，负责有不同的税收征管职能

从税收征管体制演变看，中华人民共和国成立之初，设立财政部税务总局，属财政部内部机构，税收征管执法主体为各级财政部门。1988 年，成立国家税务局，属于国务院直属局，归财政部管理。1993 年，设立国家税务总局，受国务院直接领导。1994 年，中国实行了分税制财政体制，将税收按收入归属分为中央税、地方税和中央与地方共享税，在地方层面将税务机构分设为国家税务局和地方税务局两大系统，中央税由国税负责征管（除由海关代征的进口环节增值税、消费税外），地方税由地税负责征管，共享税主要由国税征管、一部分由国税与地税分别针对不同的纳税人征收。在行政关系上：国税系统实行由中央到地方的垂直领导，地税系统实行省以下垂直领导的管理体制，税收征管执法主体和权限完全独立。2016 年税务机构由分立到合作改革，提出合作不合并的深化改革思路，以降低征纳成本，提高征管效率，增强税法遵从度和纳税人满意度，确保税收职能作用有效发挥，促进经济健康发展和社会公平正义为改革目标。2018 年 3 月 17 日，第十三届全国人民代表大会第一次会议表决通过了关于国务院机构改革方案的决定。国务院机构改革方案提出改革国税、地税征管体制，将省级和省级以下国税、地税机构合并，具体承担所辖区域内各项税收、非税收入征管等职责。国税、地税机构合并后，实行以国家税务总局为主，与省（区、市）人民政府双重领导管理体制。国税与地税机构合并改革，有利于适应深化税制改革要求，理顺税收征管体制，提升税收治理能力。

参考文献：

［1］财政部财税所课题组．我国税收管理体制的改革研究［EB/OL］．中国改革论坛，2010－04－24.

［2］财政部财政科学研究所．我国 60 年税收管理体制评价［N］．中国财经报，2009－09－15.

［3］《国务院办公厅关于印发〈财政部主要职责内设机构和人员编制规定〉的通知》（国办发〔2008〕65 号）。

[4]《国务院办公厅关于印发国家税务总局主要职责内设机构和人员编制规定的通知》(国办发〔2008〕87号)。

[5]《国务院办公厅关于印发海关总署主要职责内设机构和人员编制规定的通知》(国为发〔2008〕88号)。

[6]《国家税务总局关于进一步规范国家税务局系统机构设置明确职责分工的意见》(国税发〔2004〕125号)。

[7] 中共中央办公厅、国务院办公厅印发《深化国税、地税征管体制改革方案》(中办发〔2015〕56号)。

[8] 王勇《关于国务院机构改革方案的说明》。

[9] 国务院办公厅《关于调整国家税务局和地方税务局的征收管理范围的意见》(国办发〔1996〕4号)。

[10] 中共中央办公厅、国务院办公厅印发《国税地税征管体制改革方案》新华社,2018.07.20。

12 税收征管体制国际经验总结

本章在对美国、英国、法国、德国、加拿大、澳大利亚、日本、韩国、俄罗斯、印度10个国家税收征管体制进行国别研究的基础上，就其共性问题进行更为深入的探索，以总结税收征管体制的规律和经验。从宏观上来讲，不同国家的税收征管体制及其变革受该国的政治—行政体制的约束（具体表现为法律条款对行政组织形态和职能的规定），同时还受该国特有的历史、地理、文化的影响，并进一步与其经济发展和社会构造变动相关联。因此，对世界主要国家税收征管体制进行国际比较，经验总结主要集中在以下方面。

12.1 世界税制改革潮流

最近20多年，世界局势无论是在政治、经济还是在国际秩序上都发生了很大变化。这些变化的某些特征正在对世界范围内新经济秩序的形成产生着重大影响。毫无疑问，伴随着新经济秩序形成过程中出现的人员、物资及资本流动的变化，已经或正在对世界各国传统的税收征管体制形成巨大压力，成为促使其产生深刻变革的原动力。单就对税收征管体制的影响来看，这些影响因素可以归纳成以下三个方面。

首先，伴随着全球化潮流所造成的人员、物资及资本流动，各国在执行各自的税收政策时，正在变得越来越困难。一方面，随着世界贸易组织（WTO）

加盟国的增加，跨国界的经济贸易壁垒大幅减弱（同时意味着关税收入的大幅度下降），这在很大程度上促进了资本跨国界流动，从而导致了许多国家不得不在某种程度上降低国内资本和法人税率，以维持本国内的产业能力和确保就业水准；另一方面，世界各国租税制度上的不同不仅对其税收制度的执行产生直接影响，还有可能对其税收制度的实效性和效率性产生重大影响。如何应对国际化可能造成的税收下降局面，是世界各国税制改革的重大课题。

其次，以历次经济危机为背景，许多发达国家为减轻不断累积的财政赤字，不得不重新审视各自的社会保障制度及重新定位中央与地方政府在国家治理上的职能分工。由于社会保障制度改革涉及选民的直接利益，极易导致政治上的动荡，因此，各国政府把国家治理改革的主要方向放在促进地方自治权的扩大上，由此派生出的中央与地方政府间财政及税收权的调整问题，正在成为许多发达国家在国家治理改革上的重大课题。

最后，伴随着强化地方自治等国家行政管理体制改革的国际趋势，税收与社会保障制度的一体化的改革正在成为西方发达国家财政政策改革的主要趋势。根据 OECD 的调查，成员国税收与社会保障费收入占 GDP 比重，2000 年以后呈现出缓慢下降的趋势。其主要原因是西方发达国家，特别是欧洲各国担心资本外流、不断降低对资本流动性影响较大的所得税税率。

上述世界税制改革的特征可以归纳为两个典型的趋势：一是从由“公平转向效率”的改革趋势；二是“税收与社会保障一体化”的趋势。两者之间内在的逻辑是由于以前采用累积税率对收入进行再分配调整，以获取社会公平，但近些年由于个人所得税与法人所得税税率的下降和资本所得分离及低率课税，税收制度在收入再分配上的功能降低，因此，有必要通过税收与社会保障一体化的做法来重新构筑政府的对策。

12.2 税收比重和结构

税收征管体系作为国家行政治理构造的一个组成部分，必然会在某种程度上受到其制度形态的影响，并且在更高层面上还会受到其所在国家政治体制和法律体系的约束。同时，税收作为支撑国家行使行政权力和提供公共服务及调整收入差异等国家治理行为的主要财源，其在政府组织构造中的功能又使其征收组织呈现出了与其他部门不同的、极为特殊的组织特征。下文将分别对政府财政与税收功能之间的关系、税收征管部门的组织构造和功能，以及世界主要国家的税负进行比较和说明。

12.2.1 国家财政收入与税收功能

一般来说，国家财政收入来自五个方面：一是国内税收；二是关税；三是社会保障性经费收入；四是国有资产及财产性收入（包括土地及土地使用权转让）；五是国家借贷收入。上述五个方面的收入共同支撑国家安全及行政治理事务。从国家财政收入与税收的关系上来看，与税收征管组织功能和形态相关的财政收入为前三项内容，其不同组合影响到世界各国税收征管体系的具体功能和形态。

一般来说，国家税收的多寡取决于其经济发展的程度、构造及税种和税率，也就是说税收收入取决于经济发展状况。同时，税收的不同征收方式反过来也会对经济发展造成实质性影响，如过高的消费税会造成消费的负担，具有抑制消费的作用，过高的法人所得税会抑制投资或造成资本流出，而过高的个人所得税不仅仅会影响家庭消费支出还会影响到家庭储蓄等，从而对经济发展产生直接的影响。另外，税收还可能对社会保障制度产生直接或间接的影响。综合反映上述国家财政收入与税收关系的指标为国家税负负担水准。表 12－1 反映了本书是选定的 10 个分析对象及 OECD 成员和部分非 OECD 成员的主要税负占 GDP 的比重情况。

表 12－1　　OECD 成员及选出的非成员国税收收入占 GDP 的比重

（2012 年度及先前年度）（政府全体水准）

国家/地区	2012 年度主要税种税收占 GDP 的比重（%）					政府整体总税收收入占 GDP 的比重（%）		
	个人所得税	社会基金	法人所得税	增值税	货物及劳务税	2012 年度	2011 年度	2010 年度
1. 分析对象国								
美国	9.2	5.4	2.5	0	1.0	24.4	24.0	23.7
英国	9.1	6.3	2.7	6.9	2.8	33.0	33.6	32.8
法国	7.9	16.5	2.5	6.8	2.3	44.0	42.9	41.6
德国	9.3	13.9	1.8	7.1	2.4	36.5	35.7	35.0

续表

国家/地区	2012 年度主要税种税收占 GDP 的比重（%）					政府整体总税收收入占 GDP 的比重（%）		
	个人所得税	社会基金	法人所得税	增值税	货物及劳务税	2012 年度	2011 年度	2010 年度
加拿大	11.2	4.8	2.9	4.2	1.3	30.7	30.4	30.5
澳大利亚	10.7	—	5.2	3.3	1.7	27.3	26.3	25.6
日本	5.5	12.3	3.7	2.7	1.8	29.5	28.6	27.6
韩国	3.7	6.1	3.7	4.3	2.1	24.8	24.0	23.2
俄罗斯	3.6	6.2	3.8	5.7	1.3	34.7	35.1	31.8
印度	—	—	—	—	—	16.1	16.1	15.2
中国	—	4.9	—	9.6	—	19.4	19.0	18.2
2. OECD 成员								
奥地利	9.5	14.2	2.2	7.8	2.3	41.7	41	40.9
比利时	12.2	14.1	3.0	6.9	2.0	44.0	42.9	42.4
智利	8.3	1.4	—	8.1	1.5	21.4	21.2	19.5
捷克	3.6	14.7	3.3	7.1	3.7	33.8	33.4	32.5
丹麦	23.9	0.9	3.0	9.7	4.0	47.2	46.6	46.5
爱沙尼亚	5.3	11.3	1.4	8.6	4.5	32.1	31.9	33.2
芬兰	12.6	12.7	2.1	9.0	3.8	42.8	42.0	40.8
希腊	7.0	10.8	1.1	7.1	3.6	33.7	32.5	31.1
匈牙利	5.3	12.6	1.3	9.1	3.6	38.5	36.9	37.6
冰岛	13.2	3.7	1.9	8.1	3.0	35.3	34.5	33.3
爱尔兰	9.1	4.2	2.3	5.9	2.8	27.3	26.7	26.8
以色列	5.5	5.1	2.7	7.3	1.7	29.6	30.9	30.6
意大利	11.6	13.0	2.8	5.9	2.3	42.7	41.4	41.5
卢森堡	8.4	11.3	5.2	7.0	3.5	38.5	37.5	38.0
墨西哥	5.2	2.9	—	3.7	0.6	19.6	19.5	18.5
荷兰	7.3	15.0	1.9	6.5	2.6	36.3	35.9	36.1
新西兰	12.4	—	4.7	9.9	0.9	33.0	31.4	31.0

续表

国家/地区	2012 年度主要税种税收占 GDP 的比重（%）					政府整体总税收收入占 GDP 的比重（%）		
	个人所得税	社会基金	法人所得税	增值税	货物及劳务税	2012 年度	2011 年度	2010 年度
挪威	9.9	9.6	10.5	7.7	2.7	42.3	42.7	42.6
波兰	4.5	12.1	2.1	7.1	4.0	32.1	31.8	31.3
葡萄牙	5.8	8.8	2.7	8.2	2.8	31.2	32.0	30.0
斯洛伐克	2.6	12.3	2.4	6.0	2.7	28.1	28.3	27.7
斯洛文尼亚	5.7	14.9	1.2	8.0	4.5	36.5	36.3	36.7
西班牙	7.2	11.5	2.0	5.3	2.0	32.1	31.2	31.4
瑞典	11.9	10.0	2.6	8.9	2.4	42.3	42.3	43.1
瑞士	8.5	6.7	2.8	3.5	1.3	26.9	27.0	26.5
土耳其	4.0	7.5	2.0	5.8	5.1	27.6	27.8	26.2
平均值（非加权）	8.6	9.0	2.9	6.6	2.6	33.7	33.3	32.8
3. 选出的非 OECD 成员								
阿根廷	2.5	8.3	3.8	8.7	1.9	37.3	34.6	33.5
巴西	7.3	9.7	—	8.5	0.1	36.3	34.9	33.2
保加利亚	3.0	7.2	1.9	9.4	5.1	27.9	27.3	27.5
哥伦比亚	6.6	2.4	—	5.5	0.8	19.6	18.8	18.0
哥斯达黎加	3.9	6.2	—	5.0	2.8	21.0	21.0	20.5
克罗地亚	3.7	11.5	2.0	12.3	3.4	35.7	35.3	36.4
塞浦路斯	4.0	9.1	6.3	8.9	3.4	35.3	35.3	35.6
印度尼西亚	—	5.6	—	4.1	1.2	11.9	11.8	11.6
拉脱维亚	5.7	8.4	1.6	7.1	3.2	27.9	27.6	27.2
立陶宛	3.5	11.0	1.3	7.7	2.9	27.2	27.4	28.5
马来西亚	2.4	—	—	—	—	16.1	15.3	13.7
马耳他	6.7	6.0	6.3	7.8	3.0	33.6	33.0	32.2

续表

国家/地区	2012年度主要税种税收占GDP的比重（%）					政府整体总税收收入占GDP的比重（%）		
	个人所得税	社会基金	法人所得税	增值税	货物及劳务税	2012年度	2011年度	2010年度
摩洛哥	—	9.3	—	12.0	—	24.0	23.0	22.7
罗马尼亚	3.5	8.8	2.2	8.5	3.5	28.3	28.4	26.8
沙特阿拉伯	—	0.5	—	—	—	1.3	1.1	1.1
新加坡	—	—	—	—	—	13.7	12.9	12.7
南非	8.0	—	4.9	6.1	—	23.7	23.0	22.4
泰国	—	7.8	—	7.9	—	16.9	16.9	15.8
中国香港	—	9.1	—	5.1	—	14.2	13.6	12.8

资料来源：Tax Administration in OECD and Selected Non – OECD Countries Comparative Information Series（2015）.

第一，就本书选定的分析对象国家来看，2012年政府整体税收占GDP比重为16.1%（最低国家印度为16.1%，最高国家法国为44.0%），其他国家的税负介于上述两个国家之间。需要特别说明的是，世界各国税负的计算可能存在不同口径，如2012年我国整体税负仅占GDP的19.4%，这一数据过低的主要原因是我国的计算口径中没有将社会保障统筹包括在政府收入之内，而世界大多数国家税负包含社会保障税。

第二，在选定的分析对象国家中，分年度整体税负水准或多或少存在波动，但总体上呈现出持平态势。其中，美国、法国、德国、澳大利亚、韩国和日本呈现出缓慢增加的趋势，英国、加拿大、俄罗斯和印度基本持平。OECD其他成员或非成员呈现出类似的趋势。OECD成员整体税负水准基本维持在GDP的33%左右。

第三，从OECD成员和选定的非OECD成员整体来看，传统的北欧高福利国家呈现出较高的税负，综合税负占GDP的比重在40%以上，而与之相比，其他国家的税负相对较低，基本上维持在20%～40%，低于20%的国家极少。沙特阿拉伯最低，仅为1.3%，新加坡也相对较低，为占GDP的13%左右。

第四，从主要税种占GDP比重来看，个人所得税、法人所得税和增值税三大税种在各国间呈现出不同的分布态势。在选定的分析对象国中，个人所得税占 GDP 比重呈现出欧美国家相对较高，亚洲及俄罗斯相对较低的状况；与此相比，法人所得税除澳大利亚超过 5% 以外，其他国家基本上保持在 5% 以下；增值税在各国间的分布差异较大，美国无该项税种，英国、法国、德国、俄罗斯等传统欧洲国家相对较高，大致上占 GDP 的 7% 左右，其他国家相对较低。OECD 其他成员或非成员在上述三大税种上的分布大致上呈现出与分析对象国家近似的特征。

第五，在包括退休金、医疗保障和失业保险在内的社会基金上，各分析对象国家呈现出较大差异。传统的欧洲高福利国家，如法国、德国等的社会基金收入占 GDP 的比重分别为 16.5% 和 13.9%，远远高出其他国家的水准，美国、英国、韩国和俄罗斯比较接近，大致在 6% 左右。亚洲的日本社会基金收入占 GDP 的 12.3%，接近法国和德国水准。OECD 成员呈现出同样的特征，大致上传统的欧洲国家社会基金收入占 GDP 的比重较高，其他相对较低，其中，丹麦社会基金收入占 GDP 的比重仅为 0.9%，可能暗示其社会保障制度的设计与其他国家不同。OECD 非成员国家社会基金收入除克罗地亚和立陶宛等个别国家接近成员国之外，大多数国家的社会基金收入占 GDP 的比重要远远低于 OECD 成员水准。

12.2.2 税收结构特征

从税收的税种构成上来看，不同国家的税种在其税收上的构成大不相同。在本书选择的分析对象国家中，美国及传统的英联邦国家在直接税中的个人所得税在整体税收中占比相对较高，反而法人税占整体税收的比例相对要低，除澳大利亚之外，美、英、法、德等老牌的西方发达国家，其直接税中的法人税几乎都在总体税收的 8% 以下。相反，亚洲国家的法人税相对偏高，日本的 13%、韩国的 15.3%、印度的 15.2%、中国的 14.9%，几乎接近美、英、法、德的两倍。从间接税在税收整体上的占比来看，增值税在分析对象国家中表现的参差不齐，美国和印度无该项税种，俄罗斯自 2015 年开始起征该项税，税率为 3%，英联邦国家的征税占比在 10% ~20%，以英国为最高，加拿大最低。具有讽刺意味的是，作为增值税创始国的法国，该税种在其总税收中的占比并不是最高，为 16.3%。在亚洲国家中，日本增值税在总税收中占比为 9.5%，韩国比较高，为 18.2%。与其他国家相比，中国增值税在税收总额中占比相当高，为 49.3%，远远高出其他国家的该项占比。间接税中消费税在总税收中的占比普遍不高，除韩国的13.1%以外，其他国家均在10%以下，并呈现除参差不齐的状态。俄罗斯和印度无间接税数据（印度无附加价值税税种）。上述直接税和间接税之外的税种收入在整体税收上的占比，各国间差异不大（俄罗斯和印度无该项数据）。

从相当于直接税的社会基金收入在总体税收占比来看，发达国家的占比非常高，但各国间还是表现出了参差不齐的状态。整体上看以德国的40.5%最高，日本的38.5%次之，加拿大相对较低，为15.4%，澳大利亚无该项数据。社会基金收入在总体税收中的占比水准反映了国家整体的福利水准及整体社会救济水准的均等化程度。一般来说，社会基金收入相对较高的国家，其福利水平也相对较高。韩国与英国大致上呈现出相同的社会福利水准。俄罗斯、印度和中国等新兴国家的社会基金数据没有，因而无法与其他发达国家进行比对。当然，社会基金收入在总体税收中的占比，还需与其他专项税种相比较才能最终判断一个国家的福利水准状况。如在韩国，其专项的教育税税率相对较高，该项收入不仅用作教育，还用来援助家庭贫困学生，因此带有极强的社会基金性质，但这种性质并没有反映在社会基金收入中，而是表现在表12－2的其他税种中。

表12－2　　2013年度各税种收入占税收收入的比重　　单位：%

国家	主要直接税			主要间接税		其他税种
	个人所得税	社会基金	法人所得税	增值税	消费税	
1. 分析对象国						
美国	35.3	26.4	8.1	—	4.3	25.9
英国	28.7	18.5	7.8	19.8	9.7	15.5
法国	17.5	37.7	5.7	16.3	6.2	16.6
德国	23.9	40.5	3.5	17.9	9.0	5.2
加拿大	34.6	15.4	10.4	10.2	5.5	23.9
澳大利亚	38.5	—	16.7	13.3	8.5	23.0
日本	17.5	38.5	13.0	9.5	7.6	13.9
韩国	12.7	19.5	15.3	18.2	13.1	21.2
俄罗斯	—	—	—	—	—	—

续表

国家	主要直接税			主要间接税		其他税种
	个人所得税	社会基金	法人所得税	增值税	消费税	
印度	10.5	—	15.2	—	—	—
中国	6.9	—	14.9	49.3	6.0	22.9
2. OECD 成员						
奥地利	23.1	33.7	5.1	18.4	6.2	13.5
比利时	31.4	31.8	7.4	15.5	5.0	8.9
捷克	13.0	43.6	12.3	17.1	9.1	4.9
丹麦	53.1	2.5	5.9	20.1	10.3	8.1
芬兰	31.0	26.7	7.7	19.4	9.7	5.5
希腊	13.7	36.1	9.2	21.8	8.9	10.3
匈牙利	18.9	30.5	5.8	21.7	9.9	13.2
冰岛	37.6	8.6	3.9	25.5	7.7	16.7
爱尔兰	26.5	14.8	12.9	24.5	11.7	9.6
意大利	25.1	29.5	6.6	14.2	5.8	18.8
卢森堡	17.1	27.9	19.1	14.9	11.8	9.2
墨西哥	24.6/2	16.9	—/2	19.4	9.3	29.8
荷兰	17.9	36.3	7.6	19.7	8.3	10.2
新西兰	41.9	—	13.6	26.1	4.8	13.6
挪威	24.8	22.9	18.5	20.0	8.4	5.4
波兰	12.8	41.4	5.3	21.7	12.3	6.5
葡萄牙	15.8	31.7	8.7	22.9	11.5	9.4
斯洛伐克	10.8	39.6	9.1	22.0	10.1	8.4
西班牙	18.6	35.3	9	17.2	7.2	12.7
瑞典	31.3	29.1	5	18.2	6.5	9.9
瑞士	34.3	25.5	8.5	13.4	6.3	12.0
土耳其	15.7	20.8	8.0	24.9	19.2	11.4

续表

国家	主要直接税			主要间接税		其他税种
	个人所得税	社会基金	法人所得税	增值税	消费税	
平均值（非加权）	24.9	26.1	9.3	18.1	8.8	13.1
3. 选出的非 OECD 成员						
阿根廷	20.3	21.0	包含在个人所得税中	26.4	9.4	22.9
巴西	—	—	—	—	—	—
智利	11.7	7.6	11.4	43.6	10.2	15.5
塞浦路斯	13.5	21.2	13.1	26.8	11.5	13.9
爱沙尼亚	21.0	34.5	5.1	26.5	9.9	3.0
拉脱维亚	20.1	31.5	5.2	25.2	11.6	6.4
立陶宛	23.3	30.3	4.9	23.9	11.1	6.5
马耳他	19.5	20.3	13.9	21.7	8.3	16.3
新加坡	16.8	—	25.7	12.8/2	8.4	36.4
斯洛文尼亚	15.1	37.1	4.7	22.3	8.8	12.0
南非	32.6	—	20.1	26.7	4.1	16.5

资料来源：Tax Administration in OECD and Selected Non - OECD Countries Comparative Information Series（2006）.

OECD 成员和非成员大致上表现出了与上述分析对象国近似的特征，但各国在直接税和间接税构造上还是呈现出了相当大的差异。一般来说，传统的欧洲高福利国家，其税种在整体税收中的占比，所得税和增值税均呈现出相对较高的比例，除个别国家之外，法人所得税的比例普遍不高。墨西哥、阿根廷和新加坡等一些国家在其他税种上的收入占比偏高。智利的增值税收入占比接近中国的水准，为 43.6% 。

各个国家税种收入占总体税收的构成，反映了各国对经济和社会福利不同的发展和治理理念。如发达国家对法人所得税在整体税收上的占比普遍进行了意图性控制，其原因可推测是为了控制资本过度向国外的流失，从而影响到本国的就业。相反，个人所得税或增值税和消费税的征收则不宜造成上述问题。

社会基金收入的比例反映各国选择的福利水准，究竟是采用高收入、高福利模式还是采用低收入、低福利模式，取决于各国的政治体制和国民选择。

现代国家治理的资源基础为政府财政收入，其主要来源为税收和社会保障收入。从之前对国家管理模式的划分可以看出，国家政治体系和管理模式不同，其税收和社会保障经费的构造也不同，而这一切与国家经济发展的程度有很大的关系。一般来说，大多数传统的欧洲国家采取高收入、高福利的社会治理模式，因而其税收和社会保障经费征收额度相对较高（占 GDP）；在一些新兴或发展中国家，一般会采取中等收入、低福利社会治理模式，因而税收和社会保障经费征收幅度较低；其他国家介于两者之间。毫无疑问，以税收和社会保障费为主要财源的国家财政收入依赖于其行政组织构成的某一分支组织来完成，那么，这些行政组织为高效完成国家财政收入使命，究竟呈现何种组织特征？不同国家的税收征收组织或社会保障费征收组织究竟存在何种关系？以下将观察和分析各国财政收入征管组织的一般特征。

12.3 税收征管体制类型

国家税收征管体系的组织形态常常依附于国家行政管理体系，又受国家发展演变历史的影响，各国表现出不同的特征。同时，比较各国国家治理体制和税收征管体系的关系，同样可以发现不同国家税收征管体系在组织关系和结构上既存在着类似性、同时也存在着很大差异。如果将不同国家形态及其地方治理体系进行概括，大致上可以区分成四种基本类型：第一种类型为单一制/英美型，典型国家为英国；第二种类型为单一制/大陆型，典型国家为法国、日本、韩国；第三种类型为联邦制/英美型，典型国家为美国；第四种类型为联邦制/大陆型，典型国家为德国。在上述国家治理形态分类下，各国税收征管体制的组织形态虽然存在着或多或少的差异，但也呈现出许多系统性的共性特征。

单一制/英美型的典型国家为英国，其国家治理体系有以下五个特征：①包括税收征管在内的国家行政管理上的所有制度均由国家法律统一规定；②国家行政管理体制呈现出极强的分权和分离形态，地方自治体的行政管理职能由国家法律加以约束，因此受到国家政治的强烈控制。地方自治体对国家法律进行解释，并以此管理地方公共事务。居民自治通过公选议员构成议会，议会议长代表自治体，议会中设立的委员会分担自治体有关财税及行政管理事务；③广域自治体与基础自治体之间无上下级关系及重复关系，自治体整体受到国家强烈控制；④单就财税管理系统及组织来看，构成国家财政收入主要来源的税收由隶属于财政部的联邦税务局负责，具体执行由专门的税收征管组织负责。税收征管部门为遍及全国的巨大组织，地方自治体税收由上述国家税收征管组织实施，交付国库后按照一定标准返还给地方自治体，地方自治体无独立税收组织，但有处理税务事务的相关职员，负责和协助国税征收组织的工作；⑤自治体的财税及公共治理事务受到国家司法和行政上的管制。国家司法主要判定地方自治政府行使公共治理权限时是否存在越权行为及权责上的懈怠；行政控制主要有自治体立法需要主管大臣的认可，自治体执行国家政策时需接受主管大臣的指挥和监督，中央政府对地方自治体进行会计检查及特定行政监察等监督实施。

单一制/大陆型的典型国家为法国、日本、韩国，其国家行政管理体系的主要特征为：首先，与单一制/英美型国家同样，国家行政管理体制及地方自治制度均由国家法律统一规定，地方自治体具有广泛权限的同时作为国家行政体系的派出机构，代理中央政府实施国家治理职能，因此接受上级政府的控制。法国的内务部、日本的总务省、韩国的行政自治省负责对地方政府的指导和管理；其次，国家与地方自治体带有很强的集权和融合的行政权力特征。地方自治体中的州或县级政府作为国家权力机关行使国家治理职能，州或县的行政首脑分别由其上级行政机关任命。20 世纪 90 年代后，地方自治权扩大，地方自治体民选的议会议长开始实行地区行政管理权限；最后，在地方自治中，国家机关与地方自治体机构并存，前者为国家任命制、后者由公民直选。国家或州派出机关的行政首脑与自治体民选议长共同行使行政权力，议长为实际国家治理政策的执行者。在上述国家行政管理体制框架下，税收征管体系的组织形态以中央税收组织为主，但各国间存在着很大差异。法国的税收征管基本上是以国家税务组织为主进行，地方自治体税收主要由中央税收组织征收，扣除手续费后返还给地方。日本政府税收征管通过中央制定详细的地方自治法及税法来执行税收征管业务，地方自治体政府拥有独自的税收征管组织和体系。韩国政府的税收征管同样通过制定详细法律对地方自治体税收征管进行约束，地方自治体政府内部设有独自的税收征管部门。

联邦制/英美型的典型国家为美国，其国家治理体系的主要特征为：首先，地方自治制度并非由国家法律加以确定，而是由州政府法律加以规定，因此，伴随着州政府行政治理体系的不同，地方自治制度呈现不同形态；其次，在州以下的自治体分为县和市镇村两级，市镇村层级的自治体呈现多种形态，地域居民选择何种形态的地方自治体组织由州法律加以确定；最后，地方自治体强烈反映居民自治，市镇村等地方自治体的形态委托给居民投票而做出的判断。在上述国家治理体系框架下，国家税收征管与州及地方政府税收征管组织并存。

联邦制/大陆型的典型国家为德国，其国家治理体系的主要特征为：首先，地方自治体的管理权限虽然在州，但联邦共和国宪法（基本法）中对州、郡及市镇村地方自治权给予了保障（《基本法》第28条）；其次，由于州拥有各自的宪法和法律，因此，各州以下地方自治体的构成形态或多或少存在一定差异；最后，联邦政府及州政府均设有内务部，均对地方自治体行使相当程度的行政管辖权，一般来说市镇村接受郡的管理和指导、郡接受联邦或州的管理和指导。在上述国家行政管理框架下，联邦制/大陆型国家的税收征管体系除存在中央政府遍布全国的统一税收征管组织之外，地方自治体也存在税收征管部门。

12.4 税收立法权限划分

地方税收立法权是相对于中央税收立法权而言的，指地方政府是否能够通过其权力机关立法征税，并以法律形式确立具体税制的权力，是分税制国家所必须解决的基本税收问题。从世界各国地方税管理体制方面考察，不同国家由于政体、国体不同，经济发展水平的差异以及经济管理体制的不同，地方税管理权限划分也不一样，大致可以划分为中央集权型、适度集权型和分散型。当然，这些类型并非固定不变，而随政治、经济体制的变化而变化。[①] 如苏联解体后，俄罗斯全面实行市场经济，已从原来的中央高度集中的地方税管理体制向适度分权型转化，扩大了各地方政府的管理权限。[②]

12.4.1 集权型：地方税收立法权和征管权集中于中央（联邦）政府

集权型地方税收制度是指地方税的主要管理权限都由中央掌握，地方政府

① 傅志华，刘保军，刘德雄，等．境外地方税收制度研究及借鉴［J］．地方财政研究，2012（9）．

② 实际上俄罗斯的所谓扩大地方政府管理权限是指地方自治权的扩大。由于传统的制度惯性，苏联解体后，俄罗斯如何维持其国家统一和稳定，是苏联解体后国家面临的重大课题，反映在税收体制改革上，地方自治权扩大并没有带来地方财权的进一步扩大，地方自治体政府的征税权基本上还是控制在中央政府手中。详细情况见俄罗斯税收征管体制研究的内容。

（其中主要是省级政府）通常不拥有地方税的立法权。单一制国家的中央集权程度较高，地方政府权力有限，对中央的依赖程度较高。中央政府集中税收管理权限，地方政府在不违反统一规定的前提下，可结合本地的实际情况确定部分地方税种的税率和减免税。英国、法国、俄罗斯等国都属于此类型。

法国的税收立法权和征管权都集中于中央，表现出更加鲜明的集权特征。1982 年，法国政府对中央与地方关系进行了一次重大改革，通过了《权力下放法案》，较多地扩大了地方自主权，将印花税等税种下放，从而使地方的税收权有一定程度的提高。法国 2003 年的修宪，承认领土单位具有条例制定权，即根据修改后的宪法第 72 条第 3 款规定："依照法律规定的条件，这些领土单位由选出的议会自主管理，并且为行使其职权，其拥有条例制定权"，规定"领土单位享有可依法律规定条件自由支配的收入""对于每一类领土单位，税收收入和其他自有收入代表其全部收入的决定性的一部分。"法国宪法直接对地方政府的税收立法权作出了规定，使地方政府的税收立法权有了宪法的依据。地方政府的自主管理原则是法国宪法确认的一项宪法性原则。

同样作为中央集权型，英国全国由四个地区和大伦敦市组成。国家实行典型的集中型财政体制，税收管理体制只分中央和地方两级。英国的税收立法权几乎完全掌握在中央政府，包括税目、税率的调整，减税、免税等。地方政府无权设置、开征地方税种。地方政府在管理地方税收方面则拥有有限的权力，如确定地方税收减免优惠等。从近几年的情况来看，由于占地方政府收入大头的中央政府返还数额增长较少，满足不了地方政府提高服务质量所需的资金，英国地方税额每年都不断上涨，而且上涨幅度超过通货膨胀率。为了防止地方税过快增长，中央政府对地方税实行封顶干预，即规定地方税的增长限额，如某些年度为 5%。

从目前大多数国家税收分配情况看，单一制国家地方税的规模较小，如英国地方税收入在全国税收收入中所占比例不到 15%；法国地方税多年来所占比重只有 10% 左右；韩国地方税所占比重略高，大致在 20% 左右，也大大低于联邦制国家的相关比重。①

发展中国家大多数采用中央集权型，因为这些国家需用高度的中央集权来保证经济发展的稳定和统一协调。中国基本上属于集权型的管理体制。

① 傅志华，刘保军，刘德雄，等．境外地方税收制度研究及借鉴［J］．地方财政研究，2012（9）．

12.4.2 适度集权型：立法权归中央，地方政府拥有较大征管权

适度集权型也称相对集中型，就是中央掌握了地方税一定的管理权限，地方掌握必要的权限。日本地方税属于此种类型，日本地方税必须由内阁总理大臣提出，并经国会讨论批准。但具体税法条例必须由地方制定，由地方议会讨论批准后才能开征。对于地方税法的修改，地方有权做出决定，但必须按照法律程序经讨论批准。地方税的征收管理由地方负责，但也必须按法律规定的要求执行。

12.4.2.1 税权相对集中

日本实行偏重于中央集权的地方税制，税收立法权都集中在国会，各税法都要经过国会批准。地方独立管理地方税种，但要受国家制定的《地方税法》的限制。地方政府征收的税种原则上只限于《地方税法》中所列的法定税种，如确需开征新的地方税种，解决地方政府收不抵支的困难时，经过地方议会讨论通过并报中央政府批准，可以在法定税种以外开设普通税，所实行的税率必须按《地方税法》的规定执行。在日本，通过国会颁布的《地方自治法》和《地方税法》，日本政府在一定程度上赋予地方政府对地方税的税收立法权。具体做法是，在两部法律中，规定地方政府在税法规定的税收体系中有权开征新的税种，且对于每一具体的税种，只规定了标准税率即各地方政府都比较倾向的税率，而实际课征税率则由地方政府在一定幅度内自由确定，即以法律形式确定地方政府税收立法的权限、范围，地方性税收法规不得与之相抵触，以此来实现两者的协调。

12.4.2.2 独特的收入调整制度

为了弥补地方政府的收入缺口，满足地方支出需要，中央与地方两级财政建立了直接的转移支付关系，如国家下拨税、国家让与税和国库支出金。从整个国家税收收入格局看，中央税收收入占65%左右，地方税收收入占35%左右。但经过中央与地方之间的税收再调整，实际支配使用的财力格局发生了较

大变化，中央只占25%左右，地方则上升到75%左右。

12.4.2.3　双主体结构体系

日本的税种划分为中央税、都道府税和市町村税，每一级政府都以两个税种为主体税种。中央税与地方税划分由国会负责。地方税划分的原则是以事权划分为基础，以受益原则为依据，各项税种之间上下兼顾。中央税以个人所得税和法人所得税为主体税种，都道府县税以居民税和事业税为主体税种，市町村税以居民税和固定资产税为主体税种。这些税种都是一些收入稳定、受外在因素影响较小的税种。

适度集权型还适合于那些人口较多、面积较大、民族较复杂的发展中国家。

12.4.3　分散型：地方政府拥有较大的地方税立法权和征管权

分散型地方税收制度即地方政府集中掌握了地方税主要管理权限，中央无权干预地方政府制定税收法规和执行税收制度。在联邦制国家，各级政府都有独立的立法权和管理权。在分级而治的治理架构下，各级政府都有明确的财权和事权。[①] 美国、德国是典型的联邦制国家，其政权分为联邦、州、地方三级，与此相对应，税收分为联邦税、州税和地方税。其税收制度有以下四个主要特点。

12.4.3.1　地方有权独立法权

美国是典型的联邦制国家，各州政府都有立法权。美国自1893年的马伯里诉麦迪逊案以后，就确立了违宪审查制度，遵循“不违宪就合法”的法律原则。在地方税收立法方面，联邦政府赋予地方政府地方税的税收立法权，只要地方的税收立法不违反宪法，该法就在该地方发生法律效力，以此来协调两者的关系。

---

① 陆丰泉，陈健．美、德、日、法地方税制比较［J］．外国经济与管理，1995（2）．

12.4.3.2 税权高度分散，地方政府独立行使归属于本级政府的税收立法权和管理权

在美国，州政府可以开征除关税和财产税以外的几乎所有税种；地方政府可以开征除遗产税和社会保险税以外的所有税种。联邦、州和地方议会都可以在联邦宪法规定的范围内确立自己的税收制度。州税收由州政府立法，地方税收由地方政府立法。因此，美国形成了统一的联邦税收制度和有差别的州及地方税收制度并存的格局。在德国，税收的立法权基本控制在联邦政府手中，征收管理权归地方。同时地方政府在地方税率的制定和减免税方面有一些自主权。依据《基本法》规定，各州专享税和地方专享税，联邦和州都可对其立法，州以下地方政府则没有税收立法权。

12.4.3.3 各级地方政府拥有相对独立地方税制体系

以美国为例，税种划分为联邦税、州税和地方税，自成体系，都有自己的主体税种，主要税种同源共享。各级政权之间划分税种也不是绝对的，有一些主要税种由联邦和地方共享税源，采用税率分享的办法划分收入。同时，三级政府各有一套税务征收管理机构，征收管理方式也各不相同。

12.4.3.4 各级地方政府间税权划分更为清晰，主体税种相对独立

以德国为例，联邦、州及地方政府都有明确的事权和独立的税权，因此各级政府都有自成体系的税收制度和主体税种。如联邦以个人所得税、公司所得税和社会保险税三大直接税为主体税种；州政府以销售税、总收入税为主体税种；地方政府以财产税为主体税种。事权和范围明确以后，严格遵循“谁办事、谁花钱”的原则。税种划分为共享税和专享税，以共享税为主，专享税为辅。作为三级政府稳定税源的共享税占整个税收收入的80%。专享税是税收管理权和收入归属统一为一级政府的税收，谁征谁用，分配上不存在争执。[①]

① 傅志华，刘保军，刘德雄，等．境外地方税收制度研究及借鉴［J］．地方财政研究，2012（9）．

美国、德国等属于这一类型。[①] 美国是典型的分散型联邦制国家，与其政府级次相对应，联邦、州、地方均有各自独立的税收体系，并相应拥有各自的税收立法权和征管权，但州和地方政府的税权都要受到上位法律的监督和制约。当地方政府出现不适当课征时，联邦法院有权做出停征的判定。在宪法和法律的基础上，高层政府对下层政府的税收活动实施了各种管制。州对地方的税收收入管制，最常见的是税率和税额的限制，如一些州对财产税规定最高税率，一些州对财产税设定收入增长幅度。

德国地方政府拥有收益权和征税权。地方政府可在联邦政府规定的税率范围内确定地方税收税率。联邦与地方政府的共享税必须经地方政府同意才允许改变。德国将税收管理权分散于州及地方政府，税收征收管理由各州财政总局负责，财政总局内设联邦管理局与州管理局，分别负责联邦与州的税收征管工作。[②]

12.5 地方税收管理权限

由于在政治体制、社会文化、税制结构等方面存在差异，各国地方税税收权限呈现出不同的特色。

12.5.1 地方税收体系

12.5.1.1 以财产类、资源类及行为目的税为主

总体上看，各国地方税几乎涵盖了所得税、商品和劳务税、财产税、资源税、目的和行为税等所有税种。在具体地方税设置上，尽管各国情况差异很大，但地方税大多以财产（不动产）类、资源类及行为税为主。财产税类地域性较强，税基稳定，纳税面宽，且具有明显受益性，所以各国一般将其作为地方税，包括房（地）产税、不动产税、车船税等，如美国、澳大利亚、俄罗斯、土耳其、中国台湾等。在联邦制国家中，房产税通常在州以下地方税收中占比较大。对于财产税中的遗产与赠与税，大部分国家将其列为中央税，如美国、日本、英国、韩国和印度等国，但德国等将遗产税作为州政府的税收。

① 美国和德国虽然都是联邦型国家，但德国各级政府税收征管的模式却不尽相同。两国间税收征管体制最大的不同是，德国在州和联邦之间设有中间管理组织，该管理组织由联邦政府官员和州政府官员共同组成，协商税务征管事宜。美国政府则无该中间组织。

② 傅志华，刘保军，刘德雄，等．境外地方税收制度研究及借鉴［J］．地方财政研究，2012（9）．

土地税等资源税往往作为地方税种，如美国、澳大利亚、日本、德国、韩国、俄罗斯、印度等国的地方政府都开征了土地类的税收。很多国家的地方税种中均包含行为税和特定目的税类，如法国、德国、印度的地方政府均开征娱乐税等。这些税种税源小、零星分散，但具有地方特色。此外，在很多国家，增值税、营业税、销售税等重要的商品和劳务税通常作为中央与地方的共享税种，如英国、德国、法国、印度等。有些国家将销售税列为州一级的主要税种，如美国。一些国家将个人所得税也作为地方税的主体税种，如日本、韩国等。

12.5.1.2 形式上既有独立地方税种，也有共享税种

总体看，国外既有独立的地方税种，也有中央与地方共享的税种。地方独有税种有独立的征税对象，税源划分清晰。同时，多数国家设有中央与地方共享税种，或直接表现为共享税，或表现为共享税源的税种，如美国联邦、州和地方政府共享征税的税收为个人所得税、公司所得税、销售及消费税。州和地方政府共享税基的税收有财产税、机动车税等。而在俄罗斯，除少数税种明确归某级预算（如增值税归联邦预算）外，绝大部分税种收入为两级或者三级预算共享，其中有些税种是按不同税目来划分收入。比如，消费税属于三级预算共享，但其中的烟草消费税全归联邦预算，汽油、柴油消费税只归联邦主体预算，酒类消费税则按不同比例在联邦主体预算与地方预算间分享，等等。

德国的共享税主要有个人所得税、公司所得税和增值税。印度中央与邦共享税主要有以下三种情况：①对所得税（不包括附加税）实行强制分享。②有些税尽管被列入联邦表内，但仍可由各邦进行征收和分配。这些税种有印花税和对药品、化妆品征收的销售税。③一些税由中央政府征收但其税收收入调拨给各邦政府。根据宪法第 270 款，所有中央税净收入按照财政委员会建议的比例分配给各邦政府。2005—2006 年、2010—2011 年，30. 5% 的中央税净收入分配给邦政府。

12.5.1.3 具有准税收性质的收费也是各国地方财政收入的重要来源

除税收外，具有准税收性质的收费也是各国地方政府主要的收入来源。例如，法国地方政府收入中，非税收入约占 57. 6% 。又如，垃圾费和水电气等服务性收费等构成澳大利亚地方政府收入的重要部分。垃圾费和水处理费属于

地方政府（市）收入，有的地方以房产价值为缴费依据，有的以房产面积为缴费依据，有的以其他方式征收。如布里斯班市以垃圾桶的数量征收垃圾费，商业单位以厕所数量和用水量征收水处理费，工业单位以厕所数量和废水量征收水处理费，个人以家庭为单位收取固定费用。印度在积极推动税收改革的同时，邦政府也进行了非税收入改革。改革主要体现在邦级公共服务事业费调整、根据成本合理调整使用者收费等方面。增加非税收入的具体措施包括提高各类消费者的电费；根据服务成本提高灌溉水费；对特定兽医医院征收注册费；对公路和桥梁收费，还采取了配套的制度措施保证非税收入改革顺利推进，如成立专门的机构审查非税收入程序等。①

12.5.2 地方税收征管权限

国际上有许多国家的地方政府拥有地方独立税务部门，且既征收地方政府税又征收中央政府税，主要包括大型联邦国家（如澳大利亚、巴西、加拿大和美国）。而地方化的组织结构也被一些中央集权国家所采用（如西班牙、匈牙利、印度尼西亚、爱沙尼亚、比利时和北欧国家）。

12.5.2.1 中央与地方税务机构运作类型

税务部门同时在中央和地方级别运作的组织方式有以下三种类型：

（1）独立、分离的税务机关，每一级政府都有自己的税收征管机构，对该级政府分配的税收任务进行独立的管理。这种模式下，通常不同级别的税收征管机构之间涉及的合作和协调最少，常见于大型联邦国家（如澳大利亚、巴西和美国）。

（2）完全地方化的税务机关，是实际中最罕见的一种模式。德国是最具代表性的（如果不是唯一的）国家，中央政府负责税收政策的制定和融资，而国家一级一般只负责征收中央/联邦税费。

（3）兼具与集权型和分权型特点的税收管理混合模型。这些国家的税收管理表现出中央集权，分散或独立的特点并将税务管理地方化（如加拿大、西班牙和瑞士）。

---

① 傅志华，刘保军，刘德雄，等．境外地方税收制度研究及借鉴［J］．地方财政研究，2012（9）．

12.5.2.2 地方自主税收权力

通常情况下，地方政府在“自己”税收上有更大权力（即地方政府的“税收自主权”）时，州和地方政府出现独立的税收征管可能性更大。税收自主权包含一些特点，如地方政府有权引入或者废除一项税法，决定设置的税率是否合适、确定的税基是否合适、给予企业或者个人的税收津贴或者税收优惠是否合适等。有些国家并没有将税收指定给中央政府或者是地方政府，而是在中央政府和地方政府之间共享。这样的税收共享安排否定了地方政府对于税率和税基的单独控制，但是总体来说，地方政府可以和中央政府协商税收和财政收入的共享方式。税收共享安排通常包含了横向财政均衡的元素，如果想要更改共享方式，需要按照有关税收分享和财政均衡的法律进行。分税制已经成为一种手段，向地方政府提供财政资源的同时，还能维持中央政府对于财政总体的集中控制。

OECD 的政府财政关系在地方政府税收方面，从拥有广泛的自主权到完全没有自主权。该框架包含了 5 种主要的税收自主权类别，见表 12－3。

表 12－3　税收权力分类

A_1 A_2	当地方政府设置税率和任何税收优惠时，不需要咨询上级政府。 地方政府咨询上级政府之后再设置税率和税收优惠
B_1 B_2	当地方政府设置税率时，上级政府并不给出最高或者最低的税率范围。 当地方政府设置税率时，上级政府给出最高或者最低的税率范围
C_1 C_2 C_3	地方政府决定减税——仅仅通过税收补贴。 地方政府决定减税——仅仅通过税收抵扣。 地方政府决定减税——同时通过税收补贴和税收抵扣
D_1 D_2 D_3 D_4	税收分享安排规定，地方政府可以决定收入分成方式。 税收分享安排规定，只有当地方政府同意时才可以改变收入的分成方式。 税收分享安排规定，由法律决定收入的分成方式，并且更高层次的政府可以单方面改变分成方式，但是每年至多变化一次。 税收分享安排规定，由更高层次的政府每年视情况决定收入分成方式
E	其他情况是由中央政府决定地方政府的收入分成
F	上述的 A、B、C、D、E 五种类型都不适用

资料来源：OECD 财政网络。

对于地方政府层次的税收自主权和税收管理的操作可以观察到以下的结果：

由自主税收收入占 GDP 或总税收收入比例衡量的征税权，在不同的国家之间存在着显著差异，这一比例在“典型”的联邦国家是最高的，如加拿大、瑞士和美国。这些国家的宪法通常不允许中央政府干预地方政府的税收政策，一些拥有长期地方自治传统的单一制国家（如北欧国家）也给予地方政府强大的征税权力。

12.5.2.3 州与地方税收关系

一般来说两级政府从税收收入中收到几乎相同的分成收入，但是却拥有不同程度的自主权。州政府在税率设置和税收优惠方面都有更大的自主权，而地方政府仅仅在税率设置方面有更大的自主权。但无论是州政府还是地方政府都拥有大致相同的税收分成权。

即使有一些国家将税收征管权力下放，其下放的程度却可能因税收类型的不同而不同。例如，财产税更容易分散，并且与财产税对于相比较于州政府，对于地方政府可能有更重要意义，因为财产税是地方政府重要的收入来源。但是地方政府却不太可能拥有财产税的税率和税收优惠的完全自主权。州政府相对于地方政府更依赖于货物和服务税（主要是消费税）。特别是财产税占据了地方政府税收收入的将近 30%，更容易变化的个人所得税占大约 30%，消费税占大约 24%，而企业所得税平均仅仅占自治地方政府税收收入的 9%。

上述的类型 C 表明税基而非税率（如类型 C）的控制权在 OECD 国家起着非常小的作用。这可能意味着逐渐禁止将免税和减税作为地方和区域经济发展工具的政策，特别是在一些欧洲联盟国家。

在许多联邦制国家和单一制国家，税收分享占据地方政府税收收入的很大一部分，如捷克、波兰和土耳其。这些分享大部分都包括主要的税收收入，如个人所得税、企业所得税或增值税。

12.5.2.4 地方税收征管权限程度

OECD 国家地方政府税收自主权列明了不同的 OECD 国家之间不同的税收分享安排。没有任何一个“一刀切”的方法是纵向组织[①]的最佳结构，税收征

① 集中和分层次的税收管理有其优点也有其缺点（见 Martinez - Vázquez and Timofeev（2005） and Mikesell（2003））在 http：//icepp. gsu. edu/sites/default/files/documents/icepp/wp/ispwp0502. pdf 做的广泛分析）。

管权力的分配需要在许多的冲突标准、大量公认的约束条件、政治经济的考虑之间有一个良好的平衡。对于一个国家而言，考虑确定其合适的分权程度时，需要考虑很多因素，包括规模经济和范围经济、税收程序不均匀造成的合规成本、对税收政策的实施和现金管理的控制、利用地方税基的信息优势的能力、对纳税人和公民的责任、税务机关对于这些政府最大的激励机制、不同地方税收额和纳税人的信息外部性。

很明显，权力下放的程度也可能因税种的不同而不同。共同管理经验表明在中央和地方政府涉及给定的税基计算财产税时，需要地方自治和熟悉当地情况以及上级政府的技术能力。在冲突的标准和确定最佳的组织结构之间的适当的平衡，意味着要有一定程度的灵活性。最佳的实践和国际经验表明：权力的下放程度应该和地方政府的税收自主权程度相关。对于共享税，集中管理似乎成为了国际标准（除德国外）。在一些情况下，地方政府指派其自己的税务局，修改不与中央政府共享的税种的税率或者其税收结构的其他因素，这就需要地方政府有强大的多级、分散的税收征管基础。

除了上述考虑之外，优化分散的运行系统的必要条件是协调各级税务机关，尤其是在纳税人和审计的信息领域，以确保流程的一致性，并避免功能的重复。

12.6 财政税务机构关系

财政部和国家税务总局是两个独立税收主管机构，需履行税收政策和征收管理职责。在税收政策设计和制定，以及税收征收管理方面两个机构之间有所分工。

12.6.1 税收政策职能归财政部

从 OECD 成员和非 OECD 成员绝大多数国家来看，税收政策制定的大部分工作是由财政部或是相当于财政部的部门完成的，而不是由税务总局制定。这一点在表 12－4 当中以表格的形式呈现，它总结了有关国家的相关情况。不论是在 OECD 成员还是非 OECD 成员，财政部与税务总局在税收政策制定当中职责分立的情况很普遍，几乎所有国家都采用了这一“职责分享”模式，将税收政策制定部门与税收征管部门分立。但新西兰却是例外，税务总局和财政部都承担着提出税收政策建议的责任。税务总局有提出税收政策建议的责任，包括草拟政策的工作是由政策与策略部门（官方名称为政策建议局）完成，除此以外它还负责全国税务系统的征管工作。在财政部中还有一个小组专门负责顶层税收政策分析。而国税总局负责的是税收政策分析，包括数据收集与分析、立法设计以及起草。同时，政府还批准了组织审查委员会的建议，同意采取一个名为“一般税收到政策流程”（GTPP）的方案，来管理税收政策与立法过程。GTPP 并不是法律，因而政府并不为这一方案负责，但是很多届政府都遵循这一方案。

表 12－4　OECD 成员和非 OECD 成员（G20 国家）税收政策制定的机构和过程

国家	税收政策的功能定位	税收征管部门的所在部门/类型
1. OECD 成员		
澳大利亚	财政部	独立半自治体制
奥地利	财政部	财政部的多个部门
比利时	财政部	公共财政服务中的多个部门
加拿大	财政部	半自治体制
智利	财政部	半自治体制
捷克	财政部	半自治体制
丹麦	税务局	半自治体制
爱沙尼亚	财政部	财政部
芬兰	财政部	半自治体制
法国	经济和财政部	公共财政部
德国	财政部	各级政府独立的部门
希腊	财政部	半自治体制
匈牙利	国民经济部	半自治体制
冰岛	财政部	半自治体制
爱尔兰	财政部	半自治体制

续表

国家	税收政策的功能定位	税收征管部门的所在部门/类型
以色列	财政部	财政部各独立的权力机构
意大利	经济部	多部门向部长汇报
日本	财政部	半自治体制
韩国	战略和财政部	半自治体制
卢森堡	独立的部门（直接税、间接税和海关），各自处理自身的税收政策问题并进行税收征管，并向财政部部长报告	
墨西哥	财政部	半自治体制
荷兰	财政部	财政部的各个独立的部门
新西兰	税务局（IRD）	半自治体制
挪威	财政部	半自治体制
波兰	财政部	财政部的各个独立的部门
葡萄牙	财政部	财政部独立的部门
斯洛伐克	财政部	半自治体制
斯洛文尼亚	财政部	半自治体制
西班牙	财政部	半自治体制
瑞典	财政部	半自治体制
瑞士	联邦委员会和国家政府	联邦税务局和各级（州）的政府部门
土耳其	财政部	多个向财政部报告的部门
英国	英国财政部	半自治体制
美国	美国财政部	半自治体制
2. 非 OECD 成员（G20 国家）		
阿根廷	财政部	半自治体制
巴西	巴西联邦财政局秘书处	
印度	财政部	独立的法定机构
印度尼西亚	财政部	财政部独立的部门

续表

国家	税收政策的功能定位	税收征管部门的所在部门/类型
俄罗斯	财政部	半自治体制
沙特阿拉伯	财政部	财政部
南非	财政部	半自治体制

注：阿根廷：有一个代表国有机构的咨询委员会。比利时：现在的联邦公共财政服务由6个部门组成：①税收部；②税收征收和追税部；③严重的税务欺诈部；④海关与消费税部；⑤档案部；⑥财政部。巴西：联邦收入秘书处是一个向财政部报告的机构。按联邦宪法制度规定，有3个独立的税收管辖等级。联邦层级：巴西的联邦收入秘书处，地区层级：27个州的税务机关；地方层面：超过5000个税务局。每个城镇都有税务局。大多数小村庄没有税务局，虽然它们可以收到来自联邦和国家层面的财政转移。卢森堡：对于直接税、间接税和消费税有独立的管理部门。丹麦：截至2010年3月，丹麦税收管理局已与丹麦税务部合并组成了一个统一的具有公司结构的自主税务管理局，由一个单独的（内部）税务局常任秘书长主持工作。丹麦这一合并的财政体制现在正式被称为“丹麦税务部”。德国：主要的税收被16个州的财政部分别管理，并且受到国家财政部的监管和协调管理。此外，联邦中央税务局，隶属于联邦财政部，执行一定的功能。意大利：意大利的税务管理功能是由若干个独立的政府和部分政府机构执行。而这一体制的形成得益于公共财政的重组（1999年7月30日的法令）。这项改革的目的是将政治指导方针（由经济部和财政部给出的对政策方向的控制）和管理与业务收费（机构）分开。①税务局，直接税收的管理任务，增值税和其他税收收入；②金融警察负责处理税务诈骗、金融犯罪、走私、洗钱、国际非法贩卖毒品、海关和边境检查、伪造；③报关代理消费税和进口增值税；④土地登记代理有一些功能，如地籍簿、地籍制图服务、保护房地产登记；⑤国家财产代理处负责管理国家财产；⑥Equitalia Spa是由税务局出资51%和国家社会保障协会出资49%组成受托完成税收征收任务的公共公司。波兰：有共同的领导，为国务卿。瑞典：瑞典税务局与咨询委员会。瑞士：直接税收是由地方各级管理（由各州）。土耳其：税务局的运作是由一个半自治的权力机构管理，这一机构被称为财政管理“总统”，它提供了所有主流的税务管理职能。在执行任务时，受到了检查委员会的帮助，该委员会的任务是审计的纳税人。美国：在国际比较中，美国经常被视为一个例外。这样一个例外反映了美国宪法的安排。在政府的行政部门，税收政策的责任在于美国财政部，而不是美国联邦税务总局。然而，和其他国家显著不同的是美国的行政部门不能立法，因为立法权属于美国国会。法律的制定是政府各机关之间相互制衡的结果，税收法律的颁布需要众议院、参议院和总统的同意。由于不会经常出现一个政党同时控制这3个政府部门，俗话说：只有当核心队员合作时，合作才会达到最好的状态。

资料来源：税收征管2013，“OECD成员国和其他的发达国家和新兴经济体的信息比较”以及提供给经合组织的补充资料。

将“政策职能”归于财政部的做法主要是由税收以及税收改革的政治和经济本质决定的。由于许多国家的税收到征管部门是半自治体，将税收政策流程置于财政部就很有必要，可使税收政策掌握在最高权威的财政部这一执政机构手中。虽然国际经验表明“分立模式”很普遍，即税收政策由财政部负责制定，与税收征管分离，但这种做法也受到了包括办税员、学者以及国际组织（如世界银行）批评，认为这种做法会导致不良政策后果。他们认为财政部与纳税人沟通不足，时常脱节，因此在制定政策时会以一种过于理想化的视角看待问题。如果税收政策制定责任主要落在财政部，而财政部对税收征管了解不多，实践中征管问题会被放在次要位置，可以为政策制定者带来信息的税收征管资源常常没有被有效利用，由于征管可行性原因导致税收政策风险，无法实现政策目标。

虽然这些批评不无道理，但是只要加强财政部与税务总局的合作，问题就可以解决。无论是哪个部门承担税收政策制定工作，如果想使得税收政策制定过程比较成功的话，都少不了部门之间的通力合作，就税收要点问题和政策建议达成共识。制定政策者需要对潜在政策变化带来的实际效果，尤其是给政府和纳税人带来的征管成本有充分的认识。同样，税收征管也需要与政策目标保持一致。税收政策制定机构与税收税收征管机构加强协调与合作，税收政策制定过程的效率将会大大提高。在那些税收政策制定与税收征管分立的国家，财政部在制定税收政策时，如果可以得到征管部门提供的有关信息，将会大大受益，尤其是有关可能实施的税收政策的征管能力，以及纳税人对此的遵从程度。

12.6.2 税务总局在政策制定中主要作用

如果将“政策职能”归于财政部的话，那么税务总局在提供税收政策建议时扮演什么样的角色呢？虽然在大多数国家当中，财政部负责税收政策的制定，但是税务总局在这一过程当中的作用也是毋庸置疑的。对于税务总局在税收政策制定过程当中参与程度的深浅，并没有硬性要求。但是，良好的制定过程必定需要财政部和税务总局的无间合作。不同国家的税务总局在税收政策制定过程当中扮演的角色并不相同，可以分成以下三种类型。

（1）提供财政部政策团队在制定新税收法令时需要的绝大多数数据。大多数情况下，财政部的官员禁止接触纳税人信息（尽管在美国并不是这样）。因此，税务总局向财政部提供匿名的、整体的数据，使得财政部官员可以进行经济分析，评估税收影响，同时评价改革动议。

（2）针对新政策动议的实践以及征管方面向财政部的政策制定者提供关于翔实信息，还包括政策的执行情况。

（3）对于更新政策细节以及立法信息负有首要责任，确保纳税人税收遵从，以及税法不被误用或滥用。还包括提出让税收体系与时俱进的建议（例如，为实现政策目标，应对信息与电子技术如何应用在税收征管方面建言献策）。

加拿大税务局（CRA）就税务总局如何参与税收政策制定过程提供了典型的例证。虽然制定税收政策的职责主要落在财政部的税收政策局，但是

CRA 在这一过程中其实参与到了方方面面的工作，而且税务总局与财政部也会每天都进行日常交流，还共同完成某些特定的项目。而且，CRA 与司法部还会参与财政部立法草拟工作，财政部还会参与 CRA 委员会会议，讨论两部门有争论的话题，或是参与一般反避税规则的讨论。

另一个典型的例子是澳大利亚。在该国，财政部主要负责税收政策制定工作，而税务总局（ATO）通过签订一项议定书，可以通过正规途径参与税收政策制定工作。这一议定书名为财政部与澳税务总局——税收及养老金议定书。该议定书规定：税收与养老金的政策、立法、监管既相互独立，又互相关联。税收及养老金体系的制定需确保国税总局在实践当中获得的征管、合规及法律解读的经验，可以充分运用到政策及立法流程当中。

英国在 2005 年机构调整之后，财政部和税务和海关总署进行了新的税收政策合作，进而促进了两部门的进一步协作。

12.6.3 税务征管机构独立运行

大多数情况下，税收政策部门和税收征管部门是不同的机构。在 41 个 OECD 或非 OECD 国家中有 25 个（超过 60%）国家已经建立了统一、半自治机构，专门履行税务征管职能，该机构的领导直接向政府部长报告。在大多数情况下，税收征管职能是由财政部（或其他政府部门）内多个组织部门（如分别负责直接税与间接税的单位/主管）共同负责，这些组织内部还经常共享必要的支持资源，如信息技术和人力资源。

在行政上税收监督工作和税收政策往往由同一个部门和部长负责（如一般来说是财政部和财政部部长）。如果税收征管部门不具有独立性，是某个部门的下属机构，常常负责税收政策的也会是同一部门，即使这两个工作是完全独立的。并非所有国家都有一个独立的负责监管税收政策发展和税收管理的部门。法国将这一职责分散到各个部门，经济、工业和就业部部长负责税收政策，预算、公共账目、行政部和国家改革部部长负责税收征管。这些不同的机构安排，在很大程度上反映了国家在公共部门管理上的政治结构和系统的不同，以及长期的历史实践。比如，德国税收征管职责主要下放给了 16 个地区管理，相对较小的中央政府对这一工作有着高度的协调性。在巴西，联邦税收秘书处直接向财政部汇报工作。根据联邦宪法，巴西有三级独立的税收征管单位，在联邦一级的就是巴西的联邦税收秘书处；在区一级有 27 个国家税收征管部门；在地方一级，有超过5000个税收征管部门。

近年来，公共部门职能的组织形式（包括税收征管）已经发生了相当大的变化，需要更有效地以较低的成本提供服务，需要增加灵活性和渴望更好地调整公共部门与私人部门的管理，所有这些因素都推动了发展中国家和发达国家的公共部门的改革和现代化。这些改革往往涉及设立更多的组织自治。2013年，OECD对52个国家的调研结果显示，通过改进机构的设置和增加税收征管的独立性的努力在各国之间一直不均衡，2013年OECD调查显示，各国有不一样的机构设置安排。大部分国家（大约60%）都采用了统一半自治体制的形式设置机构，负责直接税和间接税的管理。在这种模式下，税收征管职能以及必要的支持功能（如信息技术，人力资源）是由统一的半自治部门实施的，该机制领导向政府部长报告。11个国家由政府外部代表组成一个正式的管理咨询委员会，该委员会已被确立为政府治理框架的一部分。其他较少的自治形式的机构设置包括：在财政部设置了一个单独的职务，负责所有相关的职能并同时负责直接税和间接税（9个国家）；在财政部的正式结构中设置多个职务/机构（9个国家）；直接税、间接税独立管理，一般包括所有相关职能（5个国家）。

建立一个独立的统一联合税收征管机构，涵盖所有税种（某些情况下包括关税），将该机构从财政部正式的内部结构中移出，并赋予一系列自治权力，这一做法在公共部门管理中具有更大的发展空间，有时被称为执行机构模式。有关执行机构模式的争论主要涉及其有效性和效率性。典型的自治税务机关的权力有：分配和管理自己的预算，设计自己的内部结构，设置自己的服务标准，控制人员的招聘和管理，解释税收法律和行使执法权力，包括对违规行为在适当的情况下实行行政处罚（即处罚和罚款）的权力。

国际货币基金组织和欧洲委员会等国际机构普遍建议，在进行必要的税务改革时，建立一个更加独立、联合的组织形式。在这一方面已采取措施的国家包括奥地利、葡萄牙和一些中东欧经济体和（最近的）希腊，以及一些发展中国家，如肯尼亚、南非和赞比亚①。无论一个国家是否决定向它的税收征管机构提供更大的自主权，对于与税收政策相关的税务征管机构发挥其职能并无任何影响。即使有更多的自主权，税收征管部门仍需要在框架内进行操作，以确保它们对政府和它们所服务的纳税人负责。

---

① 在这些发展中国家，这一模型被称为“税务机构模型（revenue authority model）”。

12.7 税收征管模式[①]

国际经验表明：由某级政府开征的税种不一定要由该级政府管理。在选择时，有地方政府亲自管理和其他层级政府代为管理两种模式。

12.7.1 中央管理模式

12.7.1.1 中央集中管理模式

在许多国家，一个单独的中央税收管理部门负责征收所有的税收。只有当中央政府具有征税权力时，单一的税收管理才是为达到和谐、统一管理的最好选择。当税种由中央管理时，中央政府就会雇用征管人员。此时管理权就有可能被下放到各个独立的地区征管机构，但这些机构只是中央管理的一部分。其他集权化模式还包括：中央税和地方税的收入返还，统一纳税人登记，制定适用于所有政府的纳税人身份号码，使用单一系统统计收入和纳税人财务信息并进行税收稽查。中央税收管理部门负责征收中央税，收入可以用来支持中央政府的服务，可以用于对地区或地方进行转移支付，或按公式与下级政府分享，这对于地方或区域税收也是如此。

单一的中央管理机构可以征收任何区域或地方的税收。俄罗斯联邦提供了一个范例：中央税收部负责征收全国所有税收，包括依据地区或地方立法设立的税种。一些联邦与地方税是税收附加（如企业利润税），一些是由国家杜马为地方预算开征的税（如个人所得税），另一些是由地区开征的税（如在许可时开征的零售税）或由地方设立的税，但中央税务部全都加以管理。新土地税已逐渐成为地方政府收入的主要来源，这种税也根据联邦不动产地籍署公布的评估方法评估价值，虽然实际的评估过程是由私营承包商完成的。地方政府在限定的区间内选择税率，税务部负责征收。

在转型的早期，俄罗斯和苏联加盟共和国就十分关心在税收管理中的双重附属关系：当税务稽查员作为中央政府（财政部内部的稽查部门或独立的税务

① 香港瑞丰会计师事务所．全球视角下的税收管理［EB/OL］. http：//www. rf. hk/law/swtl/7008. html.

部）的成员时，这些人对地方当局就十分的忠诚，因为除了工资或补助，那些地方部门会为其提供办公场地、取暖、供给和其他的福利。地区政府有权批准中央税务部任命的地区税务部门管理人。这种情况造成了税务管理和财政问题。这个时期，不是所有的税款都入库了，相对于实物支付而言，也不是所有的税收收入都以现金支付。忠诚的分割为地方政府带来了预算实惠，地方政府得到了现金，中央政府却得到了由征收部门任意选择的实物支付。这提出了一个普遍的问题，即一级政府管理部门是否可为另外政府工作：当服务对象是另外的政府时，工作热情是否充沛？

12.7.1.2 中央集中管理案例

下面是一些上级管理部门负责下级税收的例子。

（1）北欧一些国家由中央政府在中央个人所得税的基础上为地方政府征收税收附加。例如，瑞典国家税务委员会曾经讨论地方税该由谁管理。该税是比例税率，但是在不同的辖区各不相同：在大城市的郊区税率低，在北部的乡村和工业衰退的地区税率高。丹麦、芬兰和冰岛也征收类似的税。在瑞典，国家税务委员会/地区税务机构的架构代表了中央体制内的分权。共有 10 个地区分支机构（每个分支机构负责 1 个县的征税）负责征税，每个税务机构都有 1 名县税务官和 1 个政府理事，都由国家税务委员会管辖。国家税务委员会内设征管服务机构（KFM），它本身由 10 个地区组成（与地区税务机构不相连），以确认和征收税款。KFM 为税务机构征收未付税款，但它的权力扩展到了一些其他的政府收入（如电视许可证费、停车费等），并涉足普通和行政法庭的民事判决。国家税务委员会负责管理组织，发布法律实施指南，维护全国管理的一致性。

（2）美国一些州为地方政府在州个人所得税的基础上征收附加税。地方政府通过单一渠道得到州返还以解决地方税。州管理部门在确定应纳税所得范围上十分灵活，不仅采用工薪（这常为地方政府所用）作为税基，但是地方政府却常常抱怨收入分配的效率和收入分配的正确性。正如州税务部门所担心的，将收入分配给合适的地方会使收入核算和执行变得复杂化。美国一些地方政府在州零售税的基础上征收附加税，地方零售税是地方收入的第二大来源——虽然在重要性上远远不及财产税。州税务当局必须将收入份额在州和地方政府之间以及在若干税区进行切分，并及时分配税款。

（3）瑞士的地方政府在州个人所得税的基础上征收附加税。每个州都有自己独立的税收体系，地方社区也可以在经州政府批准后征税。社区税率是州政府基本税率的百分比或倍数。联邦法律要求各州税基与联邦税基一致，但州政府有权确定减免额和税率表。在州政府和联邦政府税收基础上附加征收的社区税，要在州税务报告上反映出来。因此，州政府负责评估、征收联邦、州和社区的税收。与其他国家相反，瑞士是州和地方政府取得大多数的所得税，而不是联邦政府，所得税不是联邦收入的一项关键收入。

此外，在许多国家，地方政府被赋予选择财产税税率的权力，但是由国家收入机构进行管理。有时，虽然地方政府没有选择税率，但却得到一部分由中央征收和管理的税收（立陶宛是一个例子）；这种安排被认为是在中央税税基上进行的源泉转移支付。而阿尔巴尼亚、亚美尼亚、塞浦路斯、捷克共和国、爱沙尼亚、法国、格鲁吉亚、印度尼西亚、牙买加、约旦、拉脱维亚、巴基斯坦、葡萄牙、德国和新加坡等国家财产税的税收评估与征收都是由中央控制的。其中，爱沙尼亚辖区行使着某些财产税管理职责，但中央政府仍然掌握税收的评估与征收。在一些苏联加盟共和国中，税收常常是根据财产所处区域确定的，有时根据财产类型进行指数调整，地方几乎没有权力选择税率。

12.7.1.3 中央集中管理优势

集权化的管理能够在低成本下提供高质量的服务，因为较大的管理单位能从较大规模的运作中获取优势，能够雇用更高水准的职员，并进行专业化分工，能提供更高质量的信息技术；更有能力处理与较大纳税者之间的遵从纠纷；更有条件处理跨地区的应税活动。然而，集权化的管理透明度并不高，而且对地方税的责任不强，会耽误地方政府的征收时机，降低了地方政府制定税收政策的自主权。通常情况下，中央政府会对税收结构作出限制，因此束缚了地方政府的税收政策选择。正如国际经验中介绍的那样，下级政府课征的税收由中央管理部门来负责征收，有以下七方面好处。

（1）集权化的管理增加了通过规模经济实现节约成本的可能性。小的地方管理能够通过与大的实体签约或与其他管理层联合运行，以达到经济性。但如果在集权的管理下，这种情况发生的可能性就小一些。

（2）无论纳税实体或课税行为发生在本国的哪个地方，统一的集权化系统改进了纳税人受到平等对待的机会。中央系统具有良好的管理控制力，在全国每个地方都适用同样的程序和过程。因为地方管理更接近居民，人们担心会出现地方政府的管理偏好和纳税人保密信息被误用的问题。集权化的管理能使用一个信息系统对纳税人的经济行为进行跟踪监控，并对所有税种使用单一的纳税人代码。

（3）中央组织能够实现人员的轮换——这对于降低腐败可能性的内部控制是关键性的。在一个小的管理单位，具有足够能力的稽查人员很可能太少而难以维持正常的人员轮换去适应大量复杂工作的要求。

（4）集中管理减少了纳税人和税务部门之间的文档资料（归档、审计等），因为征收任何税种都有固定成本，所以集中管理能为整个中央和地方收入系统减少管理和服从的成本。正如鲍德威、罗伯茨和沙阿论述的那样，当两个政府共用一个税基时，“任何征税都会有固定的成本，这些成本不得不由每个税种承担，纳税人也不得不负担所有税收服从成本”。集中管理可以削减这些成本，消除纳税人的一些困惑，如什么样的税收组织是负责咨询、接受文件、接受投诉的等。

（5）集权下的大型管理机构能提供更多的专业人员，支付更高的工资（这会降低腐败的诱惑），并且使工作人员实现专业分工，拥有使用更复杂信息技术的预算。在一些小的机构中，员工可能要处理所有日常工作，这样就失去了专业化分工以及责任分散所形成的内部控制优势。

（6）集权国家的税收管理有更好的条件来处理国家和国际事务。地方机构可能在使大公司税收服从方面受挫。坦纳瓦尔德评述道：“在美国，州和地方政府在征收公司税中越来越束手无策”，它们缺少法律和会计人才来应对大公司的避税和逃税策略。在发展中国家和转型国家，这个问题则更为严重。国家税收管理也更有能力处理国内的跨地区或地方边境的应税行为。

（7）中央管理能提供转移支付以减少下级政府之间的横向财政差异。从下级政府管理的税种中获得的收入，通常留在征收的政府当中。这导致拥有高税基禀赋（如自然资源、重工业、大型商场等）的地区与缺乏这类税收禀赋地区之间的巨大差距。

12.7.2 独立的地方管理模式

12.7.2.1 独立的地方管理模式

独立的地方政府开征税收并加以管理，要求给予高度财政自治权。这些地方税不会被中央政府征收，因此独立的地方管理可能导致整个国家收入框架和地方财政自治的多元化。独立的管理要求地方政府配备税务机构成员，撰写管理规则，制定管理程序，对纳税人进行纳税责任宣讲，保留纳税人的记录，并且建立针对拖欠税款行为的控制和审计体系。考察州或省级管理部门绩效很少见，尽管这些政府经常对地方政府提供技术援助和管理的评估。

公共财政的一个重要标准是分权原则，即由最低级别的政府来执行政府行为并达到预期的目标，这样的选择将更接近民意。这个原则意味着独立的地方税务管理是效率、效能与税收政策响应手段的选择。如果地方政府制定税收政策以支持地方财政分权是合理的，那么也考虑分权管理的经济与技术可行性也是题中之义。这甚为重要，因为纳税人接触税法（即税收政策的代表）是通过管理机构实现的。就纳税人所关注的对象而言，税收管理者就代表了税收政策。

地方政府需要公平有效的税收征管能力以履行其责任。因为管理本身就是税收自治的一个要素，而集权管理可能会节省支出，会改进收入分配的公平，或能征收额外的收入的事实，就不具有决定性了。把管理选择留给负责任的地方机构是自治的一部分，在加拿大可以看到，实行地方税收的中央管理，或者在美国实施地方税的区域管理，以及独立的地方管理，这取决于选择（经济和政治）的吸引力。有些税种从技术角度看不太适合地方政府管理，尽管如此，只要下级政府在技术上能够胜任，就应该考虑由地方进行管理。

12.7.2.2　独立的地方管理优势

独立的地方管理具有小规模优势，它能提供创新的自由，收入的多样性，更接近纳税人，能够提供较低成本的高质量管理。这种管理能够执行多税种的纳税人登记和征管，可以因地制宜地制定地方税收政策并保护税基，减少通过中央集权官僚体制决策的拖拉，保证地方收入及时入库，并为管理创新提供试验环境。在分权体制下，由地区和地方政府来发展税收政策是合理的，那么考虑独立的地区和地方管理是否从经济和技术方面都有需要也是合理的。以下介绍独立的地区和地方税收管理经验：

（1）对地方情况的熟悉和与之相适应的灵活调节能力，使地方政府在纳税人注册、征管和执行方面更容易落实。当地方政府设计好自己的税收结构时，就能据其具体的设计出地方管理。税收管理不应是一种对地方特点顾及周到的中央管理类型，管理的决定可以不通过中央官僚体制的认可。作为一项管理策略，应根据地方大型纳税人情况决定税收征管，而不是按国家条款中规定的大型纳税人定义去执行。同时，一些管理功能的私有化减少了对地方能力的顾虑。世界发展报告指出：私有化可以减少地方政府对熟练员工数量的要求，因为私有化的服务需要的是监管而不是实际管理。

（2）地方税务部门可以对中央政府利益范围以外的经济行为征税，因为地方管理者熟悉当地商业环境，能够以相对低的成本将小型企业纳入税收体系中。如果中央和地方税务管理部门相互交换信息，将其纳入地方税收体系也会促进中央政府组织收入。

（3）当地方税收的管理分开时，纳税人能够容易地明白哪级政府征哪些税，并被问责。纳税人在接到综合财产税清单或准备一份综合所得税申报时，常常不容易察觉到哪一级政府究竟以多大比例征税，这就降低了预算选择可问责性所需的财政自治度。

（4）独立的地区和地方税权能充当税收管理经验的实验室，从而开发出一些较小组织所具有的灵活特征来创造出新的方法和技术。例如，美国的州税收部门领导了新信息技术的应用，通行码和图像被应用于税收管理中；西澳大利亚州税收部门广泛地推销它的税收征管系统；印度的古吉拉特邦发明了一种邦之间道路收费站的计算机控制税务系统，能将清缴时间从 30 分钟缩减到 2 分钟。一些地方政府对资源管理具备更好的灵活性和更强的控制力，一些拥有更多创造性的管理人员，另外一些有更好的实验环境。这样，税收管理的自然实验就行之有效了，这在集权的管理下是不可能发生的。此外，所产生的影响是地区性和有限的。

（5）独立的管理能够提供对收入快速而准确的控制。威恩霍恩和艾哈迈德认识到，中央管理意味着地方政府感觉到对收入几乎没有控制力。在独立管理下，地方政府不必等待中央分配税款，因为纳税人一旦缴税，地方政府就控制了资金。遗憾的是，中央管理通常缺乏快速反应能力，因为对其他政府的支付不是其关注的基本问题。同时，独立的地方管理简化了收入计算工作：没有政府之间合理分配税款的争议——这是一级政府代征另一级政府税收时经常要争论的问题。

（6）地方政府喜欢独立的管理所提供的就业机会。遗憾的是，一些国家把劳动密集度和高征收成本视为一大优势。Fjeldstad 对坦桑尼亚地方税收管理评论道：“对于小税种和收费，其征收成本就是其征收的理由。换句话说，目的就是为了让本来会失业的人提供就业或创收机会。”

（7）地方政府可能不会满足于中央的强制标准。Alm 曾评论说，收入管理的效应既包括政府收入又包括纳税人公平。地方单位会采用不同于中央管理的方法来平衡这两种效应，而且地方管理允许政策反映这些差别。

（8）当公司或个人的税收被两级政府享有而它们出现争执时，独立管理将确保地区和地方利益。何级政府负责征收何种税基的问题，例如，在几个管辖区经营的企业利润或在几个地区有工作任务的个人收入，是引起争论的焦点。企业和个人会做合法的解释来减轻它们的税收责任。因此，即使纳税人缴纳了全部中央税，地方政府还是可能得到比它们预期的更少的收入。既管理中央又管理地方税收的中央税收机构，几乎可以肯定不会像地方政府那样去关注地方税。通常来说，当上级政府（及其职员）管理地方税收时，存在的危险是：征管者较少关注地方税，更多关注本级税。

（9）双重征管能检测出中央和地方管理层在信息交换中的漏洞，可能使腐败更加困难——两个层次的实施官员都必须被买通。瑞迪恩评述道：“在中央和地方都行使征税权的国家，比单独依靠中央行使税权的国家，更具征管能力。”

（10）布尔加斯和斯特恩假定：“税收遵从的传统差异也许能解释很多世界范围的资源匮乏和组织不当的税收管理模式。”许多发展中国家和转型国家没有什么税收遵从传统，相对于遥远的中央政府代理机构管理而言，地方管理能更好地把人民纳入税收体系中。

（11）独立管理具有竞争的一面。美克卢尔和马丁内斯的关于分权的论点也适用于税收管理：“就像市场中的竞争保护消费者免受商业者的剥削一样，税收竞争也会保护公民免受政治家和官僚的盘剥。”

12.7.3 协作管理模式

前述不同的征税管理模式通过广泛的实践得到印证，一系列的实践得出了许多有关中央和地方税收管理优势的结论。当存在双层独立的税收管理时，纵向和横向的合作管理可为集权管理提供很多便利，同时也允许一些自治并具备其他一些地方操作的优势。当下级政府自愿合作时，它们对这种合作关系干涉财政自治则无异议。税收管理可在中央和下级政府之间分配任务，与此同时，再下一级单位可选择税基和税率并发挥特定的财政职能，同时中央政府也会协调管理其他职能。税收管理的核心功能——纳税人登记和服务，申报或评估，收入和纳税人记录，违法行为控制，审计，强制执行以及申诉——对于一项特定税种，可根据技术能力对税权进行划分。上述环节在每一种税中落实，但不一定由开征该税的政府实施，也不必由同一政府做完所有的事。①

以丹麦为例，以下三类财产税的收入都归属下级政府：对所有土地的土地税；行政、商业和制造业使用建筑物适用的服务税；对所有者使用的房屋和避暑别墅征收的财产价值税。中央政府对不动产的估价负有主要责任，其在市政秘书协助下指派 224 个由 3 位成员组成的评估委员会。作为财政部的一个部分，中央关税和税收管理局（CCTA）保存销售价格的记录，同时地方当局保存评估和征收记录并配以国家土地调查报告、土地登记，载明建筑和寓所单位的建筑和寓所登记；CCTA 协助评估的同时也为评估委员会提供指导。市政当局的财产税办公室负责征收市政和郡共享的土地税和服务税。计算机开出的年度财产税清单，也包括市政对财产的收费（用于道路、下水道、地区供暖、道路亮化、水等），由市政当局掌控。税款可以在市政办公室用现金支付，也可通过邮政系统汇款或通过银行的自动支付系统来缴付。中央政府通过个人所得税的扣缴系统来征收财产税。

加拿大为联合管理财产税提供了另一个例证，将为地方政府的财政作出安排的责任留给了省和地区。此前曾提到，省级和地区税收的税务管理，在所得税和销售税的征收上，将集权和独立管理进行了集合。地方财产税的管理模式是在区域和地方政府之间进行合作。财产税几乎占了加拿大地方政府税收收入的全部（98%），而地方政府征收了 80% 的财产税。地方政府决定财产税率并掌管征收，省或地区则为地方税构建基本框架，建立财产税评估政策，保证评估活动根据政策执行。为了统一，对评估集权，而地方政府则执行其他职能。

还有一些国家集中评估将财产税管理的其他要素留给更低一级的政府去执行。例如，新西兰和爱尔兰集中不动产评估，但将征收权交给地方当局。马拉维在评估的基础上对财产征税，中央土地和评估部为地方财产税进行财产评估，地方当局确定税率并负责征收。土耳其在一定程度的自我评估要求下，由国家财政部评估财产价值，但由市政当局负责征税。同样的模式也出现在印度尼西亚：纳税人为中央税务办公室提供财产信息，中央机构的地区办公室每 3 年评估一次，由中央税务管理机构开出税单，但由地方政府征收税款。职能责

① 林颖，张青．合作管理视角下的税收征管权限划分研究［J］．湖北经济学院学报，2009（7）．

任的融合迎合了那些使收入权力和管理地方化的国家的需要，同时也维护了使用财产税的统一标准。其他中央评估地方征收的例子有英国、肯尼亚（除最大的城市外）、德国、哥伦比亚以及奥地利；在突尼斯和斯洛文尼亚则由地方评估但由中央征税。

美国的分权税收管理为合作管理提供了其他佐证。美国联邦税务总局和州税收部门有信息互换协定，规定给州提供反馈数据、第三方报告（来自银行、员工、经纪公司等）以及 IRS 审计报告。这些信息可以使州检验联邦和州政府所得税申报的连贯性，用来识别可能的非文档管理员，获取审计结果。各州同时也拥有美国海关的通关信息，对带入美国的昂贵物品强制征收使用税。美国经历过州个人所得税和公司所得税受联邦可比税收驱动的历史，这说明紧密联系但分别管理税收的可能性。确实，分开管理有利于促进纳税人正确的认识到究竟是哪一级政府征税。美国联邦税务总局和州税务部门也致力于纳税人教育和员工培训方面的合作。

合作管理同样可以横向进行。美国的州税务局，虽然彼此独立但仍然为推动税收服从而进行合作。46 个州加上哥伦比亚特区，都自愿与州际税务委员会合作。作为实体，该委员会对参与州的主要公司的销售税与公司所得税进行审计，同时掌控一项“连锁发现”项目来确定未注册的纳税人，为州际间纳税人确定合适的州与地方税负担。另外，少部分州之间签订了地区间信息互换协定，主要涉及销售税和使用税。东北部的三个州建立了一套机制：卖方要制作单独的对三个州纳税义务的销售税回单。其他各州在征管项目上也开展了双边工作。

最后，墨西哥代表了一种特殊的合作管理模式。由中央政府管理联邦税收，所有州都签订了以出让其税权为代价以换取部分联邦收入的协定。州政府与联邦政府签订协定，通过核实其对联邦的遵从度，以换取相当比重的当地联邦收入的附加。这就为州提供了收入——以州对经济活动的知识为基础，而这些活动也许不会引起中央管理当局的关切。[①]

12.8 税务征管机构设置

任何一个国家的税务管理都建立在一定的组织机构之上。税务机构的设置

① 林颖，张青．合作管理视角下的税收征管权限划分研究［J］．湖北经济学院学报，2009（7）．

即通过在各个职能部门之间明确合理地划分职责与权限，形成相互协调、相互制约的组织关系，最终确保纳税人以最小的遵从成本依法纳税，税务机关以最低的成本取得应征的税款。经过不断的改革与发展，目前世界各国的税务管理组织机构在许多方面呈现出趋同的特征。研究并借鉴世界各国的税务管理组织机构对完善我国的税务管理体制具有重要意义。下面将分析世界各国税务管理组织机构的改革趋势。①

12.8.1 税收管理机构形式多样化

类型1：国家级层面上税收管理机构的扁平化，主要是美国、澳大利亚等国家；类型2：中央地方税收管理机构多层级设置，但一般情况下，管理层级不超过三级，三级主要有日本、韩国等，欧洲部分国家一般是两级。扁平化的美国、澳大利亚；多层级的日本、韩国的内设机构形式也是不一样的。

税收信息化管理成为各国税源管理的主要手段。各国普遍重视税收信息化工作，将其作为税收管理的重要支持部门，很多国家单独设置机构推进信息化管理工作。如加拿大的信息技术局、澳大利亚的运营支持和能力局、法国信息系统司、韩国信息系统局、南非的现代化与技术部。美国的税收信息化水平始终走在各国前列。日本目前正在大力推行电子申报系统，税收管理的各个流程，无论是税款申报、征收、检查等工作，均以综合征管软件（KSK 系统）为支撑，在申报表信息录入时采用了申报表自动识别系统，保证了申报表信息录入的准确无误。各国税务机构改革的目标都是以精减和效能为目标，尽可能以最低的成本取得更大的管理效能。尤其是随着信息技术在税收管理中的普遍运用和资源的逐步集中，各国税务机构的组织体系呈现集中化扁平化趋势。很多国家设立了跨行政区域的大区总部，撤销了一些原来按照行政区划相应设立的行政区局，对基层税务局（所）也进行了大幅合并和裁减。尽可能减少税务机构的管理层级，提高行政管理效率成为许多国家税务机构改革的目标。以上样本国家的分析表明，无论是联邦制国家还是单一制国家，各国税务机构的管理层级一般最多不超过三级。如美国 IRS 在 1998 年机构重组之前，组织机构比较复杂，有 43 个派出机构（33 个区局和 10 个服务中心），总部由 9 名副局长分管不同的业务部门。正是由于管理层级过多、机构设置的不科学和运转

① 王卓，田颖．国外税务管理组织机构的发展趋势及启示［J］．税务研究，2008（6）．

效率低下等原因，使 IRS 为纳税人提供的服务和执法质量不尽如人意。美国 IRS 机构重组后，总部首脑设置为 1 名局长、2 名副局长，以纳税人为导向设置机构，业务部门实行一级多层管理，效率大为提高。[①]

12.8.2 税源专业化管理职能趋同性[②]

尽管这些国家的税收管理机构形式上具有多样性，但是，这些国家税务机关的税收专业化职能配置具有趋同性——税源专业化管理流程逻辑的趋同性和税源专业化管理职能配置的趋同性。也就是说，这些国家税收管理机构的职能设置以及部门间的业务流程构架基本是一致的。不同的是这些职能是设置在扁平化的机构中，还是设置在层级化的机构中。

12.8.2.1 按经济区域设置区域性税收机构

许多国家的中央税务部门在下设区域性的税务机构时，并不受制于已有的行政区划，而主要按照经济发展水平、人口密集程度、税源分布情况以及其他社会情况来划分经济区域，并相应设置税务机构。例如，在加拿大，不仅大区税务局的设置不受行政区划的限制，而且大区税务局下属的税收征收中心也是按照经济区域来设置的。1988 年以前，荷兰按行政区设置基层征收分局，在本行政区内各类纳税人均由该区税务征收分局管理。因此，一个实体公司在全国各地设立的若干分公司往往分别由各行政区税务征收分局管理。1988 年以后，荷兰打破行政区域界限，把全国划分为五个税区，在每个税区内设若干税务征收分局。按照经济区域设置税务机构一方面使机构管理摆脱了行政区划的限制，更符合“经济决定税收，税收反作用于经济”的基本原理；另一方面，也使一些资源包括硬件设备、信息资料等能够突破行政区划实现共享，后者在税收信息化快速推进的今天更具实践意义。

12.8.2.2 围绕纳税人需求设置并整合税务部门内设机构

按纳税人需求设置税务管理机构就是根据纳税人的经营规模、所有制形式

① 伦玉君. 外国税务组织机构改革初步研究［J］. 税收经济研究，2013（12）.
② 谷成. 世界各国税务管理组织机构的改革趋势及借鉴［J］. 涉外税务，2004（3）.

或经济部门把税务工作人员分配到不同的部门，为特定的纳税人群体提供全面的管理服务。这种模式的运用最初是为了确保对重点税源实行严密监控。最近几年，这种模式的应用逐步发生了改变，发达国家在税务管理中开始把纳税人看作是他们的“顾客”，并努力使税务管理工作适应不同的纳税人。

例如，自20世纪90年代以来，美国IRS逐渐意识到，在完成征集收入的使命之外，还应更好地理解纳税人的需要，进一步改革既有的组织机构，运用更加高效的现代化信息技术改进自身的服务。1998年9月，美国IRS在组织结构重组上一改以往以地区和服务中心为基础的做法，围绕纳税者的需求建立组织结构。新的美国IRS根据不同的纳税人类型设立了四个主要执行部门，每个部门负责向有相似需求的一组纳税者提供端到端的服务。这四个部门是：服务于仅取得工资和投资收入纳税人的工资和投资部，服务于全职或兼职的独立劳动者和小企业的小企业和独立劳动者部，服务于大企业和大型企业集团的大中型企业部，服务于参与私人和公共退休计划的雇员、免税组织以及政府团体的免税者和政府实体部。由于新的IRS的组织机构是按纳税人需求建立的，因而必须保证纳税人的信息准确、完整。为此，IRS运用大量先进的信息技术开展了11个系统项目，支持新的业务运作，被称为与IRS组织机构重整相配套的“现代化工程”。

美国税务部门的做法，反映了国际上围绕纳税人需求设置和整合税务部门内设机构的一种思路。实际上，许多国家虽然没有按纳税人类别来设置税务机构，但也相应设置了一些为纳税人服务的部门，如加拿大的诉讼事务司、日本的国税申诉审判所、韩国的纳税人服务处等，这都反映出为纳税人服务越来越受到各国税务机构的重视。

12.8.2.3 设置专门的税务司法或准司法机构

许多国家在税收征管中都设有专门的税务司法机构，这些专门的税务司法机构一般被赋予了较高的司法权威，具有较强的司法独立性。例如，美国、加拿大、日本、意大利、韩国专门设立了税务法院。在美国，税务法院有19名法官，在全国各地巡回视察、处理案件。对税务法院判决不服的，可上诉法院直至最高法院。在加拿大，税务民事案件必须首先交由税务法院审理，对该法院判决不服的，可上诉至联邦法院，直至最高法院。税务法院作为联邦司法审判体系的一部分，独立行使职权，与联邦上诉法院、最高法院之间不存在领导与被领导的关系。对纳税人而言，选择税务法院的好处在于一方面纳税人可以不必先缴纳税款；另一方面，可以将案件交给精通税收事务的法官进行判决。

此外，一些国家，如意大利、德国、俄罗斯、日本、美国、法国、荷兰等，还建立了专门的税务警察队伍。从世界各国的实践上看，税务警察的设置大体上可分为两类：偏重于执行上的强制性和偏重于对涉税案件的调查和侦破。前者的典型国家是意大利和俄罗斯，后者的代表是德国和日本。

意大利是最早设立税务警察的国家，其税务警察由财政部直接领导，和平时期接受内政部协调，战时则归国防部指挥。俄罗斯的税务警察独立于公安和税务机关之外，在组织构架上由联邦税务警察总局—各联邦主体税务警察局—地方税务警察分局三级构成。俄罗斯《联邦税务警察机关法》赋予税务警察武装执法的权力。偏重于执行上的强制性的税务警察优点在于威慑力强、反应迅速、对犯罪行为打击力度较大。

德国采用税务违法案件调查局制度，税务违法案件调查局负责对税务稽查局移送和群众举报的涉税犯罪案件进行刑事侦查，对触犯刑法的案件向法院提起公诉，对于未构成犯罪的案件则移交税务征收局处理。德国税务违法案件调查局兼具警察、检查和行政执法的职能，既有税务检查权又有税务违法刑事案件的侦查权和起诉权。

与德国相似，日本也在税务机关内部设立调查监督部，对涉税违法犯罪进行调查和起诉。偏重于对涉税案件的调查和侦破的税务警察优点在于对税法的掌握全面完整，能够准确地判断罪与非罪、此罪与彼罪的界限，有利于把握执法尺度，缓解征纳矛盾。

12.8.2.4　注重税务机构职能的分离和制约

目前，世界各国税务管理组织机构的设置极少采用单一模式，大都采用混合模式。混合模式的特征是在整个税收征管体制中，既有垂直分级体制模式，也有按税种类型、职能分工、纳税人类型设置税务管理机构的模式。例如，韩国国家税收管理局内既设有征收和申诉局、调查局，又设有直接税局、财产税局、间接税局等。日本则在国税厅和国税局按征管工作流程设置了课税部（负责税政管理）、征收部、调查稽查部等，而在税务署则按税种类别设置了个人课税部、法人课税部、酒类指导官。

混合模式符合规模经济的要求，在尽量减少征税成本的前提下设置税务管理机构，但增加了税务组织机构设置的复杂性。对税务机关而言，建立明确的职责分工是按照混合模式设置税务管理组织机构必须解决的问题。税务管理者应在各职能部门间正确划分职权，建立起劳动分工制度，以避免职能的重叠、分隔。各职能部门在工作中要相互合作、协调。此外，税务机关的设置还要随着技术进步、经济环境的变化、复杂因素的增加而不断调整。机构设置应符合外部条件的客观要求，能灵活适应外部条件的变化。在采用混合模式的情况下，世界各国都十分重视税务管理机构职能和权限的划分以及税务管理机构职能的分离和制约。①

从上述典型国家税务组织机构设置情况的分析可见，各国税务组织机构的设置较少采用单一模式，大都采用以一种类型为主，其他类型为辅的混合模式。而且，从长期来看，各国的中央级税务组织结构出现了一种较为明确的演变趋势，即从基于“税种类型”为主的组织模式转向了“职能类型”模式为主，并进一步向“纳税人类型”模式转换。美国是典型的以纳税人类型为导向设置组织机构的国家，充分体现按纳税人的需求构建组织机构和服务体系的特点。加拿大、韩国则是典型的按职能设置机构的国家。澳大利亚联邦税务局总部是按照职能、纳税人类型和税种类别相结合的混合型标准来设置机构，但以职能和纳税人类型标准为主。德国联邦中央税务局主要按照职能和行业类型为主设置机构，而地方税务机构则按税种类型划分内设机构。法国公共财政总局中央本级机构设置以职能类型为主，以纳税人类型和税种类型为辅助。日本在按职能类型划分内设机构的基础上，强化对大企业纳税人的税收检查，也体现了向“纳税人类型”模式转换的特点。俄罗斯联邦税务局的机构设置逐渐从以税种类型为基础的组织结构，转向职能性组织结构。南非税务局总部则以职能类型划分为主，同时单设大企业中心为大企业提供综合性服务兼有纳税人类型的特色。可见，目前大多数国家采用的是职能类型和纳税人类型为主的模式，同时，按纳税人类型设置机构已经成为各国税务机构的一个重要组成部分和改革趋势。无论哪种机构设置模式，各国中央级税务机关内设机构都可分为三大体系，执行（征管）体系、支持（法治、服务）体系和保障（辅助）体系。一般来说，税务机构以执行税法为主，除个别国家外，多数国家税务机关不设税政部门。②

---

① 谷成．世界各国税务管理组织机构的改革趋势及借鉴［J］．涉外税务，2004（3）．

② 伦玉君．外国税务组织机构改革初步研究［J］．税收经济研究，2013（12）．

12.9 税收组织管理形态

由于历史原因，在本书所选定的分析对象国家中，美国、加拿大、澳大利亚和印度都曾经有过被英国殖民的历史，历史和文化及制度的惯性对这些国家或多或少产生着影响。因此，美国和所谓的英联邦国家在文化和制度上存在着亲和性。同时，日本明治维新直接将德国的法律体系用于本国，并在此基础上构建了明治维新之后的日本国家行政体系。第二次世界大战结束之后，日本国家体系在联合国司令部的强力推动下①，以美国版民主宪政为模式，对日本国家政治和行政体制进行了改造，同时保留了日本天皇的地位，因此，日本的国家体制及其行政管理体系既带有极强的大陆法系特征又带有美国民主模式的农综色彩。俄罗斯作为深受欧洲宗教和文化影响的国家，有着其独特的历史演变过程。这些历史过程的演变对不同国家行政管理体系的形成产生影响的同时，各国也会根据其自身状况加以调整。

12.9.1 税收征管部门组织特征和功能

在上述背景下，各国税收征管部门的组织特征和功能既受其政治和行政体系的约束，又呈现出各自不同的特征。一般来说，根据国家属性为单一国家和联邦国家及大陆型国家和非大陆型国家的区分，各国税收组织的形态可以归类成以下四种类型：一是英美国家的税收征管组织形态一般为财政部下属委员会管理的半独立组织，税收委员会的功能体现民主管理的特征，同时又对具有强烈行政权力的税收组织进行监督。美国、英国和加拿大的税务组织为此类组织管理形态。二是直属于财政部、但为半独立的组织机构，澳大利亚、日本和韩国采用该种组织管理形态。三是税收征管组织为财政部内的一个部门或者分布在其数个部门中，直接由财政部进行组织管理和控制，法国和俄罗斯采用此种组织形态。四是直接税和间接税分散在不同部或厅管理，印度采用该种管理形态。另外，需要说明的是，尽管对各国税收组织与国家行政管理体系进行了上述类型划分，但一些国家还是表现出了一些其他的组织特征。例如，美国、加

① 第二次世界大战后，美国住日本占领军司令部英文名称为：General Headquarters，the Supreme Commander for the Allied Powers，简称 GHQ 或 SCAP。

拿大、俄罗斯等国家税收业务中的关税征收功能并非由国内税征收组织实施，而是美国由国土安全部执行，俄罗斯的关税功能由总理直属的关税厅实施。其他 OECD 成员和观察员国也同样可归纳为上述四个类型，详细情况见表 12－5。

表 12－5　　税务部门的构造与功能

国家	特征			
	税务部门的类型	大部分社会保险费的征收	关税功能的实施	执掌租税以外的业务
1. 分析对象国				
美国	拥有财政部伞下委员会的半独立组织	√	×	√
英国	拥有财政部伞下委员会的半独立组织	√	√	√
法国	财政部内的复数部门	×	×	√
德国	联邦财政部及 16 个州财政部内的复数部门	×	×	√
加拿大	拥有财政部伞下委员会的半独立组织	√	×	√
澳大利亚	财政部伞下的半独立组织	—	×	√
日本	财政部伞下的半独立组织	×	×	√
韩国	财政部伞下的半独立组织	×	×	×
俄罗斯	财政部内的一个部门	√	×	—
印度	直接税和间接税分属于不同部、厅管辖	×	√	×
中国	内阁成员为首脑的独立组织	×	×	√
2. OECD 成员				
奥地利	财政部内的一个部门	×	√	√
比利时	财政部内的复数部门	×	√	√
捷克	财政部内的一个部门	×	×	√
丹麦	财政部内的一个部门	×	√	√
芬兰	拥有财政部伞下委员会的半独立组织	√	×	√
希腊	财政部内的复数部门	×	×	√
匈牙利	财政部伞下的半独立组织	√	×	√
冰岛	财政部伞下的半独立组织	√	×	√
爱尔兰	财政部伞下的半独立组织	√	√	√

续表

国家	特征			
	税务部门的类型	大部分社会保险费的征收	关税功能的实施	执掌租税以外的业务
意大利	半独立组织	√	×	×
卢森堡	财政部内的复数部门	×	√	√
墨西哥	财政部伞下的半独立组织	×	√	×
荷兰	财政部内的半独立部门	√	√	√
新西兰	财政部伞下的半独立组织	—	×	√
挪威	财政部伞下的半独立组织	√	×	√
波兰	财政部内的复数部门	×	√	×
葡萄牙	财政部内的复数部门	×	×	√
斯洛伐克	财政部伞下的半独立组织	×	×	√
西班牙	财政部伞下的半独立组织	×	√	√
瑞典	拥有财政部伞下委员会的半独立组织	√	×	√
瑞士	财政部内的一个部门	×	×	×
土耳其	财政部伞下的半独立组织	×	×	×
3. 选出的非 OECD 成员				
阿根廷	财政部伞下的半独立组织	√	√	√
巴西	财政部内的一个部门	√	√	×
智利	财政部伞下的半独立组织	×	×	√
塞浦路斯	财政部内的复数部门	×	√	×
爱沙尼亚	财政部内的一个部门	√	√	×
拉脱维亚	财政部伞下的半独立组织	√	√	×
立陶宛	财政部内独立部门	×	×	×
马耳他	财政部内的复数部门	√	√	√
新加坡	拥有财政部伞下委员会的半独立组织	×	×	√
斯洛文尼亚	财政部内的一个部门	√	×	×
南非	财政部伞下的半独立组织	√	√	×

资料来源：Tax Administration in OECD and Selected Non – OECD Countries Comparative Information Series（2006）.

从税收组织实施的实际职能上来看，分析对象国家中，以英美为代表的国家除执行国内税收征管业务之外，还负责征收大部分社会基金保障性经费，而大多数国家社会保障性经费的征收由不同于税收征管组织的其他独立组织执行。同时，为国家行政管理上的组织效率，充分使用税收征管组织遍布全国的组织网络，许多国家还赋予税收征管组织执掌租税以外的业务。另外，分析对象国中个别国家将关税的征收统一为国内税征收的职能，但从OECD成员和观察员国整体上看，有一半左右的国家的关税由另外的组织实施征收。

12.9.2 税务部门管理的主要税种

从税收组织所管理和征收的税种上来看，几乎所有分析对象国家税收组织都征收和管理个人所得税、企业所得税、增值税（VAT），社会保险费的征收只有美国、英国和加拿大由税收组织承担，其他国家由其他组织负责。除此以外，大部分的国家对物品税的征收也划归国内税征收组织管理，而像法国、德国和印度等国家则由关税部门征收。另外，对其他低税率税种（主要是继承税、富裕税和汽车税）或是交给国税组织负责管理，或是作为地方财源，交由地方管理。对大部分国家来说，不动产税更多是作为地方自治体财源，由地方政府税务部门管理，但英国、法国、德国、韩国和俄罗斯仍由国税部门征收，并根据法律与地方自治体政府分享。OECD成员和观察员国家税务当局承担的税种管理和征收职能大致上与上述分析对象国家呈现出同样的特征。不同国家税务当局在所执掌租税内容上的分歧，主要集中在社会保险费的征收和管理、对不动产税征收与否及物品税的职能划分上。社会保险费的征收模式涉及国家行政体制构造上的职能划分模式，不动产税一般来说带有强烈的地区性和不可移动性，因而常常作为地方自治体政府的财源收入，即使在一些国家由中央政府税务部门征收，也会采取与地方政府分割税收的做法。物品税的征收涉及关税业务，因而在一些国家由关税组织负责征收，也有一些国家对物品税采取与地方自治体政府分享的做法，还有一些国家将物品税作为地方自治体财源，交由地方政府税务部门管理。各国有关税务当局管理租税的详细内容见表12-6。

表 12－6　　　　　　　　　**税务当局管理的租税（2013 年）**

国家（地区）	税务当局管理的税						
	个人所得税	社会保险费	企业所得税	附加价值税	物品税（包括酒税等）	不动产税	其他税种：继承税（E）、富裕税（W）、汽车税（M）
1. 分析对象国							
美国	√	√	√	—	√	×	E
英国	√	√	√	√	√	√	E
法国	√	×	√	√	×	√	E，W
德国	√	×	√	√	×	√	E，M
加拿大	√	√	√	√	√	×	—
澳大利亚	√	×	√	√	√	×	—
日本	√	×	√	√	√	×	E，M
韩国	√	×	√	√	√	√	E
俄罗斯	√	×	√	√	√	√	M
印度	√	×	√	×	×	×	W
中国	√	×	√	√	√	—	E，M
2. OECD 成员							
奥地利	√	×	√	√	√	×	M
比利时	√	×	√	√	√	√	—
智利	√	×	√	√	√	√	E，M
捷克	√	×	√	√	×	√	E，M
丹麦	√	×	√	√	√	√	E，M
爱沙尼亚	√	√	√	√	√	√	M
芬兰	√	√	√	√	×	√	E
希腊	√	×	√	√	√	√	E，W，M
匈牙利	√	√	√	√	√	×	E，M
冰岛	√	√	√	√	×	×	W，M
爱尔兰	√	√	√	√	√	√	E，M
以色列	√	×	√	√	√	√	M

续表

国家（地区）	税务当局管理的税						
	个人所得税	社会保险费	企业所得税	附加价值税	物品税（包括酒税等）	不动产税	其他税种：继承税（E）、富裕税（W）、汽车税（M）
意大利	√	×	√	√	×	×	—
卢森堡	√	×	√	√	×	×	E，W
墨西哥	√	×	√	√	√	×	E，W
荷兰	√	√	√	√	√	×	E，M
新西兰	√	—	√	√	×	×	—
挪威	√	√	√	√	×	×	E，M，W
波兰	√	×	√	√	×	×	E，W
葡萄牙	√	×	√	√	√	√	E，M
斯洛伐克	√	×	√	√	√	×	M
斯洛文尼亚	√	√	√	√	√	√	E，W，M
西班牙	√	×	√	√	√	×	W，M
瑞典	√	√	√	√	√	√	—
瑞士	√	×	√	√	×	×	—
土耳其	√	×	√	√	√	√	E，M
3. 选出的非 OECD 成员							
阿根廷	√	√	√	√	√	×	—
巴西	√	√	√	×	×	√	W
保加利亚	√	√	√	√	×	×	—
哥伦比亚	√	×	√	√	×	×	E，W
哥斯达黎加	√	×	√	√	√	√	M
克罗地亚	√	√	√	√	√	√	E，M
塞浦路斯	√	×	√	√	√	√	—
印度尼西亚	√	×	√	√	×	√	—
拉脱维亚	√	√	√	√	√	√	M
立陶宛	√	×	√	√	√	√	E
马来西亚	√	×	√	×	×	√	—

续表

国家（地区）	税务当局管理的税						
	个人所得税	社会保险费	企业所得税	附加价值税	物品税（包括酒税等）	不动产税	其他税种：继承税（E）、富裕税（W）、汽车税（M）
马耳他	√	√	√	√	√	×	—
摩洛哥	√	×	√	√	×	√	M
罗马尼亚	√	√	√	√	√	×	—
沙特阿拉伯	×	×	√	×	×	×	—
新加坡	√	×	√	√	×	√	E
南非	√	×	√	√	√	×	E
泰国	√	×	√	√	×	×	—
中国香港	√	×	√	×	×	×	—

资料来源：Tax Administration in OECD and Selected Non－OECD Countries Comparative Information Series（2015）.

不同国家对税种的设置、管理有着历史和现实及制度的演变原因，之所以在不同国家间观察到行政体系和税收征管部门在组织隶属关系及税收征收功能上的相同之处，既是其国家历史和制度演变所造成的结果，又是各自历史、文化和制度惯性的使然，同时也是各国社会发展及变革的反映。

12.10　小结

本章通过比较来归纳出世界主要国家行政治理体系的主要模式，税制与国家财政的关系及其一般性规律，并进一步将各国税收体系的各层级政府间组织关系加以概括和说明，得出以下结论。

12.10.1　税收体制模式

税收体制是国家行政体制的重要构成部分，因而受到国家行政体制的约束。每个国家形成的地理、历史、文化和社会制度变动都会对国家形态产生重大影响。作为我们考察的分析对象国及 OECD 成员和观察员国家行政体系，大致上可以分成四个基本类型：单一制/英美型；单一制/大陆型；联邦制/英美型；联邦制/大陆型。在世界各国独自特有的国家行政体系框架内，税收体制呈现出不同的形态。在单一国家中，中央税收组织一般来说为中央政府财政部控制下的半独立的组织，税法的制定一般为中央所属权限，这些半独立的组织拥有遍及全国的大规模的税收征管组织体系，绝大部分税收由该组织负责征管。其典型国家为英国和法国，两国税收征管体制最大的不同是，英国的国税征收机构为直接归属于财政部伞下税收管理委员会，而法国由数个中央政府部门联合管理。在联邦制国家中，一般来说中央税收组织为隶属于财政部的半独立组织，税法的制定及其与州等中间行政体的职能划分分为两类：一是中央税收征管独成体系；二是中央政府与州政府等中间行政体政府共同分担税收征管事务，美国为前一类，德国为后一类。需要补充说明的是，由于历史和文化原因，旧有的英联邦国家形态虽然存在差异，但由于受到英国文化和制度的影响，其税收体制上还残留着许多英国税收制度的痕迹，在第二次世界大战之后，由于美国的崛起，其制度模式又对旧有的英联邦国家造成了很大影响。

不同国家的税收体制总是内部受其国家行政体制影响的同时，还受本国经济发展及外部经济竞争的强烈影响。在进入 21 世纪之后，世界局势的变动促使世界各国推行广泛的行政改革，这些改革的趋势集中在两个大的方面：一是地方分权化；二是税收体制的改革。其背后的逻辑还是为维护国家经济发展的前提下，保障政府的财政收入。

12.10.2 税制改革的特点

综合世界各国近 20 年来的税制改革，有三个共通的特征：一是减轻经济长期低迷导致国家税收缩减的财政压力；二是为改变该状况，必须对原有的国家治理体系进行新的职能分工，其中重要的方法之一是扩大地方自治体在国家行政治理中的职能分工；三是在上述两个大前提下，如何提高税收征管的效率。

首先，经济发展的全球化趋势导致国家间贸易壁垒的弱化，同时为防止国内资本及技术的外流，从而造成国内就业出现问题，绝大多数国家在本国的税制结构上都保持了较低的法人税率，关税降低及较低的法人税率造成的财政压力，更多地是调整个人所得税或流通领域的征税强度。这种税收政策的调整，总体上可以命名为经济增长型税制。也就是说，近 20 年来世界上主要国家税制改革的趋势，是从传统的福利型税制转向了经济增长型税制。

其次，国家财政压力的弱化需要地方自治体在国家治理中发挥更大的作用。这种国家治理职能的重新划分必然导致国家财源的调整。在日渐窘迫的国家财政收入状况下，地方自治政府如何更多地行使地区性国家治理事务，随之而来的地方财源如何保障，成为政府财税改革的重要课题。尽管许多国家在该项改革上尝试过各种努力，但并没有成熟的经验值得借鉴。

最后，为追求税收征管的效率和降低成本，世界各主要国家普遍在税收征管实务中采用了信息化系统。这些系统的使用状况在各国间存在相当大的差异。从世界各国税收征管电子化网络系统整体使用的情况来看，不同税种间的使用情况存在很大差异。一般来说，法人税征缴中的使用率为高，个人所得税的实用率相对较低，间接税征缴的使用率介于前两者之间。至于电子化网络使用情况究竟在多大程度上能够降低税收征管的费用，没有有效的可比数据，但从世界各国税收征管组织所显示的人员变动情况来看，并没有大幅度缩减税收征管人员。可能是采用电子网络化纳税系统，尽管可以降低纳税服务窗口直接处理税收事务的人员总量，但系统维护及税务稽查人员反而会有所增加等原因所致。

12.10.3　税收组织的关系

中央政府和地方自治体职能的重新划分，必然导致以税收为基础的财力划分。一般来说，在单一国家或联邦国家中，中央税收征管的组织特征非常清晰，不同的是单一国家的中央税收征管组织直接涵盖地方，而联邦制国家涉及州等中间行政体的税收组织。一般来说，在联邦制国家中，州层面上的政府均有独自的税收征管组织。在像美国等一些国家，这些中间行政体政府的税收组织独立于中央税收组织，而在像德国等一些国家，中央税收组织与州政府税收组织采取相互合作的态势。问题是县或郡及以下层面政府等地方基础自治体采用何种组织形式完成地方税收的征管。从能够收集到的资料来看，世界主要国家地方基础自治体的地方税收一般都放在地方政府的财政部门来加以管理，人员有专职税务人员，也有兼职人员，视地方基础自治体规模而定。另外，由于在绝大多数国家中，地方自治体政府的主要财源来自于中央财政的转移支付，这些资金的管理也由地方自治体财务部门负责。

在税收征管的实际操作上有三个共同特点：一是在地区便捷处设立综合行政服务设施，向地方居民提供包括税收在内的“一站式”综合服务；二是在一些居民分散地区，采用广域联合办公的方式，向居民提供区域内或跨区政府行政或纳税服务；三是采用委托代理的方式，委托一些类似于邮政网络及超市等第三方机构代征的方式。另外，在许多国家，地方政府税务机构采取积极措施与中央政府税收征管组织合作，共同实施税收征管事务。

总之，在本书选择的分析对象国家及 OECD 成员和观察员国家中，中央政府税收组织与地方自治体税收组织、特别是基础地方自治体之间的关系上，并没有统一的模式可循，最大的区别可能是在德国为主的合作模式及英国为主的统管模式上的差异，地方基础自治体的税收征管模式更为零散和复杂。

参考文献：

［1］ OECD. Tax Administration in OECD and Selected Non－OECD. Countries：Comparative Information Series （2006）. http：//www. oecd. org/ctp/consumption/CIS－2006. pdf.

［2］ OECD. Tax Administration 2013. Comparative Information on OECD and Other Advanced and Emerging Economies. http：//www. keepeek. com/Digital－Asset－Management/oecd/taxation/tax-administration－2013_9789264200814－en.

［3］ OECD. Tax Administration 2015. Comparative Information on OECD and Other Advanced and Emerging Economies. http：//www. keepeek. com/Digital－Asset－Management/oecd/taxation/tax-administration－2015_tax_admin－2015－en.

［4］ 森信茂树．世界税制改革の潮流—効率と公平の両立を目指して［EB/OL］．日本産業经济研究所，2008. http：//www. rieti. go. jp/jp/papers/journal/0802/bs01. html.

［5］ 石川達哉．世界の税制改革の流れを振り返って［EB/OL］．［2006－05－09］．ニッセイ基礎研究所，http：//www. nli-research. co. jp/report/econo_eye/2006/nn060529. htm.

［6］ 傅志华，刘保军，刘德雄，等．境外地方税收制度研究及借鉴［J］．地方财政研究，2012（9）．

［7］ 陆丰泉，陈健．美、德、日、法地方税制比较［J］．外国经济与管理，1995（2）．

［8］ 香港瑞丰会计师事务所．全球视角下的税收管理［EB/OL］．http：//www. rf. hk/law/swtl/7008. html.

［9］ 林颖，张青．合作管理视角下的税收征管权限划分研究［J］．湖北经济学院学报，2009（7）．

[10] 中金公司．报告说2014年中国宏观税负达37%，高不高？[EB/OL]．[2015-08-19]．http：//money.163.com/15/0819/19/B1DGMEL700253BOH.html.

[11] 王卓，田颖．国外税务管理组织机构的发展趋势及启示[J]．税务研究，2008（6）．

[12] 伦玉君．外国税务组织机构改革初步研究[J]．税收经济研究，2013（12）．

[13] 谷成．世界各国税务管理组织机构的改革趋势及借鉴[J]．涉外税务，2004（3）．